W0400776

AtV

MARGARETE LIMBERG studierte Politische Wissenschaften. Sie ist als Rundfunkjournalistin tätig und heute Korrespondentin im Berliner Hauptstadtstudio des Deutschlandradios.

HUBERT RÜBSAAT studierte Geschichte, Soziologie und Pädagogik. Er ist seit vielen Jahren Leiter des Ressorts Zeitgeschichte und Bildungspolitik beim NDR-Hörfunk.

Im Frühjahr 1940 schrieb die Harvard-Universität einen Aufsatzwettbewerb aus: Deutsche Juden, die dem Nazi-Regime entkommen waren, sollten über ihr »Leben unter Hitler« berichten. Unerwartet viele Geschichten trafen ein, die persönliche Tragödien schildern: Entwürdigung, systematische Entrechtung, Verfolgung und Flucht.

Die Emigranten erzählten von ihrer Hilflosigkeit angesichts staatlicher Willkür und der Fassungslosigkeit über den Haß, der ihnen plötzlich entgegenschlug. Assimilierte Juden, die sich mit Deutschland identifizierten, wurden als »Volksschädlinge« diffamiert, jüdische Frontkämpfer aus dem Ersten Weltkrieg grundlos inhaftiert, Unschuldige mißhandelt und in Konzentrationslager verschleppt.

Es folgten bald Berufsverbote für Beamte, Ärzte, Rechtsanwälte und Enteignungen von Kaufleuten. Viele »Arier« haben sich an der Vernichtung der Existenz von Juden schamlos bereichert.

Bitterer als der wirtschaftliche Niedergang war die Isolation: Nachbarn grüßten nicht mehr, Freunde mieden das Haus, Geliebte wandten sich ab, Familien zerbrachen.

Bis zum letzten Moment hofften viele Juden auf ein Ende des Regimes, klammerten sich an eine nette Geste – bis die Exzesse der Reichspogromnacht und immer neue offizielle Anordnungen keinen Zweifel mehr daran ließen, daß in Deutschland ihr Leben bedroht war.

Margarete Limberg,
Hubert Rübsaat (Hg.)

Sie durften nicht mehr Deutsche sein

Jüdischer Alltag in Selbstzeugnissen 1933–1938

Aufbau Taschenbuch Verlag

ISBN 3-7466-8103-0

2. Auflage 2003

Einbandgestaltung Torsten Lemme
unter Verwendung eines Fotos von photonica
Druck GRAFO S. A., Bilbao
Printed in Spain

www.aufbau-taschenbuch.de

Inhalt

Vorwort

Es begann mit einer längeren Rundfunksendung. Darin hatten wir über neue Forschungsergebnisse über das Leben der Juden in Deutschland in den Jahren 1933 bis 1938 berichtet, also im Zeitraum zwischen der Ernennung Adolf Hitlers zum Reichskanzler am 30. Januar 1933 und der Reichspogromnacht am 9./10. November 1938, in der überall in Deutschland die Synagogen brannten. Zu dieser Sendung erhielten wir unerwartet viele Zuschriften. In den meisten lasen wir, man habe zwar schon viel über die Reichspogromnacht und die daran anschließende Vernichtung der Juden gehört oder gelesen. Man habe aber nicht gewusst, in welchem Maße Juden schon ab 1933 ausgegrenzt, entrechtet und verfolgt worden seien. Darüber möchte man mehr wissen.

So beschlossen wir, zu diesem Thema ein »Lesebuch« herauszugeben, in dem Betroffene selbst zu Wort kommen sollten. Wir hatten in unserem Beruf immer wieder erfahren, dass Geschichte über die Aussagen von Zeitzeugen besonders greifbar wird und Interessierte sich von Menschen, die erzählen, eher ansprechen lassen als von reinen Faktensammlungen und -darstellungen.

Auf der Suche nach geeignetem Material für dieses Vorhaben entdeckten wir in den USA eine bis dahin nicht erschlossene Memoirensammlung von Holocaustüberlebenden. Sie befand sich in der Houghton Library der Harvard Universität. Die einzelnen Berichte dieser Sammlung erwiesen sich als besonders wertvoll, weil viele nur wenige Monate und einige sogar nur wenige Wochen nach der Flucht aus Deutschland entstanden, also authentischer als später niedergeschriebene Erinnerungen waren.

Die Entstehung der Sammlung ging auf ein Preisausschreiben der Harvard Universität zurück, die im Frühjahr 1940 deutsche Emigranten aufforderte, ihr »Leben in Deutschland vor und nach dem 30. Januar 1933« zu beschreiben. Diese Texte sollten, so der Ausschreibungstext, »für eine Untersuchung der gesellschaftlichen und seelischen Wirkung des Nationalsozialismus auf die deutsche Gesellschaft und das deutsche Volk« verwendet werden.

Die Resonanz auf die Ausschreibung war außerordentlich groß. Mehr als 260 Emigranten sandten Berichte aus fast allen Ländern der Erde ein, in denen sie Zuflucht gefunden hatten. Die meisten Teilnehmer entstammten der früheren bürgerlichen Mittelschicht in Deutschland, darunter viele Ärzte, Rechtsanwälte, Lehrer und Kaufleute. Aber auch Vieh- und Weinhändler oder Hausfrauen und Mütter schilderten ihr Leben vor ihrer Vertreibung und Flucht. Um ein möglichst repräsentatives Bild des jüdischen Lebens in Deutschland zu zeichnen, werden diese Texte durch einige Erinnerungen aus der Memoirensammlung des Leo Baeck Institutes in New York ergänzt, das sich mit der Geschichte der Juden in Deutschland befasst.

Unser Dank gilt allen, die uns bei unserem Vorhaben ermutigt, beraten und geholfen haben. Besonders danken wir dem Kurator der Houghton Library der Harvard Universität, Rodney G. Dennis, und dessen Mitarbeiterinnen und Mitarbeitern. Sie haben uns mit nie nachlassender Freundlichkeit und Geduld unsere Materialsuche ermöglicht und erleichtert. Unser Dank gilt ebenso den Archivarinnen und Archivaren des Leo Baeck Instituts in New York, die uns bei der Suche nach zusätzlichem Material unterstützt haben. Nicht zuletzt danken wir unserer Lektorin Maria Matschuk, die durch ihre Betreuung das Erscheinen dieses Buches mit ermöglicht hat.

Berlin/Hamburg, im Frühjahr 2003

Margarete Limberg *Hubert Rübsaat*

Einleitung

Als Adolf Hitler am 30. Januar 1933 zum Reichskanzler ernannt wurde, schrieb die JÜDISCHE RUNDSCHAU nur einen Tag später: »Eine uns feindliche Macht hat die Regierungsgewalt übernommen.« Dennoch waren die meisten der rund 450000 jüdischen Deutschen zunächst noch nicht bereit oder in der Lage, in diesem Ereignis das Ende jeglicher Emanzipation und Assimilitation und den Beginn eines Verfolgungsprozesses zu sehen, der in einem millionenfachen Mord enden sollte. Wie manche nichtjüdische Deutsche glaubten damals auch viele Juden, trotz seiner starken Worte werde Hitler schnell abgewirtschaftet haben. Zudem hofften sie, Hitlers Koalitionspartner würden mäßigend einwirken und das Schlimmste verhindern können. Auch Gerüchte über einen unmittelbar bevorstehenden Militärputsch gegen die neue Regierung wurden gerne gehört.

Nach langem Kampf um die politische und gesellschaftliche Emanzipation sahen sich die deutschen Juden damals endlich am Ziel und im Besitz einklagbarer Rechte. Wie sehr sie daran glaubten, bewiesen in den ersten Jahren des Dritten Reichs zahlreiche Prozesse jüdischer Kläger gegen erlittenes Unrecht. Vor allem die jüdischen Frontkämpfer des Ersten Weltkriegs setzten auf den Schutz des Reichspräsidenten von Hindenburg. Sie gingen davon aus, dass der frühere General die jüdischen Opfer im Ersten Weltkrieg würdigen werde. Natürlich dachten die Juden auch an die Verfolgungen, denen sie in Deutschland jahrhundertelang ausgesetzt gewesen waren. Anfang 1933 vertraute man noch darauf, dass sich der Antisemitismus der neuen Regierung bald abnutzen und dass, wie schon so oft in der Geschichte Deutschlands, einer Phase der Verfolgung auch wieder eine Phase der Beruhigung folgen werde. Die Juden hätten doch, so redeten sich manche ein, genügend Erfahrungen und verfügten über Fähigkeiten, mit denen sie auch neue Notzeiten überstehen könnten.

Die meisten Juden fühlten sich innerlich zutiefst als Deutsche und wollten es bleiben. Daher erklären sich auch die verschiedenen Mitwirkungsangebote und Treuebekenntnisse jüdischer Institutionen und Verbände zu Deutschland nach der Machtergreifung der Nationalsozialisten, die gelegentlich die Grenze zur Selbstverleugnung und Anbiederung überschritten. So gab z. B. der Centralverein Deutscher Staatsbürger Jüdischen Glaubens (CV) nur wenige Tage nach der Ernennung Hitlers zum Reichskanzler die Parole aus: »Die Pflege deutscher Gesinnung in unseren Reihen unbeirrt fortsetzen!« Der Reichsbund Jüdischer Frontsoldaten erklärte im Oktober 1933: »Wir stehen mit unserem deutschen Vaterland bis zum Letzten!« Die Jüdische Gemeinde Berlin bot, ebenfalls 1933, in einer Eingabe an Hitler persönlich sogar an: »Wir wiederholen in dieser Stunde das Bekenntnis unserer Zugehörigkeit zum deutschen Volk, an dessen Erneuerung und Aufstieg mitzuarbeiten unsere heiligste Pflicht, unser Recht und unser sehnlichster Wunsch ist.

Solche Äußerungen entsprachen mit Sicherheit dem Gefühl einer Mehrheit der deutschen Juden, die ihre Ausgrenzung als »Volksfremde« nicht verstanden. Sie, die sich als assimilierte und liberale Juden bewusst von den orthodoxen Ost-Juden abgrenzten und auch der Forderung der Zionisten nach einem jüdischen Staat in Palästina und deren Aufrufen zur Auswanderung sehr reserviert gegenüberstanden, glaubten, Rechtspositionen dadurch erworben zu haben, dass sie zum Teil schon seit Generationen in Deutschland gelebt und gearbeitet hatten und für dieses Land auch in den Krieg gezogen waren. Sie betrachteten sich zuerst als Deutsche und dann erst, wenn überhaupt, als Angehörige des jüdischen Volkes oder der jüdischen Glaubensgemeinschaft. Sie waren stolz darauf, dass Juden als Unternehmer, Wissenschaftler, Künstler, Ärzte, Juristen, Lehrer und in vielen anderen Positionen Erhebliches für ihr Vaterland geleistet hatten.

Weil sie sich als emanzipiert und gleichberechtigt in Staat und Gesellschaft fühlten, hatten sie selbstbewusst alle Anzeichen eines neuen Antisemitismus bekämpft. Bereits 1893 war der Centralverein Deutscher Staatsbürger Jüdischen Glaubens (CV) gegründet worden, der die Idee einer jüdischen Nationalität ablehnte und sich zunehmend zum Interessenvertreter der liberalen jüdischen Mehrheit entwickelte. Wie extrem national manche Juden gesinnt waren und sich dabei von anderen Deutschen nicht unterschieden, wurde bei zwei Organisationen deutlich, die nach dem Ersten Weltkrieg entstanden, nämlich dem 1919 gegründeten Reichsbund Jüdischer Frontsoldaten (RSF) und dem 1921 als Abspaltung vom Centralverein gebildeten Verband Nationaldeutscher Juden, der sogar eine Zusammenarbeit mit der politischen Rechten anstrebte. Juden waren wie andere Deutsche Mitglieder der Feuerwehr und der politischen Parteien, im Schachclub oder in Sportvereinen. Sie übernahmen als Politiker bis in die höchsten Positionen hinein Verantwortung für Deutschland. Ein Beweis für die Verankerung der Juden in diesem Land war, dass die Zahl der »Mischehen« zwischen Juden und Nichtjuden zunahm. Viele der rund 37 000 Juden, die unmittelbar nach der Machtübernahme der Nationalsozialisten oder nach dem ersten Judenboykott am 1. April 1933 ins Ausland geflohen waren, kehrten zurück, als sich die Situation wieder beruhigt hatte.

Fast allen in Deutschland lebenden Juden erschien es

ohnehin schlichtweg unvorstellbar, all das, was sie sich oftmals mit viel Mühe und harter Arbeit aufgebaut hatten, von heute auf morgen aufgeben zu müssen, ihre Heimat zu verlassen und einen ungewissenen Neubeginn in der Fremde zu wagen. Auch aus diesem Grund gingen ab 1934 die Zahlen der Emigranten wieder zurück, 1934 auf 23000 und 1935 sogar auf 21000. Bis Mitte 1938 waren insgesamt nur rund 140000 deutsche Juden emigriert.

In Wirklichkeit aber hatte schon 1933 jener Prozess begonnen, der die Juden zu »Fremden im eigenen Land« werden ließ. Der damalige Sprecher der deutschen Juden, der Rabbiner Leo Baeck, nannte ihn im Rückblick ein »Martyrium im Leben«, das dem »Martyrium im Tode« vorausging. An diesem ersten Abschnitt einer neuen Judenverfolgung in Deutschland konnte nach der Reichspogromnacht 1938 die zweite Phase mit der Vernichtung des deutschen Judentums beinahe nahtlos anschließen. Die anti-jüdische Politik in den ersten Jahren der nationalsozialistischen Herrschaft war zum Teil noch unsystematisch, selektiv, willkürlich, regional unterschiedlich, von Zufälligkeiten bestimmt und auch nicht frei von Widersprüchen, so dass sich mancher der gefährlichen Illusion hingab, die Lage sei doch nicht völlig hoffnungslos. Bei den ersten Boykottmaßnahmen gegen Juden glaubten ehemalige Frontsoldaten, durch das Anlegen der Kriegsauszeichnungen zur Vernunft aufrufen zu können. Genährt wurden solche Illusionen durch die in regelmäßigen Abständen propagierten Ankündigungen nationalsozialistischer Funktionäre, die Judengesetzgebung sei nun abgeschlossen. Das war eine verhängnisvolle Täuschung. In nur wenigen Jahren wurde die von den Nationalsozialisten angestrebte »Trennung« der Juden von der nichtjüdischen Bevölkerung faktisch vollzogen.

Um dies zu erreichen, wurde die staatliche Gesetzgebungs- und Verordnungsmaschinerie ständig in Gang gehalten. Bereits Ende 1933 gab es 319 Gesetze, Verordnungen und Erlasse gegen die Juden. Darunter befanden sich Bestimmungen wie das »Gesetz zur Wiederherstellung des Berufsbeamtentums«, der Numerus clausus für jüdische Studenten oder Berufsverbote in verschiedenen Tätigkeitsbereichen, der Arierparagraph in den Automobilclubs, erste Badeverbote für Juden in öffentlichen Bädern oder das Verbot, bei der Aufgabe von Telegrammen jüdische Namen zu buchstabieren. Im Geiste vorauseilenden Gehorsams und traditioneller Untertanenmentalität wurden die staatlichen Maßnahmen von Anfang an durch viele antijüdische Aktivitäten in nichtstaatlichen Bereichen flankiert. So wurden die Juden schon im April 1933 von Wettkämpfen des Deutschen Boxerverbandes und im Juli des gleichen Jahres aus dem Großdeutschen Schachverband ausgeschlossen. 1934 kamen von Seiten des Staates weitere 177 Gesetze, Verordnungen und Erlasse hinzu. Bis zu den Nürnberger Rassegesetzen vom 15. September 1935, die u. a. festlegten, dass Juden keine »Reichsbürger« mehr waren, deshalb auch keine politschen Rechte mehr hatten, und Mischehen verboten, folgten weitere 140. Diese Entwicklung setzte sich kontinuierlich bis 1938 fort und führte dann selbst zu solchen Absurditäten wie dem im November 1938 erlassenen Verbot der Brieftaubenhaltung durch Juden.

Auch im Wirtschafts- und Sozialbereich wurde in den Jahren 1933 bis 1938 eine Politik des bewussten Ausschlusses und der Verdrängung der Juden betrieben. Zum Zeitpunkt der Reichspogromnacht war die Vernichtung der jüdischen Wirtschaft und zahlreicher Existenzen schon so weitgehend vollzogen, dass man nur noch »Restbestände« beseitigen musste. Bereits am 6. April 1933 hatte die JÜDISCHE RUNDSCHAU geschrieben: »Zehntausende sind aus ihrem Brot und ihrem Beruf gedrängt und zahlreiche selbständige Existenzen entwurzelt worden.« Am 20. April des gleichen Jahres hieß es in derselben Zeitung: »Die Not der fristlos entlassenen jüdischen Angestellten, Arbeiter und Handwerker ist ungeheuer groß.« Auch in der Privatwirtschaft wurde jüdischen Mitarbeitern immer häufiger gekündigt und die jüdischen Unternehmen selbst gerieten immer stärker unter Druck. Im Juli 1938 waren nach offiziellen Angaben von den mehr als 50 000 jüdischen Einzelhandelsbetrieben, die es Ende 1932 gegeben hatte, nur noch 9 000 in jüdischer Hand. Von den rund 8 000 jüdischen Ärzten praktizierten nur noch knapp 3 000 und von den 4 500 jüdischen Juristen übten nur noch 1 750 ihren Beruf aus. Nach einer anderen Statistik existierten im April 1938 über 60 Prozent aller jüdischen Betriebe nicht mehr, weil sie »arisiert« oder liquidiert worden waren.

Für die jüdischen Gemeinden war diese Entwicklung kaum zu verkraften. Bereits 1936 galt jeder fünfte Jude als bedürftig. Die größte Not konnte nur dadurch gelindert werden, dass viele in jenen Jahren trotz der eigenen Armut bereit waren, für noch Ärmere zu spenden.

Als besonders bitter empfanden es viele jüdische Deutsche, dass die von Staat und Partei betriebene Ausgrenzung und Isolierung auch im Alltag zunehmend spürbar wurden. Nichtjüdische Freunde und Bekannte zogen sich zurück, altvertraute Nachbarn grüssten irgendwann nicht mehr. Juden wurde der Austritt aus Vereinen und Clubs nahe gelegt oder ihre Mitgliedschaft wurde einfach beendet, was langjährige und verdiente Mitglieder – wenn überhaupt – oftmals nur durch ein unpersönliches Schreiben erfuhren. In der Öffentlichkeit waren die Juden, wenn man sie als solche erkannte, Anpöbeleien und Beleidigungen ausgesetzt. Gelegentlich wurden sie zusammengeschlagen. Auf Hilfe oder auch nur moralische Unterstützung durch nichtjüdische

Deutsche warteten sie zumeist vergeblich. Selbst die Kinder blieben nicht verschont: Freundschaften zerbrachen, weil »arische« Eltern ihren Söhnen und Töchtern den Umgang mit »Judenbälgern« verboten. Jüdische Kinder wurden oft verprügelt und mussten in der Schule immer wieder Dikriminierungen und Kränkungen durch Lehrer oder Mitschüler hinnehmen.

Aus dem kulturellen Leben wurden deutsche Juden in den Jahren 1933 bis 1938 ebenfalls zunehmend ausgegrenzt. Jüdischen Künstlern wurden die Arbeitsmöglichkeiten genommen, und als Besucher von Kulturveranstaltungen zogen sich viele Juden von selbst zurück, sofern ihnen nicht der Zutritt verboten worden war. Als Reaktion darauf entstand bereits 1933 in Berlin ein erster jüdischer Kulturbund, dem zahlreiche ähnliche Gründungen in anderen deutschen Städten folgten. Sie schlossen sich 1935 zum Reichsverband der jüdischen Kulturbünde zusammen, der bis zu seiner Auflösung im September 1941 durch viele Konzerte, Opern- und Theateraufführungen, Lesungen und Vorträge etwa 2500 jüdischen Künstlern die Existenz sichern konnte. Gleichzeitig wurde damit vielen jüdischen Deutschen zumindest etwas Halt und Trost, Gemeinschaftserleben und Kulturgenuss in schwerer Zeit geboten, ein wenig Entspannung ermöglicht und menschliche Würde zurückgegeben. Die Nationalsozialisten schränkten die Tätigkeiten der Kulturbünde durch Autoren- und Komponistenverbote wie durch Zensurmaßnahmen zwar zunehmend ein. Unter dem Druck aber wurden die Kulturbünde auch zu Zentren des geistigen Widerstands und eines neuen jüdischen Selbstbewusstseins.

Ohne Freunde und Verbündete im Inland und ohne wirksame Unterstützung aus dem Ausland schlossen sich die Juden über alle Differenzen hinweg enger zusammen, bauten eigene Hilfseinrichtungen auf und fanden oftmals durch die erzwungene Rückbesinnung auf ihr Judentum zu einer neuen Identität. Bereits am 4. April 1933 gab der Chefredakteur der JÜDISCHEN ZEITUNG, Robert Weltsch, in Anspielung auf die beim ersten Judenboykott drei Tage zuvor mit gelber Farbe besudelten Schaufenster die Losung aus: »Tragt ihn mit Stolz, den gelben Stern!«. Unter dem äußeren Druck kam es endlich auch zur Bildung einer zentralen jüdischen Dachorganisation, deren Gründung bis dahin nicht zuletzt an inneren Streitigkeiten gescheitert war. Am 17. September 1933 konstituierte sich die Reichsvertretung der Deutschen Juden, die 1935 ihren Namen in Reichsvertretung der Juden in Deutschland ändern musste und 1939 von der Reichsvereinigung der Juden in Deutschland abgelöst wurde. Diese fast alle Richtungen umfassende repräsentative jüdische Zentralinstanz wurde zum Sprachrohr der Juden. Sie war zudem Verhandlungspartner von Regierungs- und Parteidienststellen. Gleichzeitig organisierte sie ein Netzwerk jüdischer Selbsthilfeeinrichtungen, zu denen eine jüdische Wirtschaftsförderung, eine jüdische Berufsvermittlung und Umschulungs- und Ausbildungsangebote ebenso gehörten wie der unter großen finanziellen Opfern betriebene Ausbau des jüdischen Wohlfahrts- und Schulwesens.

Letztlich aber handelte es sich um den Aufbau einer Scheinwelt, in der die jüdischen Deutschen zumindest teilweise eine Normalität zu leben versuchten, die es für sie schon lange nicht mehr gab. Das wurde im November 1938 in dramatischer Weise sichtbar, als die Reichspogromnacht die zweite Phase der Vernichtung des deutschen Judentums einleitete.

Kauft nicht bei Juden!

Viele der »alten Kämpfer« hatten gehofft, das NS-Regime werde unmittelbar nach der Machtübernahme zum Schlag gegen die Juden ausholen. Sie warteten zudem ungeduldig auf die Chance, eine verhasste Konkurrenz rasch ausschalten und sich dabei auf bequeme Weise selbst bereichern zu können. So inszenierten in einigen Gegenden SA-Leute auf eigene Faust Boykottmaßnahmen gegen jüdische Geschäfte. Der 1. April 1933 wurde als Beginn der »Abwehrreaktion des deutschen Volkes gegen den jüdischen Volksverbrecher« festgesetzt. Dieser Boykott war die erste offizielle antijüdische Großaktion. Damit wollte man den Ungeduldigen auch signalisieren, dass die antijüdischen Parolen im NSDAP-Programm ernst gemeint waren.

Das Regime begründete den Boykott mit einer angeblich von Juden gesteuerten »Gräuelhetze gegen das neue Deutschland«. Die Aktion wurde Ende März beschlossen und sollte am 1. April, einem Samstag, reichsweit um 10 Uhr beginnen. Zu dieser Stunde marschierten SA-Leute auf und bezogen demonstrativ Posten vor jüdischen Geschäften, Warenhäusern, Arztpraxen und Anwaltskanzleien. Auf ihren Plakaten standen Aufrufe wie »Kauft nicht bei Juden!«. Kunden, Klienten und Patienten wurden eingeschüchtert, um sie am Betreten zu hindern, und beschimpft, wenn sie trotzdem hineingingen. Es gab aber noch nichtjüdische Deutsche, die sich nicht abschrecken ließen und nach dem Motto »Jetzt erst recht!« bei jüdischen Händlern einkauften. Einige kamen durch die Hintertür, andere dagegen ließen sich extra große Pakete schnüren, um zu demonstrieren, dass sie »beim Juden« einkaufen waren. Viele Deutsche allerdings waren im Prinzip einverstanden mit den Boykottmaßnahmen und den Bestrebungen des neuen Regimes, die Juden aus dem Wirtschaftsleben auszuschließen. Endlich folgten der antisemitischen Propaganda Taten, an denen »Volksdeutsche« mitwirken konnten.

Es blieb aber nicht bei dem Boykott. Auch jüdische Angestellte wurden in zunehmendem Maße entlassen. Damals versuchten zwar noch Juden sich zu wehren und einige Arbeitsgerichte erklärten die vorgenommenen fristlosen Entlassungen auch für nichtig. Dennoch: jüdische Lehrlinge hatten kaum eine Chance, einen nichtjüdischen Lehrherren zu finden, jüdische Händler sahen sich von ihren angestammten Marktständen verdrängt und viele kleine Geschäftsleute gaben in Panik auf.

Der Boykott wurde bereits einen Tag später stillschweigend beendet. Noch galt es, Rücksicht auf das Ausland zu nehmen und einen beginnenden wirtschaftlichen Aufschwung nicht zu gefährden. Es folgten jedoch schon bald andere, weniger lautstarke und sichtbare, dafür aber zum Teil viel wirksamere Boykott- und Verdrängungsmaßnahmen. Am 7. April 1933 trat das »Gesetz zur Wiederherstellung des Berufsbeamtentums« in Kraft, nach dem Beamte »nichtarischer Abstammung« zu entlassen waren. Damit war zum ersten Mal seit der Judenemanzipation in Deutschland wieder ein Sonderrecht für Juden geschaffen und ihre Diskriminierung durch ein Gesetz sanktioniert worden. Jüdische »Frontkämpfer« und Beamte, die am 1. August 1914 schon im Amt gewesen oder deren Väter oder Söhne im Ersten Weltkrieg gefallen waren, blieben bis 1935 noch verschont.

Die Auswirkungen gingen weit über die Beamtenschaft hinaus. Sie trafen auch die Arbeiter und Angestellten im öffentlichen Dienst und wurden zur Richtschnur für private Arbeitgeber, Einrichtungen aller Art, Vereine und Verbände. Rund 17000 Juden hatten nach den ersten Boykottmaßnahmen Deutschland verlassen. Die Mehrheit war aber überzeugt, der Spuk würde von kurzer Dauer sein und es handle sich nur um eine antisemitische Welle, wie es sie in der Vergangenheit schon des Öfteren gegeben hatte. Im Vertrauen darauf kehrten im Sommer 1933, nachdem sich die Lage wieder etwas beruhigt hatte, viele derer, die geflohen waren, nach Deutschland zurück.

Edwin Landau

»Für die standen wir in den Schützengräben«

Bereits am frühen Morgen des Freitags sah man die SA mit ihren Transparenten durch die Stadt ziehen: »Die Juden sind unser Unglück«, »Gegen die jüdische Greuelpropaganda im Auslande«. In den Vormittagsstunden begannen sich die Posten der Nazis vor die jüdischen Geschäfte und Betriebe zu stellen, und jeder Käufer wurde darauf aufmerksam gemacht, nicht bei Juden zu kaufen. Auch vor unserem Lokal postierten sich zwei junge Nazis und hinderten die Kunden am Eintritt. Mir erschien das Ganze unbegreiflich. Es konnte mir nicht einleuchten, daß so etwas im 20. Jahrhundert überhaupt möglich sein konnte. Denn solche Dinge hatten sich doch höchstens im Mittelalter ereignet. Und doch war es bittere Wahrheit, daß da draußen vor der Tür zwei Jungens in braunem Hemd standen, die ausführenden Organe Hitlers.

Und für dieses Volk standen wir jungen Juden einst im Schützengraben in Kälte und Regen und haben unser Blut vergossen, um das Land vor dem Feinde zu schützen. Gab es keinen Kameraden mehr aus dieser Zeit, den dieses Treiben anekelte? Da sah man sie auf der Straße vorübergehen, darunter gar viele, denen man Gutes erwiesen hatte. Sie hatten ein Lächeln auf dem Gesicht, das ihre heimtückische Freude verriet. Früher hieß es einmal im Überschwang »An deutschem Wesen soll die Welt genesen«, aber dies hier war schon Satanismus und es war eigentlich erst der Anfang. Ich nahm meine Kriegsauszeichnungen und legte sie an, ging auf die Straße und besuchte jüdische Geschäfte, wo man mich auch zuerst anhielt. Aber in mir gärte es, und ich hätte am liebsten diesen Barbaren meinen Haß ins Gesicht geschrieen.

Haß, Haß – seit wann hatte dieses Element in mir Platz ergriffen? Seit einigen Stunden erst war in mir eine Wandlung eingetreten. Dieses Land und dieses Volk, das ich bisher liebte und schätzte, war mir plötzlich zum Feinde geworden. Ich war also kein Deutscher mehr, oder ich sollte es nicht mehr sein. Das läßt sich natürlich nicht mit einigen Stunden abmachen. Aber das eine empfand ich plötzlich: Ich schämte mich, daß ich einst zu diesem Volk gehörte. Ich schämte mich über das Vertrauen, das ich so vielen geschenkt hatte, die sich nun als meine Feinde demaskierten. Plötzlich erschien mir auch die Straße fremd, ja die ganze Stadt war mir fremd geworden. Es gibt nicht die richtigen Worte, um die Empfindungen zu schildern, die ich in diesen Stunden erlebte. Zu Hause angelangt, ging ich auf den einen Posten zu, den ich kannte und der auch mich kannte, und sagte ihm: »Als Sie noch in den Windeln lagen, hab ich schon draußen für dieses Land gekämpft.« Er erwiderte: »Sie sollten mir aus meiner Jugend keinen Vorwurf machen, Herr …, aber ich bin kommandiert worden, hier zu stehen.« Ich sah in sein junges Gesicht und dachte mir, er hat recht. – Arme, irregeführte Jugend.

Trotz alledem kamen auch noch an diesem Tage eine Anzahl Kunden zu mir, besonders Katholiken, und es war auch so mancher dabei, der nur aus Protest gegen das Treiben da draußen mich besuchte. Auch der Bürodirektor des Landrats kam, um, wie er es so schön sagte, mir nur die Hand zu drücken. Als ich ihm dankerfüllt sagte, er möge meinetwegen nicht seine Stellung aufs Spiel setzen und an seine Familie denken, antwortete er voll Stolz: »Ich bin Parteimitglied Nr. 20 der Deutschnationalen Volkspartei, was soll mir passieren.« Der arme Idealist …, er sollte bald gewahr werden, daß auch diese Partei nichts mehr gelten sollte. Aber ich war ihm von Herzen dankbar, denn in mir war es wund. Am Nachmittag wurden zwei jüdische Gutsbesitzer verhaftet, der katholische Landrat abgesetzt. Ich lief auf die Straße und ging zu meinem jüdischen Schulkollegen, der ein Einheitspreisgeschäft nebenan hatte, und wir gingen auf der Straße auf und ab. Vor der Tür seines Geschäfts fragte ich ihn, was er tun würde, wenn auch bei ihm am nächsten Tage die SA vor der Tür stehen würde. Er antwortete und hielt seine Zigarre im Mundwinkel: »Ich werde schließen.« Ich ging nach Hause, der neue Posten wollte mich nicht einlassen und ich machte Radau, daß er kein Recht hätte, mir den Eintritt in meinen Betrieb zu verwehren, woraufhin einige SA-Leute hinzukamen und den 15jährigen Hitlerjungen fragten, warum der Jude solchen Radau mache. Ich ging dann unbelästigt in meinen Betrieb, den meine Frau sofort schloß. Das Personal sah mich traurig an und fragte, ob es am kommenden Tage kommen soll. Ich verneinte, die Leute gingen hinweg, ich war innerlich zerbrochen. Mir wäre schon alles egal gewesen.

In meiner Wohnung rüstete meine Frau zum Sabbat. Ich ging in die Synagoge, wie viele andere Juden. Dort sah ich verzweifelte Gesichter voll tiefstem Seelenschmerz – bleich, zitternd. Noch niemals haben Juden inbrünstiger gebetet als an jenem Abend, wo sie ihr Judesein so gründlich erlebten. Auch mein Herz bebte, und meine Seele schrie heimlich zu ihrem Gotte: »Mein Gott, warum hast Du mich verlassen?« So hatte ja einstmals auch Christus voll Schmerz am Kreuz geschluchzt. Auch wir wurden ans Hakenkreuz geschlagen. Wenig Trost gab mir das Gebet und ebenso erschüttert ging ich nach Hause zur Frau und den Kindern. Und als ich dort im Kreise meiner Familie den Sabbat einweihte wie stets, als ich an die Stelle im Gebet kam: »Der Du uns erwählt hast von allen anderen Völkern«, und meine Kinder sah, die mich mit ihren unschuldigen und fragenden Augen anblickten, da war es mit meiner Fassung vorbei, da entlud sich in mir die Schwere des erlebten Tages und ich brach zusammen, die letzten Worte nur noch stammelnd. Die Kinder wußten oder begriffen nicht, warum ich heftig weinte, aber ich wußte, das war mein Abschied vom Deutschtum, meine innere Trennung vom gewesenen Vaterland, ein Begräbnis. Ich begrub 43 Jahre meines Lebens. Und wäre es nur der eine und einzige Tag solchen Erlebens gewesen, jetzt konnte ich kein Deutscher mehr sein.

Und was war ich nun? Zwar war ich ein religiöser Jude, aber doch schon sehr assimiliert. Ich war heimatlos geworden. In der Nacht zogen die Nazihorden durch die Stadt und tobten. Am kommenden Tage, dem Sonnabend, begannen die Hausdurchsuchungen bei Juden und Sozialdemokraten. Auch bei vielen jüdischen Freunden erschienen die braunen Banden. Die ganze Stadt war in Aufruhr. Wieder standen die Posten. Ich konnte und wollte nichts sehen, ich war fertig. Am Abend waren wir, einige jüdische Freunde, beisammen, und da fragte einer plötzlich, wie lange wird Hitler regieren, worauf mein Freund, der Inhaber des Einheitspreisgeschäftes, sagte, 10 Jahre. Die anderen protestierten und meinten drei Monate oder ein Jahr. Wir glaubten, das Ausland könnte im 20. Jahrhundert eine solche Barbarei nicht dulden. Wo blieb England, wo Amerika? Wo war das Christentum geblieben? Zwar hielt damals John Simon einige Protestreden, aber es blieb nur dabei und Israel blieb ganz allein. War Gott auf seiner Seite?

Was barg noch die Zukunft? Die nächsten Tage brachten etwas Beruhigung, und auch wir begannen, zur Besinnung zu kommen. Ich ließ mich bei dem neuen kommissarischen Landrat melden als Vorsteher der Gemeinde. Zu mir waren so viele jüdische Bürger gekommen und sagten, ich sei der einzige, der dort etwas ausrichten könne. Darum begab ich mich dorthin und wurde vorgelassen. Man sagte mir, ich solle die übrigen Juden beruhigen, die Aktion sei nun wieder abgeschlossen, sie wäre nur eine Strafe für die Propaganda der Juden in anderen Ländern gewesen. Ich teilte dies meinen Leidensgefährten mit, und sie hatten etwas mehr Mut. Ich aber hatte kein Vertrauen mehr und war zwar nach außen hin tapfer und stark, aber innerlich mutlos und verlassen. Ich ging zu den Gräbern meiner Eltern, Großeltern und Urgroßeltern und hielt Zwiegespräche. Ich gab ihnen alles zurück, was ich an Deutschtum von drei Generationen empfangen hatte, in mir aufgenommen und gepflegt hatte. Ich schrie ihnen ins Grab: »Ihr habt Euch geirrt, auch ich bin irregeführt worden, nunmehr habe ich es begriffen, ich bin kein Deutscher mehr. Und was werden meine Kinder sein?« Die Frage blieb offen. Die Grabsteine blieben stumm. Auch mein alter Lehrer konnte aus dem Grabe nicht mehr antworten. Mein zweiter Lehrer, beliebter Rektor am Mädchengymnasium und von den Lehrern und Schülerinnen sowie von deren Eltern sehr geschätzt, er wußte bald die Antwort zu geben. Während der Morgenstunden, als er gerade lehrte, erschienen SA-Leute und schrien ihm in Gegenwart der Schülerinnen zu: »Machen Sie, Jude, sofort, daß Sie hinauskommen. Sie haben kein Recht, deutsche Kinder zu unterrichten«. Er wurde starr, viele Mädchen begannen zu schreien und riefen seinen Namen. Er aber sagte ihnen: »Liebe Kinder, ich habe über 15 Jahre Kultur übermittelt, ich gehe nun fort von euch, weil die Gewalt es so will, lebt wohl.« So ging er, und die Kollegen sahen ihm nach. Das war der Dank für seine aufopfernde Arbeit gewesen. Aber eine Freude sollte er noch erleben. Am Nachmittag erschienen in seiner Wohnung viele Schülerinnen mit Blumen und anderen Aufmerksamkeiten. Es war die Kritik einer noch unverdorbenen und unbeeinflußten Jugend.

Am folgenden Mittwoch früh wurde mein Freund H. verhaftet, mit dem ich am Freitag vor seinem Geschäft diskutiert hatte. Ich war bestürzt. Was war geschehen?

Ich ging zum 1. Vorsitzenden des jüdischen Frontbundes, um zu beraten, was geschehen sollte, ihn zu befreien. Ich ging zum Polizeikommissar, der hochanständig zu mir war, aber mir nicht sagen konnte, weswegen mein Freund H. verhaftet sei, die Polizei sei jetzt oft machtlos. Der Kommissar sagte mir, ich solle zum Landrat gehen, der hätte die Macht in Händen. Ich eilte dorthin, aber der war nach Berlin gefahren. Sein Vertreter war ein mir bekannter Beamter, ein Freund des Bürodirektors, mit dem ich mich beriet. Den ganzen Tag war ich auf den Beinen. Am Nachmittag rief mich der Kommissar telefonisch an, ich müsse auf die Wache kommen, er müsse mich vernehmen. Ich eilte zu ihm. Er sagte, es sei eine Anzeige gegen den Verhafteten, er hätte am Freitag zu mir gesagt, er würde auf die SA am nächsten Tage schießen. Ein Mädchen hatte es gehört und ihrem Großvater erzählt und dieser hätte es angezeigt. Ich erwiderte, es sei eine Lüge und erzählte den Tatbestand, wie er sich zugetragen. Mein Freund hätte wahrscheinlich wegen der Zigarre im Munde undeutlich gesprochen. Er habe aber bestimmt gesagt, er werde das Geschäft schließen. Solch ein Narr würde keiner von uns sein, mit Schießen zu drohen. Nach weiteren Verhandlungen wurde dann noch am Abend mein Freund wieder entlassen.

Am kommenden Tage war bei mir plötzlich Hausdurchsuchung. Sechs Mann erschienen, darunter auch ein Stahlhelmmann, dessen Schwester einige Jahre bei mir Buchhalterin gewesen war. Er schämte sich sehr und entschuldigte sich leise bei mir und übernahm im Kontor am Geldschrank die Durchsuchung und war schnell fertig, ohne etwas zu finden. Einige durchsuchten die Geschäftsbücher und Registriermappen. Ich reichte ihnen meine Revolver und Patronen und zeigte den Waffenschein. Sie riefen den Kommissar an, ob sie die Waffe beschlagnahmen sollten, was jener jedoch verneinte. Dann ging es in den Keller und die Wohnung. Das Klavier wurde geöffnet, der Violinkasten aufgemacht. Man fand nichts und ging wieder, nachdem man auf dem Dachboden meine schwarz-weiß-rote Fahne noch gesehen hatte.

Am Sonnabend darauf wurde mein Freund C. verhaftet, der sozialdemokratischer Stadtverordneter gewesen und stets als einziger Jude die schwarz-rot-goldene Fahne gehißt hatte. Mit ihm wurden noch 3-4 Juden verhaftet und auf die Polizeiwache gebracht. Auch einige christliche Sozialdemokraten waren dort oben. Sie wurden gut behandelt, durften sich kaufen lassen, was sie wünschten. Ich bemühte mich um die Freilassung der Juden, machte Eingaben, telefonierte mit der Hauptleitung des Frontbundes. Aber es nützte nichts. Einige Tage darauf fuhr ein Lastwagen die Gesellschaft in ein Konzentrationslager. Wir winkten ihnen noch einen Gruß zu. Einer kam nicht mehr zurück, die anderen nach drei Monaten.

Inzwischen machte sich der Rückschlag im Geschäft bemerkbar. Kunden blieben zurück. Einige Kostenanschläge erhielt ich zurück, da man im Augenblick keinen Gebrauch davon machen könne. Auch Arbeiter mußte ich wegen Arbeitsmangels entlassen.

Friedrich Weil

Arisches »Recht« gegen jüdische Firmen

Am 29. März 1933 versammelten sich die Mitglieder des Detaillisten-Verbandes in Frankfurt am Main im Saal des Etablissements »Groß-Frankfurt«, um gemeinsam zu beraten, wie man dem angedrohten Boykott und dessen Folgen für das arische Personal zu begegnen habe. Die Versammlung war beim Polizeipräsidenten ordnungsgemäß angemeldet und genehmigt worden. Schon kurz nach der Eröffnung der Versammlung erschien eine Truppe von 25 bis 30 SA-Männern in ihrer braunen Uniform und erklärten sämtliche Anwesende für verhaftet. Unter strengster Bewachung mußten die Verhafteten – nahezu 100 der angesehensten Männer der Stadt – mit hocherhobenen Händen auf dem Fahrweg der Hauptstraßen zum Polizeipräsidium und von dort in das Gefängnis marschieren.

Ich habe zufällig den Transport dieser Männer mitangesehen, und es wird ein nie zu vergessender Anblick bleiben. Die Inhaber der jüdischen Geschäfte haben am 1. April 1933 ohne Ausnahme ihre Läden offengelassen. Manche der Inhaber haben sich in die Nähe des Eingangs gestellt, geschmückt mit ihren Kriegsauszeichnungen. Obwohl der Boykott schon um 12 Uhr mittags öffentlich als »bis auf weiteres erledigt« bezeichnet wurde, blieben die Parteihooligans auf der Straße und versuchten, die Besucher der jüdischen Geschäfte zu belästigen, zu photographieren und zu verprügeln. Die verhafteten Geschäftsleute wurden teilweise nach 8, 14 oder 30 Tagen wieder entlassen.

Man beschuldigte Juden aus allen Kreisen eines Vergehens oder eines Verbrechens und hatte in allen Betrieben, selbstverständlich auch in allen jüdischen, sogenannte Betriebszellen und Vertrauensleute, die bereits fertig verfaßte Protokolle der Gestapo mit irgendeiner strafbaren Beschuldigung gegen den jüdischen Betriebsinhaber bereithielten. Solche Beschuldigungen wechselten: Steuerhinterziehungen, Mindergewichtsangaben bei Zolldeklarationen und beim Verkauf von Konsumwaren, besonders bei Butter, Arbeiterentlohnungen unter Tarif, Lohnsteuerhinterziehungen, Devisenvergehen, Kapitalverschiebungen, strafbare sittliche Verfehlungen gegen weibliches Personal usw. Zunächst wurden die Inhaber der Betriebe verhaftet und monatelang in der Untersuchungshaft körperlich und seelisch zermürbt. Inzwischen sorgte die neugegründete Nationalsozialistische Richter- und Justizbeamten-Fachschaft dafür, wie von jetzt ab in Deutschland »Recht« gesprochen werden mußte. Der allein maßgebende Grundsatz lautete: »Recht ist, was der Partei dient.«

Ich selbst bin auch ein solches Opfer dieser neugeschaffenen Justiz geworden. Nach dreimonatiger Untersuchungshaft, in der ich nicht ein einziges Mal richterlich vernommen wurde, erging das Urteil auf 11 Monate Gefängnis und 30000 Mark Geldstrafe oder weitere 9 Monate Gefängnis wegen eines angeblichen Zollvergehens am 15. Dezember 1924. Der Vorsitzende des Gerichts, Landgerichtsdirektor Messerschmidt, erklärte in der mündlichen Begründung des Urteils, daß das Gericht nicht auf die gesetzliche Höchststrafe von 12 Monaten erkannt habe, weil das Gericht sich noch krassere Fälle eines derartigen Vergehens vorstellen könnte und deshalb das Strafmaß unter der gesetzlichen Höchststrafe bleibe, daß aber das Gericht, obwohl sämtliche 30 Zeugen die Anklage nicht bestätigt hätten, sein Urteil auf die von der Zollfahndung zur Verfügung gestellten Indizien gestützt hätte. Diese Indizien bestanden aus drei Protokollen der Zollfahndungsstelle, die einer meiner früheren Arbeiter bei der Zollfahndungsstelle unterschrieben hatte; dafür erhielt er 30 Reichsmark »Unterstützung« für seine Familie. Die Zollfahndung bestätigte diese Tatsache in der Gerichtsverhandlung und der früher vollkommen gerecht denkende und handelnde Vorsitzende erklärte auf den Einwand meines Verteidigers, daß »diese Art der Beweisführung bei der Zollbehörde gerichtsbekannt« sei.

Einige Fälle aus meiner allernächsten Umgebung möchte ich ebenfalls schildern: Herr B., Jude, Bankier, wurde wegen eines Devisenvergehens zu einem Jahr Zuchthaus verurteilt. Er hat im regulären Geschäftsverkehr eine aus dem Ausland empfangene Überweisung in Höhe von 60 holländischen Gulden nicht fristgerecht der Devisenstelle angezeigt. Die Revision beim Reichsgericht war erfolgreich: Das Reichsgericht hat die einjährige Zuchthausstrafe in eine einjährige Gefängnisstrafe verwandelt. Auf diese Entscheidung wartete der Bankier 14 Monate in der Untersuchungshaft, ohne auch nur eine Stunde davon in Anrechnung zu erhalten.

Herr St., Jude, 70 Jahre alt. Ein arischer Kunde schuldete für gelieferte Ware 2300 Mark. Die Schuld ist längst überfällig. St. mahnt den Schuldner persönlich zur Zahlung; der Kunde lacht ihn aus und sagt ihm, an Juden zahle er überhaupt nichts mehr, da er Mitglied der Nationalsozialistischen Partei geworden sei. St. erwidert darauf, daß – es war Juli 1933 – kein Gesetz bestehe, wonach dies ein Grund zur Zahlungsverweigerung sei, und er nun gezwungen wäre, die Forderung gerichtlich einziehen zu lassen. Das geschieht auch, der Kunde wird zwar zur Zahlung verurteilt, aber sein jüdischer Gläubiger wird noch am gleichen Tag von der Gestapo verhaftet, weil er angeblich gesagt habe: »Diese Hitlerwirtschaft wird auch nicht ewig dauern.« St. wird deshalb zu 10 Monaten Gefängnis verurteilt zuzüglich der erlittenen drei Monate Untersuchungshaft.

A. Senior und Junior, Vater und Sohn, jüdische Viehhändler aus Hessen-Nassau, werden angeklagt und verurteilt zu vier bzw. fünf Jahren Gefängnis. Der Tatbestand: Betrug durch gründliches Waschen des Viehs, bevor solches zum Marktverkauf kam, Kurzschneiden der Schwanzhaare und Polieren der Hörner. Die Gestapo hat aus den Geschäftsbüchern die Namen der Kunden abgeschrieben und jeden einzelnen dieser Kunden bearbeitet, um vor Gericht auszusagen, daß sie sich durch die mit den Angeklagten getätigten Geschäfte benachteiligt und betrogen fühlten. Aber nicht ein einziger dieser Zeugen hat unter Eid erklärt, daß er sich betrogen fühlte. Einige erklärten, daß diese Viehhändler schon in der dritten und vierten Generation auf ihren Hof kämen und man immer volles Vertrauen zu ihnen gehabt habe. Das Gericht hat diese Tatsachen für unwesentlich erklärt und die »betrügerischen Verschönerungen« am Vieh mit den genannten hohen Gefängnisstrafen geahndet.

Der Schuhgroßhändler H., Jude aus der Rheinpfalz, erhielt fünf Jahre Gefängnis. Die Anklage lautet gleichfalls auf fortgesetzten Betrug. Die Gestapo ordnet Hausdurchsuchung an wegen angeblich versteckter Devisen. Die Untersuchung dieserhalb blieb erfolglos, aber aus den Geschäftsbüchern ersah man den Kundenkreis. Man nahm willkürlich alle im Moseltal und im Hunsrück wohnenden Kunden durch die Gestapo aufs Korn, ließ sich Protokolle unterschreiben, wonach jeder einzelne dieser Kunden bestätigte, daß er sich bei den Schuhlieferungen des Beklagten, die teilweise 5 bis 10 Jahre zurücklagen, benachteiligt und betrogen fühle.

Der jüdische Großindustrielle Fl., Besitzer einer bedeutenden chemischen Fabrik, Hersteller von Spezialpräparaten für Ledergerbereien und Lederfärbung, wird auf Grund einer Anzeige eines Angestellten verhaftet, der ein »alter Kämpfer« der Nazi-Partei war. Zunächst Haus- und Geschäftsdurchsuchung bis in die Matratzen der Schlafzimmer wegen angeblicher Devisenvergehen.

Nach achtmonatiger Untersuchung verläuft die Anklage im Sand. Während der Untersuchung wurde der Anzeige erstattende Angestellte als »Kommissar« in der Firma eingesetzt, um im Interesse der arischen Angestellten und Arbeiter die Firma weiterzuführen. Während der Haft erfolgt Pression auf Pression, um die Fabrik zu arisieren und den jüdischen Besitzer auszuschalten und ihn um sein erworbenes und ererbtes Vermögen nebst großem Fabrikbesitz zu bringen. Nachdem Herr Fl. sich hierzu bereiterklärt hatte, mußte er Deutschland kurzfristig verlassen.

Ein armer 65jähriger Jude erhielt eine Gefängnisstrafe von sechs Monaten wegen Tierquälerei. Tatbestand: Er hat als Verwalter eines alten Hauses die Katze des Nachbarn fahrlässigerweise nachts eingesperrt, so daß das arme Tierchen am folgenden Tag, einem Sonntag, von dem lieben Nachbarn nicht das gewohnte Milchfrühstück rechtzeitig bekommen konnte. Dieser »Verbrecher« hatte dann im Jahre 1938 auf Grund dieser Vorstrafe Gelegenheit, in Buchenwald Vergleiche der Tierliebe mit der Menschenliebe der Nazis am eigenen Leib anzustellen.

In dieser Zeit – 1933 bis 1935 – erging der Parteibefehl, möglichst viele Juden als Kriminelle abzustempeln, um die notwendige statistische Grundlage zu beschaffen, daß die Juden in ihrer Gesamtheit Verbrecher am deutschen Volk sind.

Die ersten Opfer: Ärzte und Rechtsanwälte

Jüdische Ärzte und Rechtsanwälte gehörten mit zu den ersten Opfern der nationalsozialistischen Verfolgung. Die antisemitische Propaganda hatte sie schon in der Vergangenheit mit besonderem Hass bedacht. Denn in diesen Berufsgruppen waren Juden verhältnismäßig stark vertreten. Die Volkszählung von Juni 1933 kam auf rund 5600 jüdische Ärzte und 3030 jüdische Anwälte. Das entsprach einem Anteil von 11 bzw. 16 Prozent, der sich dazu noch auf Berlin und andere Großstädte konzentrierte. In beiden Berufsständen herrschte schon lange ein rabiater Antisemitismus.

Der Bund Nationalsozialistischer Juristen forderte im März 1933, die Anwaltskanzleien »judenfrei« zu machen. Bereits vor den ersten Boykottmaßnahmen am 1. April durften in Preußen und Bayern jüdische Anwälte die Gerichtsgebäude nicht mehr betreten. Jüdische Richter und Staatsanwälte wurden mit Nachdruck aufgefordert, ihren Urlaub anzutreten. Nazitrupps besetzten Gerichtsgebäude und verjagten und verprügelten jüdische Juristen. In Preußen verloren am 1. April 60 Prozent aller jüdischen Anwälte ihre Zulassung. Die sogenannten Frontkämpfer, die jüdischen Teilnehmer am Ersten Weltkrieg, durften vorerst noch weiter tätig sein. Am 27. September 1938 jedoch wurde ein Berufsverbot für sämtliche jüdische Anwälte verhängt. Nur wenige durften danach noch als »Konsulenten« ausschließlich für jüdische Klienten tätig sein. Aber die jüdischen Anwälte hatten zumeist schon vorher darunter gelitten, dass die meisten Deutschen der Ansicht waren, ein jüdischer Anwalt werde ihnen vor Gericht nur Nachteile bringen.

Den jüdischen Ärzten erging es nicht besser. Krankenhäuser und andere öffentliche Gesundheitseinrichtungen entließen ihre jüdischen Mitarbeiter, und zwar schon vor dem Aprilboykott und vor dem Beamtengesetz. In München z. B. galt bereits die Devise »Juden dürfen nur Juden behandeln.« Am 24. April 1933 kam der für viele Ärzte wirtschaftlich ruinöse Entzug der Kassenzulassung. Die Ersatzkassen folgten wenig später und die Privatkassen zahlten nur noch für nichtjüdische Patienten. Im Sommer 1933 wurde der berufliche Austausch mit nichtjüdischen Ärzten untersagt, d. h. es wurde unmöglich, gegenseitige Vertretungen zu übernehmen oder Patienten zu überweisen. Die jüdischen Ärzte verloren zudem ihre Funktionen als Gutachter und Berater und durften nicht mehr an Fortbildungsmaßnahmen teilnehmen. Mitte 1933 hatte bereits die Hälfte der jüdischen Ärzte und Ärztinnen den Beruf aufgegeben. Viele wanderten aus, während andere versuchten, sich u. a. als Masseure, Pfleger oder Hebammen durchzuschlagen.

Diejenigen, die noch praktizieren konnten, wurden auf andere Weise in den Ruin getrieben. Ihre nichtjüdischen Patienten blieben nach und nach aus. Einige bewahrten ihnen zwar noch eine Zeit lang die Treue und kamen, wenn es sein musste, heimlich am Abend. Der Druck auf sie wurde jedoch immer stärker. Man drohte ihnen mit dem Verlust ihres Arbeitsplatzes, sie wurden beschimpft und denunziert. Es gab aber auch Patienten, die versuchten, die Notlage der jüdischen Ärzte auszunutzen und glaubten, mit Erpressungen oder falschen Anschuldigungen leichtes Spiel zu haben. Am 30. September 1938 schließlich verloren alle jüdischen Ärzte in Deutschland ihre Approbation. Nur einige hundert durften danach noch als »Krankenbehandler« ausschließlich jüdische Patienten betreuen.

Es war aber nicht nur die materielle Not, die Anwälte

und Ärzte in die Verzweiflung trieb. Der Boykott, die Berufsverbote, die Diskriminierungen und Demütigungen trafen eine bürgerliche Schicht, die bis dahin hohes gesellschaftliches Ansehen genoss und dem Gedanken der Integration und Assimilation besonders verhaftet war.

Henriette Necheles-Magnus

Anhängliche Patienten – opportunistische Kollegen

Als ich morgens zur Praxis kam, sah ich schon von weitem zwei stramme SA-Männer vor meinem Eingang stehen. Über der Tür klebte ein großes Plakat: ein schwarzer Hintergrund mit einem leuchtenden gelben Fleck in der Mitte. Ich ging in meine Sprechstunde durch die Hintertür und setzte mich an meinen Schreibtisch. Zuerst mußte ich meine weinende Einhüterin trösten. Ich bekam die Antwort: »Wir schämen uns so für unsere Volksgenossen!« Ihr Mann war Werftarbeiter. Gegenüber war ein kleines Eiergeschäft, das von einer Jüdin geleitet wurde. Ihr Mann war im Kriege gefallen. Auch davor die beiden Schutzengel ... Um neun Uhr begann die Sprechstunde, 9.10 Uhr kam die erste Patientin aufgeregt, schnaubend, daß man sie hindern wollte, zu ihrem Doktor zu gehen! »Sind wir in der Zeit der Christenverfolgung?« 9.20 Uhr Lärm vor der Tür: »Wir wollen zu unserem Doktor!« SA-Mann: »Die ist ja gar nicht da, die hat sich gedrückt!« Darauf geht mein Mädchen an die Tür: »Frau Doktor ist da, Sie sind nicht berechtigt, die Sprechstunde zu stören, sie sind nur da, um zu zeigen, daß es ein jüdischer Doktor ist.«

So ging es weiter und weiter, die Patienten kamen und kamen mit Blumen, mit kleinen Gaben: »Wir wollen Ihnen zeigen, was wir von dieser Politik halten.« »Ich bin nicht krank, Doktor, ich komme, um zu sehen, wie es Ihnen geht.« Eine kleine Handarbeit, die »Boykottdecke«, liegt noch heute in meinem Zimmer. Eine Patientin häkelte sie für mich in jenen Tagen, um mir ihre Zuneigung zu beweisen. Nachmittags fing es an zu regnen. Unsere Beschützer wurden unwirsch und fingen vor der Tür zu trampeln an, die Patienten fingen zu lachen an und schlugen ihnen vor, doch in die Kneipe zu gehen und Skat zu spielen. Glücklicherweise ging es ohne Zusammenstöße ab, denn einige meiner Patienten waren außerhalb des Wartezimmers richtige »harte Jungs«. Meiner Nachbarin auf der anderen Seite der Straße ging es genau so. Sie sagte, sie hätte noch nie so viel einzelne Eier verkauft wie an diesem Tag, da die armen Leute nicht mehr Geld als zu einem Ei übrig hatten und doch irgendwie ihr das Gefühl des Zusammenhalts zeigen wollten. Es ging nicht überall so glatt und reibungslos ab. Der Inhaber eines Konfektionsgeschäftes in unserer Straße versuchte, die SA-Männer vom Blokkieren des Eingangs abzuhalten, denn die Vorschrift war, daß die Posten nur zur Warnung dastehen sollten. Er wurde mit den Wachen in ein Handgemenge verwickelt und zog natürlich den Kürzeren. Zu Todesfällen kam es in unserer kleinen Stadt nicht. Im ganzen war der Boykott unpopulär und wurde nach einem Tag abgebrochen, da die Bevölkerung an derlei Spektakel noch nicht gewöhnt war. Mein schöner gelber Fleck wurde von einem davon beleidigten Nachbarn abgemacht. Er kratzte ihn nachts heimlich ab (»Die arme Frau Doktor!«).

Am 1. Juli sagte ich meiner Kassenpraxis adieu. Es war für mich wie das Begräbnis eines geliebten Angehörigen. Nur der Gedanke, daß ich bald einem Kinde das Leben geben sollte, hielt mich aufrecht. Jeder neue Patient, der kam, und es kamen Unmengen, riß die Wunden wieder auf. Es war wie im Vorzimmer zu einer Beerdigung. Die Leute, aufgeschreckt und verschüchtert, wußten nicht wohin. Keiner sagte ihnen, wie es mit der weiteren Behandlung werden sollte. Angefangene Fälle interessierten die Kassenverwaltung doch nicht, wenn es um Politik geht und wenn man möglichst deutlich zeigen wollte, wie schnell man von Sozialdemokratie auf Nationalsozialismus umschalten kann.

Sehr interessant für mich war die Reaktion meiner verschiedenen Berufskollegen. In der Hauptsache die Älteren hatten so viele Regierungen kommen und gehen gesehen, daß sie auch diese Sache nicht zu schwer nahmen. Die Sozialdemokraten waren in Akademikerkreisen außerordentlich unbeliebt gewesen, da sie das Fechten und andere studentische Ideale bekämpft und den ganzen Militarismus verdammt hatten. So meinten die meisten, Hitler zähmen zu können. Der Vorsitzende unseres ärztlichen Vereines, früher streng monarchistisch gesinnt, bekannte sich zum Nationalsozialismus und übernahm weiterhin die Leitung der Wandsbeker Ärzte. Aber, wie vorauszusehen, wurde seine laue Einstellung bald erkannt und er mit Schimpf und Schande herausgejagt. Der Leiter unseres Krankenhauses, Opportunist bis in die Knochen – er hätte auch ebenso begeistert »Heil Moskau!« gerufen –, machte mit Grazie alles, was man von ihm verlangte, und bedauerte mich im stillen. Ein Dritter, früher erster Vorsitzender der Demokratischen Partei, begeistert für alles Neue, sei es Rohkost, sei es Kubismus oder sei es Nationalsozialismus, war sofort bekehrt und marschierte bei der nächsten Parade stundenlang durch die Stadt. Dies waren aber nur die Neubekehrten, Konjunkturhelden, die von den alten Kämpfern mißtrauisch angesehen wurden.

14 Tage nach Aufgabe meiner Praxis erschien Doktor K. und mietete meine Räume. Als erstes entfernte er mein Schild mit dem Hinweis meiner neuen Adresse und vernichtete es. In Deutschland war es dem ausziehenden Arzt gestattet, ein halbes Jahr sein Schild an der früheren Wohnung zu behalten mit dem Hinweis seiner neuen Adresse. Ich hielt Privatsprechstunde zusammen mit meinem Mann, da ich ja nur die Kassen- und Wohlfahrtspraxis verloren hatte. Doktor K. bemerkte, daß das Judenweib kein Schild an seiner Tür zu haben brauche. Auf Anfragen meiner Patienten, wo ich sei, sagte er: »Sie hat sich umgebracht.« So saß er da und wartete auf das

Eintreffen meiner Patienten. Zögernd kamen ein paar Leute, die er in der Hauptsache gründlich auf ihre politische Gesinnung untersuchte. Ein Patient sagte darauf, wie er mir später strahlend erzählte: »Doktor, ich bin hier wegen meiner Krankheit, nicht wegen meiner politischen Gesinnung«, und verschwand. So ging's vielen, und nach kurzer Zeit mußte mein lieber Kollege seine Praxis wieder schließen. Kein anderer wagte sein Heil nach diesen Erfahrungen, so daß mich der Hauswirt anrief und mich bat, doch auch ohne Kassenpraxis wieder anzufangen. Die Patienten würden auch privat zu mir kommen. Ich mochte mich aber nicht von meinem kleinen Kind trennen und meine neuen Pflichten vernachlässigen. Ehe Doktor K. seinen Rückzug antrat, erzählte er noch allen, die es hören wollten, daß die Ärztin ihre Praxis durch unethische Dinge so groß gemacht hätte. Die Reaktion meiner Patienten war, zu mir zu kommen – ich wohnte am anderen Ende der Stadt – und sich als Zeugen anzubieten: »Wir lassen Sie nicht von solchem Flegel beschimpfen.« Ich wußte mehr über die Macht eines Naziführers und über das herrschende Gerechtigkeitsgefühl und dankte ihnen nur für ihre Anhänglichkeit. Kurz zuvor hatte ich ein Urteil erwirkt, das mir die sofortige Wiederanbringung meines Schildes gestattete, und Doktor K. zu einer erheblichen Buße verurteilte. Die Buße mußte er bezahlen, denn es war ja eine Gerichtsstrafe. Er ließ mir aber einen Drohbrief durch den Gauleiter der Ärzteschaft zukommen, der mich an jeder weiteren Handlung hinderte. Beinahe unnötig zu erwähnen, daß Doktor K. nach den Fehlschlägen in eigener Praxis Militärarzt, Leiter des Roten Kreuzes und Vertrauensarzt der Krankenkasse wurde, das heißt, er hatte die Arbeit der andern Kollegen zu beaufsichtigen und war so unabhängig von der Zuneigung der Patienten.

Ich hatte mir inzwischen mein Leben wieder aufgebaut und ersetzte meinem Mann die Sprechstundenhilfe. Einige Patienten fanden sich auch wieder bei mir ein. Mein Mann kämpfte um seine weitere Zulassung als Kassenarzt. Er war während des Krieges Arzt in einem Lazarett gewesen, das leider aber nicht an der Front gelegen war. Er hatte Infektionspatienten behandelt, aber anscheinend in nicht genügender Anzahl, um ein Frontlazarett zu ersetzen.

So versuchte man, das Frontkämpfergesetz so eng wie möglich auszulegen, um recht viele jüdische Ärzte so bald wie möglich auszuschalten. Als mein Mann einige Tage beruflich verreist war, entstand auch über ihn das Gerücht, daß er sich umgebracht hätte. Ein Patient kam und fragte mich, ob er die Beerdigung übernehmen könne. Wie groß war sein Entsetzen, als ich ins Zimmer ging und meinen Mann, der gerade wiedergekommen war, herausrief, um die Sache besser zu besprechen. Unsere Versuche, als Kassenärzte weiterzuarbeiten, schlugen natürlich fehl, da man den Einfluß des jüdischen Kassenarztes auf seine Patienten fürchtete. Aber dennoch kamen viele alte Patienten auf eigene Kosten weiter, da Vertrauen zum Arzt nicht von der Regierung vorgeschrieben werden kann.

Arthur Samuel

Patienten als Erpresser

1928 kam der morphiumkranke epileptische Kaufmann Ludwig S. in meine Behandlung. Er hatte einen Gummistempelvertrieb. Er war Jahre hindurch in Poli-Kliniken von Universitäts-Professoren und von anderen Bonner Ärzten behandelt worden. Er war allen als Morphinist bekannt. Da es damals kein Gesetz gab, einen Morphiumkranken gegen seinen Willen in einer geschlossenen Anstalt unterzubringen, so waren alle Versuche einer Entwöhnung von vornherein zum Scheitern verurteilt. Eines Tages entschloß ich mich, als ein neues Injektionsmittel erfunden wurde, den Kranken ohne sein Wissen und ohne sein Einverständnis zu entwöhnen. Das neue Mittel war Pernokton. Mit seiner Hilfe konnte ich ihn sofort in einen Dämmerschlaf versetzen. Jetzt erst willigte die Familie ein, daß der Kranke in eine geschlossene Anstalt überführt wurde. In kurzer Zeit war er dort entwöhnt. Zur Sicherung des Erfolges wurde er von dem behandelnden Arzt mehrere Wochen in der Anstalt zurückgehalten. Während dieser Zeit noch ging er zum Kreisarzt, zeigte ihm einen Kasten voll gesammelter leerer Morphium-Ampullen und verlangte von ihm, daß ich wegen fahrlässiger Körperverletzung bei der Staatsanwaltschaft angezeigt werden müßte. Ich hätte ihn zum Morphinisten gemacht, ich hätte mich an ihm bereichert, und ich hätte ihn an den Bettelstab gebracht.

Ehe das Gericht dem Ansinnen des Klägers, eine Zivilklage gegen mich anzunehmen, nachgab, forderte es ein gerichtliches Obergutachten des Kölner Neurologen Prof. de Crinis ein. Dieser, ein Nachfolger des bekannten Kölner jüdischen Prof. Aschaffenburg, war Nationalsozialist. Prof. de Crinis machte ein 30 Seiten langes

Gutachten, und er kam zu dem Schluß, daß ich vollkommen korrekt gehandelt hätte und daß die Ansprüche des Klägers in keiner Weise gerechtfertigt seien. Dieser sei ein pathologischer Mensch und überhaupt nicht ernst zu nehmen. Dieses Gutachten liegt natürlich den Akten bei. Nun aber ereignete sich das Unerhörte! Gegen diese behördlichen Gutachten des Nationalsozialisten Prof. de Crinis bringt der Kläger nun ein Privatgutachten vor, und dieses Privatgutachten war von Herrn Prof. Poppelreuther angefertigt. Dieser weist nun nach, daß der arme Kläger ein Opfer der Juden wurde. Der Arzt, der Anwalt, die Sachverständigen waren Juden. Ein Teil der Sachverständigen und ein Teil der Richter seien zwar Arier, aber diese könnten sich nicht dem jüdischen Einfluß entziehen. Was allem bisher Geschehenen einen markanten Stempel der Zeit aufdrückte, war die Tatsache, daß Prof. de Crinis von der Kölner Universität sein Gutachten, das er soeben ausführlich begründet hatte, als unrichtig erklärt und daß er sich dem Gutachten von Prof. Poppelreuther anschließt. Nun sind alle Bemühungen erfolglos. Es kam zu endlosen zermürbenden Verhandlungen. Der Erfolg war: Der nationalsozialistische Morphinist behielt Recht gegen den unbescholtenen jüdischen Arzt.

Ein weiterer Fall: Eine arische Patientin, Tochter eines bekannten Wirtes, bei dem die Nazis ihr Stammlokal hatten, vergiftete sich mit Veronal. Die Vergiftung war tödlich. Drei Tage lang lag die Kranke in tiefstem Koma. Alle meine Bemühungen, die junge Frau zu retten, waren vergeblich. Meine erste Frage, als ich gerufen wurde, war die nach der Herkunft des Giftes. Ich kannte die schwerblütige Natur der Kranken, und ich vermied es, ihr Narkotika zu verschreiben. In der ersten Aufregung des Geschehens plauderte der Schwager die volle Wahrheit aus. Die junge Frau kannte einen arischen Assistenten der Nervenklinik. Dieser, ein Nationalsozialist, der in dieser

Wirtschaft verkehrte, brachte ihr eine große Packung von Veronal-Tabletten mit.

Ich hatte den üblichen Totenschein auszustellen. Todesursache: Veronalvergiftung. Zu gern hätte mich die Familie verleitet, eine andere Todesursache anzugeben, weil sie die gerichtlichen Folgen für sich selbst fürchtete, auch das Ansehen der Wirtschaft glaubten sie gefährdet. Nach zwei Tagen werde ich zur Polizei bestellt. Ursache? Ich brauche wohl nicht zu betonen, wie solche Aufforderungen, zur Polizei zu kommen, auf Juden damals wirkten, wußte man doch nie, was die Ursache des Befehls war. Ich ging zur Polizeibehörde, man setzt mich in ein Auto, und sofort werde ich ins Gerichtsgebäude gefahren, wo ein älterer Assistenzarzt des Gerichtsarztes mich wie einen Verbrecher verhört. Ich habe einen großen Fragebogen auszufüllen. Dann geht der verhörende Kollege »auf den Fall ein«. »Sie haben Frau I. behandelt.« Ich bejahe. »Wie kam die Frau an das Veronal, eine ganze Klinikpackung, die wir dort fanden? Es hat keinen Sinn, daß Sie jetzt die Wahrheit verschleiern, wir können an der Fabriknummer der Verpackung feststellen, ob Sie dieselbe ausgehändigt haben oder nicht.« Ich erwiderte recht barsch, er möge sich keine Mühe geben, mir die Schuld zuzuschieben. Darauf er: »Sie sind für uns solange der Schuldige, bis Sie uns nicht das Gegenteil bewiesen haben.« »Nun denn«, sagte ich, »so bin ich gezwungen, alle kollegialen Rücksichten fallenzulassen. Ich verrate ungern andere.« Daraufhin sagte er: »Zarte Rücksichten sind jetzt nicht angebracht.« Ich erzählte ihm, was ich über die Herkunft wußte, daß der Assistent der Nervenklinik K. L. das Veronal besorgt hätte. Ich hatte zu warten. Autos rasen los und bringen in kurzer Zeit den Assistenten und den Verwandten der Toten. Sie werden verhört. Sie bestätigen meine Aussagen. Ich bin entlassen. Weh mir, wenn ich nicht die Quelle gewußt hätte. Ich wäre wegen fahrlässiger Tötung eines arischen Menschen unter Anklage gekommen.

Ein weiterer Fall: Bei einer Dame der Gesellschaft stelle ich eine frühe Diagnose auf Unterleibskrebs. Die Dame wurde auf mein Drängen von einem Frauenarzt radikal operiert und geheilt. Sie war dankbar und erklärte mich als ihren Lebensretter, besonders weil ich gegen die Ansicht des operierenden Arztes auf der Entfernung der ganzen Gebärmutter bestanden hatte. Eine Operation, die der Frauenarzt damals nicht für nötig hielt. Die Biopsie gab mir Recht. Die Dame war in ihrem Vertrauen zunächst nicht zu erschüttern. Sie kam trotz der Ungunst der Zeit weiter in meine Behandlung. Nach einiger Zeit befreite ich sie durch eine Novokain-Injektion von einer schmerzhaften Neuralgie. Sie war glücklich. Doch wie entsetzt war ich, als dieselbe Dame, die mir vor einiger Zeit erklärte, ich sei ihr Lebensretter, jetzt bleich, halbohnmächtig in meine Sprechstunde kam. Sie sagte wörtlich: »Ach Herr Doktor, seien Sie mir nicht böse. Aber ich kann nicht mehr schlafen. Man hat mir so komische Dinge erzählt. Sie haben mir doch durch die Injektion die Schmerzen weggebracht. Nun war ich damals, weil ich Rücksicht auf die Stellung meines Mannes nehmen muß, noch zu einem anderen Arzt gegangen, und der hat mir gesagt: ›Der Jude hat ihnen die Schmerzen genommen, ja aber wissen Sie denn nicht, daß die Juden Mittel haben, die die Schmerzen zwar für eine gewisse Zeit fortnehmen, aber daß die Leute alle spätestens innerhalb eines halben Jahres sterben müssen!‹« Die Patientin sah mich entsetzt an. »Sagen Sie mir, lieber Doktor, was haben Sie mir eingespritzt. Sagen Sie es mir, damit ich wieder schlafen kann und versichern Sie mir bitte, daß ich nicht sterben werde.« Der dummen Gans erklärte ich die Art der Behandlung. Ich war es mir zu meinem Schutze schuldig. Ich zeigte ihr aber gleichzeitig die Tür und verbat mir dringend jeden weiteren Besuch.

Karl Friedländer

Ich galt nicht mehr als Frontkämpfer

Im Leben der Anwaltschaft Berlins trat insofern eine Veränderung ein, als der Vorstand der Anwaltskammer sang- und klanglos, ohne Widerstand zu leisten, auf Verlangen der Nazianwälte von seinem Posten abtrat. Auf Grund einer von der Justizbehörde erlassenen Notverordnung wurde ohne Wahlen ein neuer Vorstand bestellt, der zum größten Teil, abgesehen von einzelnen Ausnahmen, aus Parteimitgliedern bestand. Dies war der Anfang und bald folgten die nächsten Schritte. Am 30. März 1933 wurde bei den Berliner Gerichten gegen die jüdischen Rechtsanwälte eine Razzia veranstaltet. Punkt 12 Uhr erschienen in den verschiedensten Gerichtszimmern irgendwelche NSDAP-Parteiangehörige und forderten die jüdischen Rechtsanwälte auf, unverzüglich die Gerichtsgebäude zu verlassen. Zum großen Teil wurde der Aufforderung freiwillig Folge geleistet. In einzelnen Fällen kam es zu sehr unangenehmen handgreiflichen Zusammenstößen.

Ich war gerade bei einem älteren Richter mitten in einer Verhandlung, als zwei Parteiangehörige in das Zimmer kamen und laut an alle die Frage richteten, ob hier ein Jude als Rechtsanwalt im Zimmer sich befinde. Statt meiner bejahte der Richter die Frage mit dem Bemerken, kraft seiner Autorität als Richter und seiner Befugnisse ersuche er um Ruhe, er dulde von Staats wegen nicht, daß die Verhandlung gestört werde. Die Rechtsanwälte würden das Zimmer nach beendigter Verhandlung verlassen, er als Richter aber fordere die Ruhestörer auf, sich sofort zu entfernen, damit jede weitere Unterbrechung und Störung unterbliebe. Die beiden jungen Leute verließen darauf das Zimmer. Wenige Minuten später war die Verhandlung beendigt, und ich wollte in das Anwaltszimmer zurück, um meine Robe abzulegen und nach Hause zu gehen. In einem der Flurgänge traf ich einen mir seit mehr als 20 Jahren bekannten Gerichtsdiener. Dieser alte Mann war über die Vorgänge, die sich seit 12 Uhr im Gerichtsgebäude abspielten, sehr erregt. Für ihn war es unfaßbar, daß eine politische Partei es wagen konnte, die Heiligkeit, Ruhe und Ordnung der Justiz anzutasten und zu stören. Sorgenvoll schüttelte er sein graues Haupt und sagte zu mir, ich sollte mit ihm einen bestimmten Weg durch die Flurgänge nach dem Anwaltszimmer einschlagen, er werde mit seinem Schlüssel etwa verschlossene Türen schon öffnen, er wünsche nur, ich solle den jungen randalierenden Leuten nicht begegnen. Tatsächlich begleitete er mich auch bis zum Anwaltszimmer, und als ich dasselbe betrat, waren die mir bekannten arischen Kollegen über meine Anwesenheit sehr erstaunt, denn alle anderen jüdischen Kollegen waren bereits gezwungen worden, das Gerichtsgebäude zu verlassen. Sofort kamen einige Kollegen zu mir und boten mir sogenanntes Schutzgeleit an, damit ich unbehelligt aus dem Gerichtsgebäude herausgehen könnte. Ich wehrte ab und meinte, wenn es mir bestimmt sein sollte, nicht unbehelligt zu bleiben, nun, dann mochten die jungen Leute tun, was sie für richtig befänden.

Ich verließ das Anwaltszimmer, wandte mich dem Ausgange zu, und hierbei bemerkte ich, daß einer der älteren Kollegen, der der Partei angehörte, tatsächlich einige Schritte vorausging und seinen Parteigenossen irgendetwas zuflüsterte. Was es war, entzieht sich meiner Kenntnis. Ich weiß nur, daß sich die auf dem Gange zusammengeballte Masse junger Parteianhänger teilte, gewissermaßen eine hohle Gasse bildete, und durch sie schritt ich wirklich unbehelligt dem Ausgang zu. Ich kann also sagen, daß ich an jenem 30. März 1933 als letzter jüdischer Rechtsanwalt das Gerichtsgebäude an der Grunerstraße verlassen habe.

Was in den nächsten Tagen werden sollte, war uns jüdischen Rechtsanwälten nicht ganz klar. Es hatte sich sofort eine Kommission von etwa 10 jüdischen Kollegen gebildet, und diese war mit der anderen Seite, das heißt mit Kollegen, die der Partei angehörten, in Verbindung getreten. Als erstes wurde mitgeteilt, die jüdischen Rechtsanwälte sollten es unter allen Umständen unterlassen, ein Gerichtsgebäude zu betreten. An den Eingängen wachten Parteiangehörige darüber, und diese würden notfalls mit Gewalt jüdischen Rechtsanwälten den Zugang verwehren. Als darauf erwidert wurde, daß noch die jüdischen Rechtsanwälte die verschiedensten Termine für ihre Klienten wahrzunehmen hätten und möglicherweise infolge des Nichterscheinens eines Vertreters, nämlich des jüdischen Kollegen, schwerwiegende Nachteile entstehen könnten, wurde entgegnet, die NSDAP habe bereits mit der Justizbehörde Fühlung aufgenommen; es sei Vorsorge getroffen, daß in den nächsten drei Tagen in den anhängigen Prozessen durch das Ausbleiben eines jüdischen Rechtsanwaltes keine Nachteile für die Prozeßpartei erwüchsen. Der neue nationalsozialistische Vorstand der Anwaltskammer werde etwa 25 jüdische Rechtsanwälte auswählen. Diesen würde die Erlaubnis erteilt werden, bis zur endgültigen Regelung der weiteren Zulassung jüdischer Rechtsanwälte vor Gericht aufzutreten.

Diese besonders Zugelassenen erhielten eine Ausweiskarte, die ihnen den Zugang zum Gerichtsgebäude gestattete. Ihnen war die Verpflichtung auferlegt, die jüdischen Rechtsanwälte, denen vorläufig das Betreten der Gerichtsgebäude verboten war, zu vertreten und deren Prozeßsachen wahrzunehmen. Es wurden im ganzen, meiner Erinnerung nach, 26 jüdische Rechtsanwälte auserwählt. Für die Auswahl war nicht etwa das Alter oder

der Ruf als Jurist maßgebend, sondern die entscheidende Tatsache war, und dies war die erste und einzige Voraussetzung für die vorläufige Zulassung: Der jüdische Rechtsanwalt mußte Frontkämpfer im Ersten Weltkriege gewesen sein und möglichst viel Kriegsauszeichnungen besitzen. Da ich diese Voraussetzungen nicht erfüllen konnte, gehörte ich nicht zu den Auserwählten.

Nun kam der 1. April 1933. Für diesen hatte die NSDAP den Judenboykott angekündigt. Für uns Rechtsanwälte sollte er sich in der Weise auswirken, daß alle Büros jüdischer Kollegen, so wie auch jener, die im Sinne der NSDAP als Juden galten, äußerlich kenntlich gemacht werden sollten. Auf Grund der Rechtsanwaltsordnung mußte jeder Rechtsanwalt am Eingang des Hauses, in welchem sich seine Kanzlei (Büro) befand, ein Namensschild haben. Die NSDAP hatte nun vorgesehen, daß diese Namensschilder überklebt werden sollten, und zwar mit weißem Papier, in deren Mitte ein großer gelber Punkt sich befand. Mit diesem gelben Punkt wollte man an das sogenannte gelbe Abzeichen erinnern, das die Juden im Mittelalter in Deutschland zu tragen gezwungen waren.

Ich kam am Vormittag des 1. April aus der Stadt und war nicht weit von meinem Büro, als gerade die Klebekolonne der NSDAP mein Namensschild mit dem Boykottplakat überklebt hatte. Im Büro bestellte mir mein Bürovorsteher, ein Angehöriger der Klebekolonne habe den Bescheid hinterlassen, niemand sei befugt, das Boykottplakat zu beschädigen oder zu entfernen; es sei auf Befehl der NSDAP angebracht, und nur die NSDAP habe das Recht, hierin wieder eine Änderung eintreten zu lassen. Ich empfand es keineswegs als eine Schande oder als etwas Entehrendes, daß man mich als einen Juden kennzeichnete, denn ich habe nie aus meiner Zugehörigkeit zum Judentum und aus meiner Überzeugung ein Geheimnis gemacht. Die von der NSDAP durch die Anbringung des Boykottplakates beabsichtigte Bloßstellung und die gewollte Kränkung haben also bei mir ihr Ziel verfehlt. Im übrigen scheint die Partei die Unzweckmäßigkeit und das Lächerliche ihrer Maßnahme wohl selbst erkannt zu haben; denn am frühen Morgen des nächsten Tages wurde die Beendigung des Judenboykottes verkündet und gleichzeitig angeordnet, daß alle Boykottplakate, das heißt die weißen Plakate mit dem gelben Fleck, unverzüglich zu entfernen seien.

Die Reichsjustizverwaltung war sich völlig klar, daß auf die Dauer der durch die Vertreibung der jüdischen Rechtsanwälte geschaffene Zustand nicht fortbestehen konnte, daß vielmehr im Interesse der Rechtspflege irgendwie Ordnung geschaffen werden mußte, zumal auch in der Zwischenzeit die jüdischen und die nicht-arischen Richter von ihren Ämtern entfernt worden waren. So kam es denn zum Erlaß jenes berühmten Gesetzes vom 7. April 1933 betreffend die Wiederherstellung des Berufsbeamtentums. Dieser Titel ist nicht ganz verständlich, denn in Wirklichkeit war der Inhalt des Gesetzes der, daß alle Juden oder solche, die nach der Rassenarithmetik als Juden galten, sowie alle mißliebigen Elemente aus ihrem Amt oder ihrer sonstigen Stellung entfernt werden konnten. Dieses Gesetz wurde auch sinngemäß auf die jüdischen Rechtsanwälte und Notare angewandt. Da ich politisch eine weiße Weste hatte, oder, wie man damals sagte, ein anständiger Kerl war, so schieden bei mir die Möglichkeiten einer Beseitigung aus politischen Gründen aus. Ich mußte also die allgemeinen Voraussetzungen erfüllen, um Rechtsanwalt und Notar bleiben zu können. Diese Voraussetzungen waren: Man mußte Frontkämpfer im Weltkriege oder bereits am 1. August 1914 Rechtsanwalt beziehungsweise Notar gewesen sein.

Das Gesetz vom 7. April sprach zwar nur von Kriegsteilnehmern, und hierunter verstand man zunächst alle, die irgendwie zum Heeresdienst einberufen waren. Da man aber diese Auslegung als zu weitgreifend erkannte, bildete sich sogleich die Auffassung heraus, Kriegsteilnehmer seien nur solche Soldaten, die irgendwie an Kampfhandlungen im Felde teilgenommen hatten. Alle anderen dagegen waren keine Kriegsteilnehmer, auch wenn sie zum Heeresdienst einberufen und sogar im Feindesland Dienst getan hatten. Sie erfüllten nicht die Voraussetzung der aktiven Teilnahme an einer Kampfhandlung gegen die Angehörigen der feindlichen Macht. Es bedarf wohl keiner besonderen Hervorhebung, daß diese Auslegung eine große Anzahl von Streit- und Grenzfällen nach sich zog, und deshalb wurde auch in einer Durchführungsverordnung bestimmt, daß, wenn die Reichsjustizverwaltung die Eigenschaft als Frontkämpfer verneinte, auf Anrufen des Betroffenen das Reichskriegsministerium endgültig die Entscheidung über die Frage der Frontkämpfer-Eigenschaft haben sollte.

Ich weiß nicht, in wie vielen Fällen das Reichskriegsministerium zu entscheiden hatte; ich weiß nur so viel, daß einzelne jüdische Kollegen mit größter Energie um die Anerkennung ihrer Frontkämpfereigenschaft kämpften und daß das Reichskriegsministerium in wirklich loyaler Weise alle Vorgänge prüfte. Hier war das Material recht umfangreich, denn die Betroffenen brachten mitunter viele seitenlange Schilderungen und Bestätigungen ehemaliger Vorgesetzter und Frontsoldaten bei. Manche Schilderungen waren so naturgetreu, daß der Referent im Kriegsministerium sich ein absolut wahrheitsgetreues Bild der Kampfhandlung und ihrer Teilnehmer machen konnte.

Mir blieb die Entscheidung über diese Frage erspart. Ich war zwar Kriegsteilnehmer und Soldat, aber zu einer Kampfhandlung mit dem Feinde ist es bei mir nicht gekommen. Danach war also ganz klar, daß ich mein Amt als Notar verlieren mußte, denn ich war weder Notar am 1. August 1914 noch war ich Frontsoldat. Am 16. Juni 1933 erhielt ich denn auch den sogenannten blauen Brief; das heißt den lettre de congé, also meine Entlassungsurkunde. Um mein Verbleiben in der Rechtsanwaltschaft brauchte ich mir keine Kopfschmerzen zu machen; denn ich war ja ein sogenannter Altanwalt, weil ich bereits im Jahre 1910 zugelassen war. Und so bekam ich denn auch zu der gleichen Zeit, im Juni 1933, nunmehr von der nationalsozialistischen Regierung bestätigt, daß ich weiterhin als Rechtsanwalt beim Landgericht in Berlin zugelassen sei. Von diesem Augenblick an durfte man auch wieder unbehindert die Gerichtsgebäude betreten und als jüdischer Rechtsanwalt vor Gericht erscheinen.

Das Bild in den Anwaltszimmern hatte sich geändert. Soweit die Kollegen nicht Parteimitglieder waren, aber Arier, zeigten sie uns jüdischen Kollegen gegenüber eine betonte Freundlichkeit. Soweit die Kollegen Parteimitglieder waren, wickelte sich der Verkehr in den allgemein üblichen Formen ab. Nur ein nationalsozialistischer Rechtsanwalt stellte sich nicht auf den kollegialen Standpunkt; mit ihm gab es fast immer Reibereien und Zusammenstöße. Der Verkehr mit den Richtern in den Verhandlungen war hingegen ausnahmslos korrekt, gleichviel ob sie sichtbar neben der Richterrobe das nationalsozialistische Parteiabzeichen trugen oder nicht. Und die alten Richter, die einen schon seit Jahren kannten, übertrafen sich gegenseitig an Freundlichkeit, mit der sie unsereinem begegneten. Aber eine reine Freude war es doch nicht mehr, seinem Beruf nachzugehen.

Mit peinlicher Gewissenhaftigkeit entwickelte sich eine systematische Überwachung der Klientel. In den ersten Jahren von 1933 an war dies weiter nicht spürbar, später aber trat doch diese Überwachung mitunter in unangenehmen Formen auf. So zählte zum Beispiel seit

Jahren zu meiner Klientel ein Zwangsverwalter. Dieser war Arier. Ich mußte gegen etwa ein Dutzend Mieter für den Zwangsverwalter Prozesse anhängig machen.

Ein Teil war bereits zu Gunsten des Zwangsverwalters erledigt. Als ich gerade mit dem weiteren Teil beschäftigt und mitten in der Verhandlung war, kam mein Zwangsverwalter schweißtriefend in hellster Aufregung zu Gericht, bat mich aus dem Terminzimmer heraus und sagte mir folgendes: »Vorbei, Vorbei! Es geht nicht weiter. Mir ist eben von einer Stelle kategorisch erklärt worden, daß ich nicht mehr länger Ihr Klient sein darf, weil Sie Jude sind. Bitte brechen Sie heute die weiteren Verhandlungen ab. Ich komme zu Ihnen und gebe Ihnen weitere Erklärungen.«

Der Zwangsverwalter hielt sein Versprechen, und welche Enthüllungen brachten seine weiteren Erklärungen? Einer seiner widerspenstigen Mieter hatte gegen den Zwangsverwalter Schritte unternommen, weil er sich durch mich, einen Juden, vertreten ließ, und dem Zwangsverwalter drohte der Verlust seiner Stellung, wenn er keine Änderung eintreten ließ. Das war des Rätsels Lösung, und darum mußte sich der Zwangsverwalter von mir, seinem seit Jahren gewohnten Rechtsberater, trennen.

Wenn auch der Verlust dieses Klienten von nicht weitgehender materieller Bedeutung war, so war doch aber der Verlauf des Abbruchs dieser Beziehung charakteristisch genug und hätte einen skeptisch machen müssen. Aber ich weiß nicht, welches eigentlich die Gründe waren, dieses Ereignis als bedeutungslos anzusehen und zur Tagesordnung überzugehen. Ich bin mir nicht recht klar darüber, ob es eine gewisse Scheu war, die Wirklichkeit in ihren grausamen Konsequenzen für einen Juden zu erkennen, oder ob der Glaube an Deutschland, an die Ordnung und Zukunft in ihm, mich davon abhielt, weiter zu grübeln. Tatsache ist, daß ich trotz dieses Wetterleuchtens im Jahre 1934 in Berlin blieb und meinem

Beruf weiter nachging. Man war beschäftigt, vielleicht sogar mehr als beschäftigt, und darum nahm man sich die Zeit nicht, an die Gestaltung seines eigenen Schicksals zu denken. Dabei hatte man oft Veranlassung dazu.

Siegfried Neumann

Die Aberkennung des Notariats

So kam der 1. April 1933 heran, der Tag des Boykotts und der Tag, an dem die Nazipartei das Tischtuch zwischen sich und der zivilisierten Menschheit zerschnitt. Die Angelegenheit wurde bei uns allerdings mehr als eine Maßnahme zum Schutze der Juden gegen die empörte Volkswut aufgezogen. In einer kleinen Stadt Pommerns, wo einer den anderen kannte, ließen sich die Boykottposten von dem Schwager meiner Frau, vor dessen Geschäft sie standen, warmen Kaffee geben, »weil sie solange bei dem kühlen Wetter draußen herumstehen müßten.«

Als die Zeitungen schrieben, daß der Boykott nun allgemein zu Ende sei, fuhr ich wieder ins Büro. Ich hatte gerade einen Termin auf dem Gericht und nahm ihn wahr. Ich wunderte mich, daß mich alles sehr erstaunt ansah. Aber niemand sagte etwas. Ich wußte nicht, daß inzwischen hintenherum – im Verwaltungswege – jüdische Anwälte vom Betreten der Gerichtsgebäude ausgeschlossen waren: kraft des Hausrechts der Justizbehörden. Unbefangen nahm ich meinen Termin wahr. Als ich einem gegnerischen Zeugen Vorhaltungen machen mußte, erwiderte dieser, er brauche auf meine Fragen nicht zu antworten. Der Richter erklärte aber sehr energisch, ob er zu antworten habe oder nicht, das bestimme er selbst. Ich hörte dann, daß der Aufsichtsrichter bei dem Leiter des Boykottausschusses angefragt und die Antwort erhalten hatte, die hiesige Nazipartei habe gegen mein Auftreten vor Gericht nichts einzuwenden. So nahm ich noch einige Tage meine Termine wahr. Dann muß aber wohl einer der Beamten oder Kollegen – ich vermute letzteres – sich beim Landgericht beschwert haben. Denn plötzlich wurde mir auf Weisung des Landgerichts das Betreten des Amtsgerichts untersagt. Trotzdem holte nur ein Mandant, der, selbst Nazi, erst nach dem Machtantritt Hitlers zu mir gekommen war, seine Akten zurück. Die übrigen blieben mir treu. Der Prozeßrichter war so anständig, soweit notwendig meine Sachen telephonisch mit mir zur zu besprechen. Eine Zeitlang vertraten mich auch die Kollegen, besonders der Leiter des Boykottausschusses selbst, der ja einmal als Referendar bei mir gearbeitet hatte. Strafsachen, an denen ich als Verteidiger beteiligt war, wurden vertagt.

Zu dieser Zeit ging auf dem Dienstwege eine Verfügung des Justizministerium ein, jeder nichtarische Notar solle sofort freiwillig die Erklärung abgeben, daß er sich der Ausübung der Notariatstätigkeit enthalte, widrigenfalls man für nichts einstehen könne, da die Volksempörung die Erteilung amtlicher Urkunden durch jüdische Notare nicht länger dulde. Wollte ich mich vor Konzentrationslager oder anderen Dingen bewahren, so mußte ich natürlich die gewünschte »freiwillige« Erklärung abgeben. Meine seelische Erregung von damals läßt sich mit Worten nicht wiedergeben. Damals steckte man noch mitten drin im gesetzlichen Leben eines Rechtsstaates, in dem man groß geworden war. Da fällt es ausgerechnet dem Justizministerium ein, auf dem Dienstwege ganz gewöhnliche Erpresserbriefe zu verbreiten, weil man die Ausschaltung der jüdischen Notare noch nicht durch Gesetz erreichen kann.

Als Kriegsfreiwilliger, der mit 19 Jahren an die Front gegangen war und die äußerste Pflicht gegen den Staat, die Wehrpflicht im Kriege, erfüllt hatte, war ich von besonderem Schmerz erfüllt. Ich setzte mich hin und schrieb einen eingeschriebenen Brief an Hindenburg. Darin appellierte ich an das Kameradschaftsgefühl des alten Soldaten, unter dessen Fahnen ich im Osten im Felde gestanden hatte. Ich war und bin überzeugt, daß er von diesen Erpresserbriefen des Justizministeriums nichts wußte. Den Brief sandte ich sofort zur Post. Als ich zu Tisch nach Hause kam – wir wohnten noch bei meiner Schwiegermutter – und alles berichtete, gerieten meine Frau und ihre Mutter in die höchste Erregung, ob ich denn uns alle unglücklich machen wolle, ich müsse sofort sehen, den Brief noch von der Post zurückzubekommen, bevor er abgehe. Ich wollte erst nicht. Denn ich konnte mir nicht denken, daß man dem Reichspräsidenten die Post unterschlägt. Schließlich gab ich nach und erhielt den Brief noch zurück.

Jetzt kamen die Kämpfe, zunächst die Wiederzulassung zum Gericht zu erreichen. Zuerst hieß es, daß der Präsident der Anwaltskammer zu entscheiden habe. Ich ließ mir vom Leiter des Boykottausschusses und vom Polizeihauptmann Bescheinigungen geben, daß ich mich niemals kommunistisch betätigt hatte. In die polizeiliche Bescheinigung ließ ich noch hineinschreiben, daß ich im Gegenteil der Demokratischen Partei angehört und zuweilen auch deren Versammlung geleitet hatte. Ich glaubte damit, am positivsten den Vorwurf des Kommunismus widerlegen zu können. Dieser auf meinen Wunsch erfolgte Zusatz erwies sich später als Fehler. Nur unser Aufsichtsrichter, an sich deutschnational, keineswegs Nazi, lehnte eine Bescheinigung ab, da er ja nicht wissen könne, was nicht gewesen sei. Da wir viel gesellschaftlich verkehrt hatten, war das die erste menschliche Enttäuschung. Ich fügte Militärunterlagen bei und schickte alles an die Anwaltskammer nach Potsdam. Aber es rührte sich nichts. Dann hieß es, man müsse die Teilnahme an mindestens einem Gefecht nachweisen.

Das Zentralnachweisamt in Spandau, das die entsprechenden Stammrollenauszüge auf Antrag fertigte, konnte die Arbeit kaum schaffen. Die Zahl der jüdischen Frontkämpfer war doch recht groß, was nur die Nazis verwunderte. Schließlich hatte doch damals die allgemeine Dienstpflicht gegolten. Ich hatte den Eindruck, daß die Nazis, die ja vorher selbst die jüdischen Frontkämpfer von allen Sonderbestimmungen ausnehmen wollten, von der großen Zahl so überrascht waren, daß sie deren Wiederzulassung am liebsten auf den St. Nimmerleinstag hinausgeschoben hätten. Nachdem das Gesetz über die Anwaltschaft nun einmal erlassen und das Verbleiben der Frontkämpfer sowie die Voraussetzung dieser Eigenschaft darin klipp und klar bestimmt waren, betrieb das Justizministerium offensichtliche Verschleppungstaktik. Der Reichsbund jüdischer Frontsoldaten hat damals unsere Interessen fieberhaft wahrgenommen. Vor allem aber setzte sich Hindenburg doch für die jüdischen Frontkämpfer ein. Es bedurfte aber erst stärksten Druckes von dieser Seite, bis das Justizministerium endlich seine Verschleppungstaktik aufgab. Es erschien nun eine Verfügung, welche die Verfügung vom so ... und sovielten aufhob. Daß wir wieder vor Gericht auftreten dürften, wurde nicht ausdrücklich ausgesprochen. Ich gab dem Aufsichtsrichter eine eidesstattliche Versicherung über meine Frontkämpfereigenschaft, wies auf diese Verfügung hin und durfte nach einer Sperre von fast drei Monaten wieder selbst auf dem Amtsgericht verhandeln.

In der ersten Verhandlung erklärte ausgerechnet der Kollege, der damals bei uns sich über das Nazitum lustig gemacht hatte, er müsse es ablehnen, mit mir zu verhandeln, ich hätte noch kein Recht, hier aufzutreten. Ich erklärte, darüber habe er nicht zu entscheiden, und wenn er nicht verhandeln wolle, werde ich Versäumnisurteil gegen seine Partei beantragen. Er erwiderte, ich könnte mich telephonisch beim Ministerium erkundigen. Ich lehnte das ab, da keine klare Verordnung vorliege. Möglich war ja, daß das Ministerium hintenherum wieder aufheben wollte, was es notgedrungen öffentlich hatte zugestehen müssen. Der »Kollege« lief wutschnaubend zum Aufsichtsrichter, kam aber bald wieder zurück. Ich hörte hinterher, daß dieser es ablehnte, noch auf irgendwelche Zeitungsnotizen etwas zu geben, für ihn seien die amtlichen Erlasse maßgebend. Der Kollege versuchte nun, den Prozeßrichter, einen jungen Assessor, einzuschüchtern. Dieser ließ mich für diese Sitzung zu und gab mir auf, binnen einer Woche den Nachweis der Wiederzulassung zu führen. Alles das spielte sich in öffentlicher Sitzung vor den Augen des Publikums ab. Niemand ergriff für den Kollegen Partei, auch keiner der anderen Anwälte. Einer der christlichen Kollegen sagte mir nachher, daß Mandanten von ihm, die dabei waren, das Verhalten des Kollegen empörend gefunden hatten. (Die Rassenfrage hatte sich als Kassenfrage entpuppt.) Einige Tage später hielt mich derselbe Kollege an, als wir vom Gericht kamen. Er fragte, was meine Frau und meine Kinder machten. Ich sagte, ich müsse mich sehr wundern, da er mir erst das Verhandeln vor Gericht habe streitig machen wollen und jetzt nach dem Ergehen meiner Familie frage. Er erwiderte, man werde schon von allem so verrückt, daß man gar nicht mehr wisse, was man tue, ich solle ihm das nicht übelnehmen.

Endlich im Juni/Juli kam eine Verfügung, wonach ich das Notariat wieder ausüben durfte. Im Wiederbesitz der Anwaltschaft und des Notariates glaubte ich, nunmehr der Zukunft einigermaßen ruhig entgegen sehen zu können. Mein Personal von sechs Angestellten mußte ich natürlich erheblich reduzieren. Aber in einem Punkte blieb ich noch stark im Nachteil. In jenen Notzeiten spielte die Zuteilung der Armenrechtsmandate eine erhebliche Rolle, da der Staat einen beträchtlichen Teil der gesetzlichen Anwaltsgebühren zahlte, oft auch die ganze Gebührenforderung vom unterliegenden Gegner beigetrieben werden konnte. Es bestand offenbar ein Geheimerlaß, jüdische Anwälte nicht mehr als Armenanwalt zu bestellen. Die offiziellen Gesetze sagten darüber nichts. Manche Gerichte, so das Oberlandesgericht Marienwerder, gingen nach dem Gesetz und ordneten auch jüdische Anwälte im Armenrecht bei. Bei uns konnte ich das nicht durchsetzen, nicht einmal, wenn mein Auftraggeber es ausdrücklich wünschte. Es wurde dann einfach ein anderer Anwalt beigeordnet, selbst wenn ich die Klage gefertigt und die Bewilligung des Armenrechts, die schon eine begründete Aussicht für den Erfolg des Prozesses voraussetzte, überhaupt erst erwirkt hatte. Dadurch gingen mir natürlich viele Mandate verloren. Ein Boykott war damals noch weniger zu spüren, zumal ich gerade damals ganz gute Erfolge hatte. Das lag wohl daran, daß ich mich jetzt jeder Sache noch viel intensiver widmen konnte als früher bei der umfangreichen Tätigkeit. Der an sich, jedenfalls nach meinen Beobachtungen, unbegründete Glaube, daß man mit dem jüdischen Anwalt nicht gewinnen könne, kam erst später im Publikum auf. Für das Notariat war die beste Zeit versäumt, da inzwischen das preußische Erbhofgesetz erschien und nun Grundstückskäufe und Hypothekeneintragungen stockten.

Am 30. September lief die Frist ab, bis zu der das Notariat widerrufen werden konnte. Ich hatte mich schon sicher gefühlt. Da erschienen an diesem Tage in meinem Büro: der Justizoberinspektor und ein Gerichtsdiener des Amtsgerichts mit einem Schlosser. Ich unterbrach die Besprechung, die ich gerade hatte. Der Oberinspektor hatte eine Miene, als ob er zu einem Begräbnis käme. Ich kannte ja die alten Beamten unseres Gerichts nun seit 10 Jahren. Er übergab mir die Verfügung des Justizministers: »Gemäß Paragraph 4 des Berufsbeamtengesetzes entlasse ich Sie hiermit aus dem Amt als Notar.« Der Gerichtsdiener beziehungsweise Justizwachtmeister war mitgekommen, um die Zustellung zu bewirken, der Schlosser, um sofort das Amtssiegel aus der Siegelpresse zu entfernen. Stempel und Notariatsregister mußte ich sofort mitgeben. Sämtliche Notariatsakten gingen an das Amtsgericht zur Verwahrung, wie bei einem gestorbenen Notar. So hatte mich in letzter Minute doch noch mein Schicksal ereilt. Gründe waren nicht angegeben. Ich bewahrte äußerlich meine Ruhe und setzte die unterbrochene Konferenz mit meinem Mandanten fort. Ich wandte mich an den Reichsbund jüdischer Frontsoldaten, dem ich ja angehörte, und erhielt bald die Antwort, daß von den Fällen, deren er sich gerade angenommen hatte, meiner der einzige sei, wo der Referent eine Nachprüfung zugesagt habe.

Das Verfahren auf Wiedererlangung meines Notariats kam nicht vom Fleck. Immer hieß es, daß irgendwelche Auskünfte noch ausstünden. Im November 1934 erhielt ich den Bescheid, daß meine Eingabe endgültig zurückgewiesen sei. Ich erhob gegen den Staat Klage, indem ich einen geringen Teilbetrag als Schadensersatz geltend machte. Bei derartigen Klagen gegen den Staat war das Reichsgericht ohne Rücksicht auf die Höhe des Streitwertes als letzte Instanz zuständig. Ich begründete die Klage damit, daß ich als Frontkämpfer zugelassen sei und kein Grund zur Anwendung des Paragraphen 4 vorliege. Der Staat als Beklagter lehnte die Angabe von Gründen ab, da die Behörde es nicht nötig habe, Gründe anzugeben. Es gab Fälle, in denen das Gericht das Verfahren aussetzen konnte, um zunächst eine Entscheidung der Verwaltungsbehörde herbeizuführen. Auf meinen Fall traf diese Vorschrift nicht zu. Trotzdem setzte das Landgericht Berlin auf Antrag des Beklagten das Verfahren aus. Die maßgebende Verwaltungsbehörde war in diesem Falle der Polizeipräsident von Berlin: Admiral i. R. von Levetzow. Alte Soldaten hatten im allgemeinen für die jüdischen Frontkämpfer etwas übrig. Ich nehme an, daß seine Stellungnahme für mich nicht ungünstig war. Denn nach einiger Zeit erklärte der Beklagte entsprechend meinem ursprünglichen Standpunkt, daß die Bestimmung betreffend Aussetzung hier nicht in Frage komme, und beantragte, die Aussetzung wieder aufzuheben. Seine Verteidigung beschränkte sich darauf, daß die Behörde keine Gründe für die Entlassung anzugeben brauche. Ich verlor. Der Gegner willigte ein, daß ich unter Übergehung des Kammergerichts unmittelbar Revision an das Reichsgericht einlegen konnte. Es fand sich kein Anwalt vor dem Reichsgericht, der bereit war, meine Sache zu übernehmen. So mußte ich bei dem Reichsgericht beantragen, einen Anwalt zu bestimmen, der meine Sache zu führen habe. Das Reichsgericht lehnte meinen Antrag ab, da die Revision aussichtslos sei. Damit endete der Prozeß.

Ausplünderung und Existenzvernichtung

Die wirtschaftliche Ausschaltung der Juden hat in der antisemitischen Propaganda stets eine besonders wichtige Rolle gespielt. Der Wirtschaftsboykott schien das wirksamste Mittel, die Juden zur Auswanderung zu zwingen, und eröffnete vielen Tausenden kleiner und großer Nazis die Möglichkeit, sich auf legalem Weg persönlich zu bereichern. Neue Forschungen sind zu dem Ergebnis gekommen, dass die wirtschaftliche Position der Juden Ende 1937 bereits untergraben und die »Arisierung«, also der Übergang jüdischen Eigentums an nichtjüdische Besitzer, weit fortgeschritten war. Nicht wenige Juden lebten von der Wohlfahrt, viele zehrten vom Ersparten.

Anfang 1933 hatte es im Deutschen Reich rund 100000 Unternehmen in jüdischem Besitz gegeben. Dazu gehörten der Tante-Emma-Laden ebenso wie das Warenhaus und der Ein-Mann-Betrieb genauso wie das Großunternehmen. Von diesen 10000 Firmen existierten im Frühjahr 1938 bereits 60 bis 70 Prozent nicht mehr oder waren in »arischem Besitz«. Von den mehr als 50000 Einzelhandelsgeschäften Anfang 1933 waren im Juli 1938 nur 9000 übrig geblieben, davon 3637 allein in Berlin. Mindestens die Hälfte der jüdischen Arbeiter und Angestellten war Anfang 1938 arbeitslos. Was nach der Pogromnacht am 9./10. November 1938 geschah, nennt der Wirtschaftshistoriker Avraham Barkai die »Restbereinigung eines anhaltenden Liquidierungs- und Ausplünderungsprozesses«.

Die nationalsozialistische Verdrängungs- und Ausplünderungspolitik traf eine jüdische Gemeinschaft, die am Ende der Weimarer Republik wirtschaftlich ohnehin geschwächt war. Die Inflation und die Wirtschaftskrise hatten besonders weite Kreise des Mittelstandes verarmen lassen. Jüdische Angestellte waren mehr als ihre nichtjüdischen Kolleginnen und Kollegen Opfer der Entlassungswellen, weil sie zum einen vor allem in der krisengeschüttelten Bekleidungsbranche tätig und zum anderen bereits Ende der zwanziger Jahre bevorzugtes Angriffsziel der antisemitischen Angestelltenverbände waren. In Berlin war 1933 jeder vierte Jude Fürsorgeempfänger.

Die Wirtschaftsstruktur des jüdischen Bevölkerungsanteils hatte sich im Lauf der Jahrzehnte zwar verändert, war aber immer noch sehr ungleichgewichtig. Die Juden konzentrierten sich nach wie vor auf wenige Bereiche. 1933 lebten 61,3 Prozent vom Handel, 23,1 Prozent waren in Industrie und Handwerk tätig und 12,3 Prozent im öffentlichen Dienst beschäftigt. 46 Prozent waren selbstständig, aber viele von ihnen – vor allem kleine Ladenbesitzer, Hausierer, Handelsreisende und Handwerker – hatten nichts mehr zu tun, waren ohne Einkommen, mussten Besitz veräußern oder lebten vom Ersparten. Die jüdische Gemeinschaft war zudem überaltert und konzentrierte sich auf wenige Großstädte. Etwa ein Drittel lebte in Berlin. Auf dem Land war ihre wirtschaftliche Stellung noch einseitiger, denn in einigen Gegenden lebten 90 Prozent der Juden vom Viehhandel.

Zu Beginn des Dritten Reichs vertrauten viele Juden noch auf den oft zitierten Satz von Reichswirtschaftsminister Hjalmar Schacht, in der Wirtschaft gebe es keine Judenfrage. Das aber war eine Illusion. Von Anfang an mussten die Juden einen ständigen und verzweifelten Abwehrkampf führen. Staatliche Aufträge blieben aus, Beamten und Angestellten des öffentlichen Dienstes war der Einkauf in jüdischen Geschäften untersagt, andere nichtjüdische Käufer zogen sich allmählich zurück, Fürsorgeempfänger durften ihre Lebensmittelkarten nicht in jüdischen Geschäften einlösen und lokalen Zeitungen wurde verboten, Anzeigen jüdischer Unternehmen abzudrucken. Durch Drohungen, Erpressungen und offene Gewalt zwangen die Nationalsozialisten schließlich vor allem kleine und mittlere Betriebe zur Aufgabe. Bei den Großunternehmen dagegen nahmen die neuen Machthaber zunächst noch Rücksicht auf die Sicherheit der Arbeitsplätze und Geschäfte mit dem Ausland. Man wollte keine Deviseneinnahmen verlieren.

Es ist erstaunlich, wie lange sich manche jüdische Betriebe unter diesen Umständen halten konnten. Jüdische Viehändler z. B. gehörten noch über Jahre hinweg zu den bevorzugten Geschäftspartnern der Bauern. Sie zahlten prompt und gut und das wog oft schwerer als der Druck der Partei und des nationalsozialistischen Reichsnährstandes. Das Tempo der Ausplünderung und Verdrängung war zudem unterschiedlich. Manche nennen die Jahre 1934 bis 1938 eine »Schonzeit«. Avraham Barkai dagegen stellt fest, dass Boykott und Ausplünderung unentwegt voran getrieben wurden. Die angebliche »Schonzeit« sei in Wahrheit nur eine »freie Jagdzeit für die kleinen Nazis« gewesen.

Besonders schlimm war die Lage der Arbeitslosen. Beamte, Rechtsanwälte, Ärzte und leitende Angestellte zogen z. T. mit dem Musterkoffer als Hausierer durchs Land, ihre Frauen eröffneten einen Mittagstisch, nahmen zahlende Gäste auf oder verdingten sich als Hausangestellte, um überleben zu können.

Im Frühjahr 1938 waren Reglementierung, Isolierung und Enteignung der Juden weit vorangeschritten. Eine Flut von Verordnungen engte den Spielraum der Juden immer mehr ein und schuf die Voraussetzungen für die letzte Phase der systematischen Enteignung und Ausplünderung. Vermögen über 5000 Reichsmark mussten angemeldet werden, alle jüdischen Unternehmen wurden registriert und Juden durften nicht mehr als Reisende und Vertreter tätig sein. Damit gab es für Arbeitslose kaum noch Verdienstmöglichkeiten. Die endgültigen Berufsverbote für Ärzte und Rechtsanwälte folgten. Juden verloren die Verfügungsgewalt über ihr Bargeld, ihre Wertpapiere und ihren Schmuck. Am 12. November 1938 schließlich begann die »Zwangsarisierung« dessen, was noch übrig geblieben war.

Hetti Schiller

Die Warenhäuser werden »deutsch«

Gleich nach Hitlers Machtübernahme wurden die drei größten deutschen Warenhauskonzerne arisiert: Karstadt, Hermann und Leonhard Tietz. Die Großbanken bekamen Weisung, den Warenhäusern die Kredite kurzfristig zu kündigen, so daß sie gezwungen waren, zu verkaufen. Da der Schocken-Konzern keine Bankkredite hatte, sondern Bankguthaben, konnte dieser Druck nicht auf ihn ausgeübt werden. Statt dessen hatte die Parteiorganisation in den betreffenden Städten, wo Schocken-Warenhäuser bestanden, ihren Mitgliedern verboten, dort zu kaufen. Das Mittelstandspublikum und die Beamten haben sich dann nicht mehr recht getraut, in die Kaufhäuser zu gehen, falls sie von guten Bekannten gesehen werden würden, die bessere Nazis waren. Aber die Arbeiter haben sich um solche Verbote nicht geschert und meinten: »Wir kaufen da, wo es gut und billig ist.« Da auch die Zeitungen keine Inserate mehr bringen durften, hatte der Konzern gegenüber früheren Jahren einen Rückgang von ungefähr fünfzehn Prozent. Er war aber so ausgezeichnet durchorganisiert, daß er diesen Verlust gut tragen konnte, immer noch Überschüsse hatte und all' die Jahre mit normalem Betrieb weiterarbeiten konnte.

Da der Konzern zu den größten Steuerzahlern in Sachsen gehörte, wurde er in der Arbeit relativ wenig behelligt; trotzdem sorgte die Parteistelle für ständige kleine Nadelstiche, gegen die sich die Leitung dauernd zur Wehr zu setzen hatte. Der Hausverwalter des Zentralbüros hatte in seiner Eigenschaft als Zellenobmann mit dem Betriebsführer über alle Vorkommnisse zu verhandeln, und es war sehr wesentlich, sich ihn, der im

Braunen Haus Weisungen erhielt, nicht zum Widersacher zu machen. Der Mann selbst war einer von denen, die schnell allen Weisungen gehorchten.

Im Betrieb haben sich die arischen Angestellten anständig und ordentlich zu den wenigen nichtarischen verhalten, haben es aber mehr und mehr vermieden, sich auf der Straße mit ihnen zu zeigen oder privat irgendwelche Beziehungen aufrechtzuerhalten. Einer der langjährigen Direktoren, ein gebürtiger Russe, wurde einmal von einem kleineren Angestellten unfreundlich angeredet. Ein arischer Kollege antwortete dem Betreffenden:

»Direktor G. ist aber unerhört tüchtig, und schließlich sind Juden ja auch Menschen.« Diese Antwort trug ihm eine Geldstrafe von der Partei ein.

Ein nichtarischer Lebensmittel-Einkäufer hatte anläßlich seiner zehnjährigen Mitarbeit in der Firma ein kleines Jubiläumsblatt erhalten; er wollte den Tag deshalb nett machen und lud ein paar seiner arischen Kollegen, worunter auch Mädchen waren, zu Kaffee und Kuchen ein und bewirtete sie innerhalb des Betriebsgebäudes. Die Sache wurde von besonders vaterländischen Nazis vor die Partei gebracht, die die sofortige Entlassung des Einkäufers verlangte. Der betriebsführende Direktor weigerte sich, worauf ihm der Obmann sagte, daß er nicht garantieren könne, daß der junge Mann nicht furchtbar verhauen werden würde. Der Betriebsführer erklärte ihm, daß er selbst für den Betriebsfrieden sorgen würde, beurlaubte jedoch den Einkäufer. In dieser Zeit wurde von der Partei Material gegen den Einkäufer zusammengetragen, daß er seine Abteilung unordentlich geführt hätte – und seine Entlassung erzwungen. Nun wurde vom Braunen Haus diese offenbar so erfolgreiche Methode systematisch durch den Obmann weiter verfolgt. Das gleiche Spiel ging mit einem anderen jüdischen Angestellten los, über den die Gefolgschaft »so entrüstet sei«. Er hätte einmal einen faulen Lehrling angeschrieen, und seiner Sekretärin, die arisch war, auf dem Korridor über den Arm gestrichen, womit er sich gegen einen »deutschen Jüngling« und eine »deutsche Jungfrau« vergangen hätte. Es kam zur Gerichtsverhandlung, in der der Richter den jüdischen jungen Mann freisprach, weil er alles für Unsinn hielt. In dieser Situation fuhr der Betriebsführer ins Berliner Reichswirtschaftsministerium, um von dort um Schutz gegen diese Schikanen nachzusuchen. Da inzwischen die Majorität der Konzern-Aktien an einen Engländer verkauft worden war, schilderte er im Reichswirtschaftsministerium den befremdlichen Eindruck, den solche Methoden auf den englischen Teilhaber machen würden. Das Braune Haus in Z. hatte sich inzwischen aber etwas Neues ausgedacht: Der junge Mann bekam eine Anklage vor dem Ehrengerichtshof der Arbeitsfront, um ihn auf diese Weise aus dem Betrieb entfernen zu können. Ein solcher Ehrengerichtshof bestand aus dem nationalsozialistischen Richter, einem Arbeitgeber und einem Arbeitnehmer. Es trat ein Zeuge auf, der alles gesehen haben wollte, bei der Verhandlung alles aber so durcheinander brachte, daß der Richter ihn für unglaubwürdig erklärte und den jungen Mann freisprach. Darauf wurde gegen den Angestellten eine neue Beschuldigung vorgebracht; als er auf der Straße einem vorbeikommenden Freund scherzhaft mit der Faust gedroht hatte, wurde ihm das als kommunistischer Gruß ausgelegt und er wurde in erster Instanz zu vier Wochen Gefängnis verurteilt. Als die zweite Instanz ihn freisprach, war er bereits Hals über Kopf geflüchtet. Dann griff die Reichsstelle von oben ein und verhinderte bis auf weiteres solche Willkür-Akte.

Sehr viel schwerwiegender für den Betrieb waren die Steuerdifferenzen mit dem Finanzamt. Sie zeigen am Beispiel des Wirtschaftslebens, wie das Dritte Reich das Recht aufweichte; die nationalsozialistischen Führer nannten es: das Recht »volkstümlich« machen. Das neue nationalsozialistische Steuergesetz gab den Finanzämtern das Recht, jede Transaktion nicht nach der juristisch festgelegten Vertragsform zu versteuern, sondern nach dem wirtschaftlichen Zweck, den sie verfolgte. So entstand ein Steuerstreit in einem der Fälle um die Kleinigkeit von einer Million mehr zu zahlender Steuern auf folgender Basis: Wenn der Leiter eines Betriebes auswanderte, aber trotzdem Direktor des Betriebes blieb, so erwuchsen dem Betrieb durch diese Situation erheblich höhere Steuerlasten. Das waren die gesetzlichen Bestimmungen. Der Inhaber des Konzerns, Herr Schocken, war aber nicht mehr Direktor des Betriebes nach seiner Auswanderung. Er hatte bei seiner Übersiedlung nach Palästina die Dinge klar geregelt, indem er seinen Sohn und seinen Neffen als Direktoren einsetzte und einen arischen Betriebsführer als Direktor hereinholte. Nun kamen die Steuerbeamten des Finanzamtes in Z. in die Zentrale, um dort drei volle Monate lang täglich acht Stunden im Betrieb zu arbeiten, um durch Gespräche und Durchsicht aller Unterlagen, die sie sich verschaffen konnten, den Betrieb zu prüfen. Da der Konzern der größte Steuerzahler in ganz Sachsen war, erschien dem Finanzamt das schon der Mühe wert. Nachdem nach drei Monaten schließlich alles von oben nach unten gekehrt war, wurde der Betrag von einer Million der Steuersumme zugefügt, mit der Begründung: »Herr Schocken ist zwar nicht mehr Direktor, das stimmt. Aber wir finden, er ist im Betrieb immer noch so gut wie ein Direktor, denn bei allen wichtigen und komplizierten Fragen holen sich die jetzigen Direktoren Rat von ihm ein; daß der tägliche Betrieb ihn entbehren kann, liegt daran, daß Herr Schocken ihn vor seiner Auswanderung bis ins Kleinste durchorganisiert hat.« Der Prozeß wurde für den Konzern gewonnen, weil der Reichsfinanzhof es für praktisch unmöglich hielt, von Palästina aus einen ständigen Einfluß und maßgebende Leitung durchführen zu können. Die oberste Gerichtsinstanz für wirtschaftliche Probleme hat sich praktisch also in Gegensatz zu dem Versuch des städtischen Finanzamts gestellt, durch willkürliche Auslegung die gesetzlichen Bestimmungen zu verändern; theoretisch hingegen hat der Reichsfinanzhof diese Rechtsaufweichung nicht an sich abgelehnt, sondern nur festgestellt, daß bei solchen Entfernungen von einer wirklichen Leitung nicht mehr gesprochen werden könne. Das Gesetz spricht eindeutig von einem »Ausgewanderten, der formal Direktor geblieben ist«. Ebenso eindeutig war das hier nicht mehr der Fall. Und trotzdem bestimmte das Finanzamt eine Steuersumme, »als ob« es so wäre!

Gegen Ende des Jahres 1937 wurde auch im Wirtschaftsleben der Druck der Nazi-Behörden so stark, daß sich der Inhaber des Schocken-Konzerns zusammen mit der englischen Majorität entschloß, den Konzern als Ganzes zu verkaufen. Alle Lieferanten mußten dem nationalsozialistischen Verband angehören, der ihnen verbot, jüdische Geschäfte zu beliefern. Während sich bis dahin einzelne Lieferanten immer noch geweigert hatten, diese Bestimmung einzuhalten, oder aber sich stillschweigend nicht darum geschert hatten, hatten sie bei den immer knapper werdenden Rohstoffen und verschärften Kontrollen kein Interesse mehr daran, die verfemten Nichtarier zu beliefern. Die Ware wurde ihnen doch aus den Händen gerissen. So bekamen die nichtarischen Geschäfte tatsächlich keine neue Ware mehr, und ihre Umsätze gingen rapide zurück. Auf der anderen Seite wurden die Kunden von den Behörden bedroht und kontrolliert, wenn sie weiter im nichtarischen Geschäft statt beim Parteigenossen kauften. In Sachsen wurden dem Konzern von der Partei zwei kleinere Häuser für mehrere Wochen einfach zugemacht, und es nützte auch nichts mehr, daß der arische Betriebsführer sich beschwerdeführend an die dafür geschaffene Stelle im Berliner Ministerium wandte. Es wurde Bescheid gegeben, daß die Parteileitung sich zu solchen Maßnahmen genötigt sehe, weil die »spontane Empörung des Volkes« es verlange. Gerade zur Hauptgeschäftszeit vor Weihnachten war das Nürnberger Haus geschlossen worden. Schließlich hat die Reichsparteistelle in München die Wiedereröffnung angeordnet, nachdem sie sich davon überzeugt hatte, daß die Verkaufsverhandlungen schon im Gange waren. Nachdem das Haus wieder offen war, strömte das »spontan empörte« Volk in so großen Scharen herein, daß der Andrang kaum bewältigt werden konnte.

Als Käufer dieses großen Objekts hatte sich einer der größten holländischen Privatbankiers gefunden. Er wollte den Konzern später an deutsche Banken oder einen anderen Warenhaus-Konzern weiterverkaufen. Viele Wochen war ein Stab von Sachverständigen des Konzerns damit beschäftigt, das ganze Zahlenmaterial durchzuarbeiten und den Vertrag aufzusetzen. Der Verkauf bekam aber erst Gültigkeit, wenn er von der Partei genehmigt worden war und auch die Zustimmung des Reichswirtschaftsministeriums hatte, das die Angelegenheit zentral bearbeitete für alle neunzehn Städte, in denen Schocken-Warenhäuser waren. Der Holländer ging persönlich ins Reichswirtschaftsministerium, um dem Referenten den Vertrag zur Genehmigung zu übergeben. Nachdem dieser einige Tage die Sache durchgearbeitet hatte, bat er den Bankier K. wieder zu sich, und es entwickelte sich folgendes Gespräch: »Warum wollen Sie, ein Bankier, denn diesen Warenhaus-Konzern kaufen?« Herr K. erwiderte, daß er den Kauf als ein Zwischengeschäft betrachte, aber vorläufig keinen anderen Käufer hätte; so etwas dauere natürlich ziemlich lange bei der Größe dieses Objekts. Der Referent meinte darauf: »Das ist sehr einfach; die deutschen Großbanken werden den Konzern von Ihnen kaufen. Das wird alles sehr schnell erledigt werden. Ich bringe die Leiter der Großbanken in einer Sitzung mit Ihnen zusammen, und da kann dann alles abgemacht werden.« »Ja, aber werden die Banken denn zum Kauf bereit und mit Ihrem Vorschlag einverstanden sein?«, fragte Herr K. verblüfft. »Die Banken haben zu kaufen, dafür lassen Sie nur mich sorgen«, war die erstaunliche Antwort. Herr K. wandte darauf ein, daß er selbst den Kaufpreis an den Inhaber des Konzerns in ausländischer Valuta, wenn auch auf Sperrmarkbasis, zahlen müßte, so daß er selbst auch nur an einem Käufer interessiert sei, der ihm in Valuta zahlen würde. »Natürlich, natürlich«, versicherte der Referent, »daß der Schocken-Konzern in deutschen Besitz kommt, ist uns eine Million in Valuta wert!«

Die Sitzung wurde in Anwesenheit so vieler Menschen abgehalten, daß ein größerer Saal im Ministerium genommen werden mußte. Außer sämtlichen Referenten für die einzelnen Stellen waren die Generaldirektoren der Deutschen Bank, der Dresdner Bank, der Handelsgesellschaft und der Reichskreditgesellschaft als interessierte Käufer erschienen. Weiter waren die Direktoren des Konzerns mit ihren Anwälten und Robert als Vertrauensmann des Inhabers da sowie der holländische Bankier mit seinem Anwalt. Die Generaldirektoren der Banken erklärten: »Selbstverständlich kaufen wir den Konzern sofort.« Sie hätten keinerlei Bedenken, da das Zahlenmaterial ja so vorzüglich vorbereitet und durchgearbeitet sei! Nun stand der Vertreter der Devisenstelle auf und erklärte: »Die Devisenstelle wird dafür, daß der Konzern weiterhin in deutschen Händen bleibt, eine Million Devisen zur Verfügung stellen. Eine Kleinigkeit allerdings ist vorher noch zu ordnen.« Und er verlangte, daß der Inhaber des Konzerns die Hälfte seines Anteils an der Kaufsumme an die Golddiskontbank abliefern sollte. Er hätte ja im Jahre 1934, als er Deutschland verließ, unter guten Bedingungen transferiert, und Herr

Schocken müßte selbstverständlich auch die ideelle Seite bedenken und ein Opfer bringen, damit sein Lebenswerk in Deutschland weiter bestehen bliebe. Nach dieser Eröffnung war Schweigen im ganzen Saal ... Schließlich sagte Robert, daß er den Herren bereits jetzt zu seinem Bedauern mitteilen müßte, daß Herr Schocken sich hierauf niemals einlassen werde. Der Vorsitzende fragte Robert darauf zurück: »Sie wollen damit also zum Ausdruck bringen, daß es für Herrn Schocken eine freie Wahl ist, ob er verkaufen will oder nicht?« »Ich bin in der Tat dieser Meinung«, antwortete Robert. »Dann sind Sie leider ganz im Irrtum«, wurde er vom Vorsitzenden belehrt. »Das ist keineswegs der Fall. Wenn Herr Schocken nicht verkauft, wird der Konzern als nichtarischer Betrieb zugrunde gehen und Herr Schocken bekommt gar nichts.« Robert wies leicht lächelnd darauf hin, daß für Herrn Schocken ein Verlust von vorgeschlagenen 97 oder gar 100 Prozent kaum noch einen Unterschied machen könne. Hierauf erhob sich der Holländer und fragte den Vorsitzenden: »Wenn ich Sie recht verstehe, Herr Oberregierungsrat, dann muß nach Meinung der Devisenstelle und des Reichswirtschaftsministeriums ein Jude bei seiner Auswanderung so gut wie alles, was er besessen hat, an das Deutsche Reich abliefern. Ist das Ihre Meinung?« »Ja«, meinte der Regierungsrat, »das ist unsere Bedingung, und wenn Herr Schocken sich darauf nicht einlassen will, dann trifft die Verantwortung für das Zugrundegehen des Konzerns denjenigen, der ihn nicht überzeugen konnte.« Wieder griff der Holländer ein: »Verzeihung, Herr Regierungsrat, die Verantwortung für unmögliche Bedingungen trifft immer den, der sie stellt, und nicht den, der sie ablehnt!« Die Stimmung war ziemlich eingefroren; schließlich lenkten die Vertreter der Devisenstelle und des Ministeriums ein, indem sie vorschlugen, alles noch einmal »wohlwollend« zu überlegen. Die Verhandlungen dieses Konzernverkaufs endeten dann damit, daß der Inhaber von seinem Anteil statt der Hälfte nur ein Viertel der Golddiskontbank abzuliefern hatte.

Ein zweiter Warenhaus-Verkauf gestaltete sich auch recht dramatisch. In Erfurt besaß ein Neffe von Herrn Schocken zusammen mit einem Verwandten das Kaufhaus »Römischer Kaiser«, das in der ganzen Gegend bekannt war. Da der »Römische Kaiser« mehr auf Beamten- und Mittelstandspublikum eingestellt gewesen war – während die Warenhäuser des Schocken-Konzerns hauptsächlich den »kleinen Mann« und Arbeiter zum Kunden hatten –, war sein Umsatzrückgang rapide geworden. In der Mittelstandsschicht wagte niemand mehr so recht, im nichtarischen Kaufhaus als Kunde gesehen zu werden. Die Inhaber suchten lange nach seriösen Käufern; meistens meldeten sich kleinere Kaufleute, die nicht über bares Geld verfügten. Mit einer solchen Käufergruppe arbeitete beratend Herr V. zusammen, der dann später bis zum Verkauf des Konzerns häufiger seine Dienste und guten Beziehungen zur Verfügung stellte. Dieser Mann spielte eine merkwürdige Rolle im nationalsozialistischen Wirtschaftsleben. Er stand dem Wirtschaftsreferenten der zentralen Münchener Parteileitung nahe als eine Art inoffizieller Vertrauensmann. Durch diese Beziehung konnte er bei den »Arisierungen« von Betrieben für beide Parteien sehr nützlich sein und hatte es auch meistens zustande gebracht, daß die Verkäufe auf einer fairen Basis durchgeführt wurden. Dafür hat er sich dann – ebenfalls inoffiziell – honorieren lassen. Es wäre, bei der damaligen Situation, für nichtarische Verkäufer oft unmöglich gewesen, all' die beschränkenden Bestimmungen zu bewältigen, während dieser Mann mit seinen Beziehungen zur Partei offene Türen fand.

Mit diesem Mann zusammen führten nun die Kaufhaus-Inhaber, mit Robert als juristischem Berater, einen erbitterten Krieg wegen des Verkaufs ihres Warenhauses.

Nach langem Suchen fand sich als ernsthafter Interessent ein früherer Anwalt, der eine wichtige beratende Rolle im Karstadt-Konzern gespielt hatte. Inzwischen hatte er sich selbst zum Konzern-Inhaber entwickelt, indem er mit Bankkrediten jüdische Warenhäuser aufgekauft hatte, deren bisherige Inhaber durch die Verhältnisse zur Aufgabe ihres Geschäfts gezwungen worden waren. Angefangen hatte er dieses Unternehmen mit Null; inzwischen besaß er bereits zehn Häuser mit einem jährlichen Umsatz von dreißig Millionen Mark. Natürlich war alles überschuldet, was ihn nicht weiter beunruhigte, da er persönlich ja nichts besaß. Er und seine Teilhaber boten den Erfurter Inhabern einen durchaus fairen Preis an, von dem sie allerdings nur ein Viertel bar zahlen wollten und den Rest in langjährigen Raten abzudecken bereit waren. Die Inhaber des »Römischen Kaiser« erklärten sich damit einverstanden und der Kaufvertrag wurde aufgesetzt.

Zunächst mußte vom Bürgermeister der Stadt eine sogenannte »Einzelhandels-Schutzgenehmigung« erteilt werden; dann mußten die neuen Inhaber sich von der Partei genehmigen lassen und bestätigen, daß das Geschäft von nun an »rein arisch« sein würde. Beide Stellen machten daraufhin zur Bedingung, daß an die bisherigen Inhaber sofort der volle Preis gezahlt werden müßte – denn sonst wäre das Warenhaus ja weiterhin noch in nichtarischem Besitz! Da die Käufer dazu nicht imstande waren, schien hier ein unüberwindbares Hindernis entstanden zu sein. Nun ließ Herr V. seine Beziehungen spielen und brachte das Kunststück fertig, die ganze Restforderung an eine arische Berliner Firma von Wirtschaftsprüfern zu übertragen, die nun die offiziellen »rein arischen« Gläubiger geworden waren und die Verrechnung mit den bisherigen Inhabern vornehmen würden. Dieses Husarenstück des Herrn V. war zweifellos sehr originell, noch niemals versucht worden, und wurde tatsächlich von der Parteistelle genehmigt. Mit dieser Genehmigung ging Herr V. zusammen mit den künftigen Käufern zu den Ratsherren der Stadt, um vom Bürgermeister die andere erforderliche Genehmigung zu erhalten. Der Ratsherr sah sich die Verfügung der Parteistelle an und meinte: »Na, dann ist ja alles in bester Ordnung, und Sie können sich morgen die Genehmigung des Bürgermeisters abholen.«

Alle Beteiligten atmeten erleichtert auf, daß jetzt alles unter Dach und Fach kommen würde. Die Käufergruppe setzte sofort ein Inserat in die Tageszeitung und stellte Schilder in die Schaufenster des Kaufhauses, daß das Haus wegen Inventur für zwei Tage geschlossen sein würde, um danach unter neuer »rein arischer« Leitung wieder eröffnet zu werden. Als die Genehmigung vom Ratsherrn abgeholt werden sollte, war der recht verlegen und stotterte, daß der Bürgermeister seine Genehmigung verweigert hätte, und es deshalb wohl besser sei, wenn die Herren selbst mit ihm sprechen würden. Der Bürgermeister war erst seit kurzer Zeit in seinem Amt, das er bekommen hatte, weil er solch ein eifriger, hunderfünfzigprozentiger Nazi war. Inzwischen waren die Einzelhändler zu ihm gelaufen und hatten intrigiert gegen die Neu-Eröffnung des Kaufhauses. Solange das Kaufhaus während der ganzen letzten Zeit unter Boykott gestanden und große Verluste hatte und seinen Umsatz immer mehr dahinschwinden sah, hatten die Einzelhändler nichts gegen sein Bestehen. Nun aber sollte es eine neue arische Leitung bekommen, der Umsatz würde wieder steigen – und ihnen, den Einzelhändlern, erneute Konkurrenz machen. Das mußte verhindert werden. Auch Adolf Hitler hatte sich in seinem Buch »Mein Kampf« gegen die Großbetriebe ausgesprochen. Die Situation für die Käufergruppe war denkbar fatal. Nachdem sie bereits inseriert hatten, daß sie Montag eröffnen würden, auch sonst alle Vorbereitungen getroffen hatten, würden sie in Erfurt blamiert sein.

Herr V. ging also als Abgesandter zur Unterredung mit dem Bürgermeister, während die Käufer vor der Tür warteten. Er schilderte diese Rücksprache nachher sehr anschaulich. In einem Saal von unwahrscheinlicher Größe saßen erhöht vor einem langen Tisch der Bürgermeister, umgeben zur Rechten und Linken von seinen Ratsherren. V. stand unten und mußte aus respektvoller Entfernung zum erhöht sitzenden Bürgermeister aufblicken, dem er sich als der Mittelsmann in diesen Verkaufsverhandlungen vorstellte. Man bot ihm keinen Stuhl an, sondern ließ ihn während der ganzen Verhandlung stehen, und V. berichtete, daß er sich wie vor einem Kriegsgericht vorgekommen sei. Der Bürgermeister war ungnädig wie ein Despot, wenn er schlecht gefrühstückt hat. Dann teilte er Herrn V. mit, daß er sich entschlossen hätte, die Genehmigung zu verweigern. Das sei alles viel zu schnell gegangen. Er müßte den Fall erst noch ganz genau studieren; ob denn auch die Kaufsumme angemessen wäre, ob die neuen Käufer einwandfreie und zuverlässige Leute seien und so weiter. Diese, seine Ermittlungen würden natürlich sehr lange dauern. Falls die neuen Käufer aber trotzdem eröffnen würden, würde er, der Herr Bürgermeister, das Kaufhaus mit Polizeigewalt wieder schließen lassen. Selbstverständlich würde er aber auch unter der bisherigen Leitung das Kaufhaus mit Polizei verschlossen halten, denn nach den Zeitungsinseraten würde das Publikum ja nun getäuscht werden und müßte annehmen, daß es sich jetzt um ein arisches Haus handelte. Das Haus würde also in jedem Fall geschlossen bleiben! Herr V. erwiderte hierauf aufgebracht: »Herr Bürgermeister, Sie wissen, daß die Partei die Übernahme des Hauses durch die neuen Käufer genehmigt hat. Auch die Parteileitung in München ist informiert und hat mich beauftragt, diesen Fall durchzuführen. Falls ich nicht bis mittags um ein Uhr die Genehmigung von Ihnen erhalten habe, werde ich im Zug nach München sitzen und dort berichten, daß Sie die Parteimaßnahmen sabotieren!« Hierauf schrie der Bürgermeister, ganz außer sich vor Wut, daß er sich nicht erpressen ließe und sich jede Drohung verbäte. Herr V. meinte gleichmütig, daß ihm ganz egal sei, was der Herr Bürgermeister sich verböte; er jedenfalls säße im Zuge nach München, wenn er die Genehmigung nicht bis mittags hätte.

Um ein Uhr war die Genehmigung da – aber es war nur eine vorläufige, widerrufbare! Außerdem wollte der Bürgermeister noch zwei Bedingungen stellen: Zunächst müßte das Warenhaus auf seine Lebensmittel-Abteilung verzichten. (Die Lebensmittel sind in einem deutschen Warenhaus ein großer und wichtiger Umsatzposten.) Herr V. erklärte, daß diese Bedingungen unannehmbar seien und daß überhaupt kein Grund für sie da sei, solange in Deutschland alle übrigen Warenhäuser eine Lebensmittel-Abteilung führten. Darauf ließ der Bürgermeister diesen Punkt rasch fallen. Aber dann sei noch etwas: Die große »Freimaurerkugel«, die auf dem Dach des Hauses war, mußte herunter. Die »Freimaurerkugel« war das eingetragene deutsche Warenzeichen des Tietz-Konzerns, dem das Kaufhaus angeschlossen war. Diese Geringfügigkeit, meinte Herr V. lächelnd, könnte selbstverständlich beseitigt werden.

Nun aber weigerte sich die Bank, bei einer »vorläufigen« Genehmigung die Kredite zu geben, die die Hälfte der vereinbarten Summe in bar ausmachten. Robert sah sich vor der fatalen Entscheidung, das Haus für die Hälfte der Vereinbarung übergeben zu sollen. Es wurde schließlich getan, der Betrieb am gleichen Tag übernommen, und nach drei Wochen war dann auch schließlich alles geordnet. Die neuen Inhaber kamen auf die alten bei der Verabschiedung zu, schüttelten ihnen die Hände und versicherten sie, daß sie die gute alte Tradition aufrechterhalten und das Lebenswerk der bisherigen Inhaber in Ehren halten würden. Mit ihrem Parteiabzeichen im Knopfloch sagten sie: »Wir können doch nichts für die Zeit!«

Beide Transaktionen zeigen sehr charakteristisch, daß die wohlhabend gewesenen jüdischen Kaufleute schließlich nur noch einen lächerlich geringfügigen Rest ihres Vermögens nach dem erzwungenen Verkauf ihrer Häuser behielten, wenn sie auswanderten. Das lag nicht daran, daß die neuen Käufer einen unfairen Preis für den Betrieb gezahlt hätten, sondern daß Finanzamt und Devisenstelle unter den unmöglichsten Vorwänden ungeheuerliche Steuern von der Kaufsumme erzwangen, die mehr und mehr den Charakter einer Enteignung annahmen. Wanderte der Betreffende aus, so mußte er eine weitere Reichsfluchtsteuer zahlen. Der Rest des Vermögens konnte nur durch den sogenannten »Sperrmarkverkauf« in ausländische Währung umgewandelt werden, deren Kurs im Jahre 1938 ganze sechs Prozent betrug! Wenn ein Kaufmann beispielshalber für seinen Betrieb eine Million Reichsmark bekommen hatte, was 100 000 Dollar entspricht, so hatte er schließlich nach allen Abzügen und Umwandlung in ausländische Währung 12 000 Dollar übrigbehalten. Noch krasser ist die Situation für einen mittleren Kaufmann, der 100 000 RM aus seinem Betrieb erlöst hatte – um davon im Ausland 1 200 Dollar übrigzubehalten..

Kurt Sabatzky

Arisierung in allen Bereichen

Wir hatten in Leipzig eine Anzahl jüdischer Großverleger. Ich sagte mir von vornherein, daß die Existenz dieser Verleger nur an dem Punkt zu retten war, an dem die nationalsozialistische Regierung besonders verwundbar war, das war in der Devisenfrage. Ich ließ mir von diesen Verlegern die Zahlen ihres Devisenaufkommens geben. Dieses ging hoch in die Millionen. Mit dieser Zahl bewaffnet fuhr ich wieder zu Herrn von Buch in das sächsische Wirtschaftsministerium. Ich machte ihm und seinem Buchhandels-Referenten, Regierungsrat Podlich, klar, daß diese Devisen nur eine Folge der Tatsache seien, daß die Inhaber der Verlage Juden seien. Das Ausland könne seine deutschsprachige Literatur sowie die Musikalien genau so gut aus dem damals noch nicht ins Reich einbezogenen Wien oder aus Zürich beziehen wie aus Leipzig. Nur weil die ausländischen Buchhändler wüßten, daß die Inhaber der von mir vertretenen Großverlage Juden seien, kauften sie weiterhin in Leipzig. Wenn das sächsische Wirtschaftsministerium Wert darauf lege, dem Lande Sachsen diesen Devisenanteil zu erhalten, so sei es notwendig, die jüdischen Inhaber von ihren Posten nicht zu verdrängen. Herr von Buch versprach mir zu veranlassen, daß das sächsische Wirtschaftsministerium sich bei Reichswirtschaftsminister Dr. Schacht dafür einsetze, daß dieser, der in allen wirtschaftlichen Fragen der Reichskulturkammer mit dem Reichspropagandaminister zusammenarbeiten müsse, Goebbels in entsprechender Weise beeinflusse. Diese Intervention hatte vollen Erfolg, die jüdischen Verleger konnten wegen der Deviseneinkünfte ihre Verlage bis zur Judenaktion 1938 durchhalten, erst dann bekamen sie Treuhänder und wurden im Jahre 1939 arisiert.

In sehr starker Weise ging der von Darré geleitete Reichsnährstand gegen die jüdischen Händler mit landwirtschaftlichen Produkten, insbesondere auch gegen die jüdischen Viehhändler, vor. Der Reichsnährstand hatte keinen Arier-Paragraphen, jedoch die Bestimmung, daß die dem Landhandel angehörigen Kaufleute politisch zuverlässig sein müßten. Werde ein Händler für politisch unzuverlässig erklärt, so habe er die Möglichkeit, das Schiedsgericht seiner Fachgruppe anzurufen. Es setzte die Praxis ein, daß die Juden ganz allgemein, aufgrund ihrer Abstammung, als politisch unzuverlässig erklärt wurden. Die Schiedsgerichte stellten sich auf den gleichen Standpunkt und erkannten den Juden gleichfalls die Befähigung ab, im Rahmen des Nährstandes beruflich tätig zu sein. Diese Urteile waren gleichbedeutend mit völliger wirtschaftlicher Existenzvernichtung.

Ein starkes Kesseltreiben setzte dann auch gegen die jüdischen Handelsvertreter und Wandergewerbetreibenden ein, denen durch die Gewerbepolizei vielfach die Legitimationskarten und Wandergewerbescheine, die zur Ausübung des Berufes notwendig waren, entzogen wurden. Hier war es möglich, durch die Preußischen Bezirksverwaltungsgerichte beziehungsweise durch die kollegial besetzten Kreishauptmannschaften in Sachsen Einspruch zu erheben. In einer großen Zahl von Fällen wurden diese Rekurse abgelehnt. In anderen Fällen hatten sie bei einer Anzahl preußischer Verwaltungsgerichte Erfolg. Und nun begab sich etwas Ungeheuerliches: Die Polizeiverwaltung, die rechtskräftig verurteilt war, dem Juden die Legitimationskarte wieder auszustellen und ihm so die Wiederaufnahme seines reisenden Gewerbes zu ermöglichen, stellte ihm auch eine neue Karte aus. Er wurde danach gebeten, in ein anderes Dienstzimmer des gleichen Gebäudes zu gehen, wo ein anderer Beamter ihn zu sprechen wünsche. Hier saß ein Beamter der Gestapo, der ihm die rechtmäßig ausgestellte und eben verabfolgte Karte wieder abnahm und so die Berufsausübung völlig inhibierte. Selbst dem Preußischen Oberverwaltungsgericht wurde diese Handhabung zu bunt, es erklärte in einer Entscheidung, daß jedes Rechtsgefühl des Staatsangehörigen erschüttert werden müsse, wie auch sein Vertrauen zu den Behörden, wenn auf der einen Seite eine Polizeiverwaltung verurteilt sei, eine gewerbliche Legitimationskarte auszustellen, auf der andern Seite aber die Gestapo die Karte wieder einziehe. Diese Rechtsprechung, die wirklich objektiv war, nützte in der Tat aber absolut nichts. Die Gestapo blieb stärker als das höchste Verwaltungsgericht des Reiches und entzog nach wie vor die ausgestellten Legitimationskarten.

Der krasseste Fall von Enteignung eines jüdischen Betriebes lag ebenfalls in meinem Bezirk, und zwar in Suhl. Suhl gehörte politisch zum preußischen Regierungsbezirk Erfurt, lag jedoch im Gau des thüringischen Reichsstatthalters Saukel, für den der Volksmund das bezeichnende Wort »Saukerl« geprägt hatte. In Suhl befanden sich die Berlin-Suhler Waffen- und Fahrzeugwerke der Gebrüder Simson. Simsons hatten die große Unvorsichtigkeit begangen, sogleich im Jahre 1933 ohne zwingende Notwendigkeit ihren Prokuristen Dr. Hoffmann zum Betriebs-Treuhänder einzusetzen. Dieser Treuhänder stellte sich jedoch bald als der größte Verräter heraus, der sowohl in seine Tasche als auch in die des Gauleiters Saukel arbeitete.

Zusammen mit dem Kriminalrat im thüringischen Innenministerium Gomlich ging Hoffmann nun daran, diesen Betrieb entschädigungslos zu enteignen. Obwohl das thüringische Innenministerium für Suhl überhaupt nicht zuständig war, da diese Stadt preußisch war, wurde eine künstliche Anklage seitens Gomlichs mit Unterstützung von Hoffmann konstruiert, wonach die Simsons bei der Lieferung von Gewehren und Maschinengewehren für die Wehrmacht und die Schutzpolizei ungerechtfertigte Gewinne eingesteckt und schlechte Waffen geliefert hätten. Dazu ist zu bemerken, daß alle Kontrakte mit dem Reichswehrministerium und dem Innenministerium von Hoffmann selbst ausgearbeitet wurden sowie von den Beamten und Offizieren der Ministerien überprüft waren. Außerdem war jede Waffe im Bezirk auf ihr Funktionieren hin von besonders zu diesem Zweck abkommandierten Offizieren getestet worden. Noch bevor es zum Prozeß kam, wurde der ganze Betrieb enteignet und in eine Friedrich Saukel-Stiftung umgewandelt, aus der sowohl Saukel selbst als auch Hoffmann und Gomlich sehr hohe Einkünfte bezogen. Für diesen Diebstahl wurden Hoffmann und Gomlich besonders ausgezeichnet; beide wurden zu Oberregierungsräten im thüringischen Innenministerium ernannt. Simsons wurden in Schutzhaft genommen, dann gegen eine hohe Kaution freigelassen. Es gelang ihnen dann, über Österreich nach Amerika zu kommen. Hier sollen sie sich erfreulicherweise für den Raub an ihrem Familiengut schadlos gehalten haben.

Durch die ständige Rechtsprechung der nationalsozialistischen Gerichte war festgestellt worden, daß Betriebe, an denen das Deutsche Reich mit mehr als 51 % Kapital beteiligt sei, den reichseigenen Betrieben gleichzustellen seien. Diese juristische Argumentation sollen die Simsons benutzt haben, um eines Tages den zum Norddeutschen Lloyd gehörenden Riesendampfer »Bremen« durch eine einstweilige Verfügung im New Yorker Hafen beschlagnahmen zu lassen. Am Norddeutschen Lloyd war das Reich mit mehr als 51 % beteiligt, so daß das zuständige New Yorker Gericht dem Antrag der Simsons auf einstweilige Verfügung zur Beschlagnahme des Dampfers stattgab. Das Reich soll nunmehr gezwungen gewesen sein, die »Bremen« mit einem erheblichen Millionenbetrag auszulösen.

Gleich den meisten anderen deutschen Zeitungen hatte die Köthener Zeitung erklärt, daß sie Inserate von Juden nicht aufnähme. Der dortige Kaufmann Simon wollte seine Kaninchen verkaufen, zu diesem Zweck mußte er inserieren. Er veranlaßte einen arischen Freund, das Inserat in der Geschäftsstelle der Zeitung aufzugeben, wobei nicht der Besitzer, sondern nur Straße und Hausnummer angegeben wurden. Durch einen Zufall kam heraus, daß der Verkäufer der Kaninchen der Jude Simon war. Das veranlaßte die Staatsanwaltschaft, ein Strafverfahren gegen diesen sowie seinen arischen Freund einzuleiten. Das Amtsgericht Köthen verurteilte Simon zu einer Gefängnisstrafe von sechs Wochen und den Arier zu einer solchen von vier Wochen. Es stellte fest, daß es eine Beleidigung des nationalsozialistischen Inseratenleiters sei, wenn ein Jude es wage, ein Inserat durch eine Mittelsperson aufgeben zu lassen. Auch die Mittelsperson habe sich der Beleidigung schuldig gemacht dadurch, daß sie dem Juden behilflich war, das verschleierte Inserat aufzugeben, so daß für beide eine Gefängnisstrafe – für den Juden selbstverständlich in verschärftem Maße – am Platze wäre. Ich veranlaßte, daß Berufung eingelegt wurde. Ich habe die gesamte Rechtsprechung in bezug auf die Judenfrage verfolgt und erinnere mich nur dieses Falles, in dem eine Berufung Erfolg hatte und ein höheres Gericht dem Vorrichter nicht folgte. Die Berufungsstrafkammer in Dessau zog sich in geschickter Weise aus der Affäre, ohne sich bei Partei und Gestapo verdächtig zu machen. Es erklärte, daß der Vorrichter unterlassen habe zu prüfen, ob ein Strafantrag seitens des Beleidigten vorliege. Das sei nicht der Fall, infolgedessen seien die beiden Angeklagten kostenpflichtig freizusprechen.

Friedrich Weil

Das Ende eines Weinhandels

Von August 1935 bis Mai 1938 habe ich als Weinkommissionär hauptsächlich im Rhein- und Weingebiet Süddeutschland gearbeitet. Meine Tätigkeit bestand darin, das von meinem Vater gegründete und von meinen beiden älteren, inzwischen verstorbenen Brüdern geführte Weinkommissionsgeschäft fortzuführen. Nachdem mein eigenes Weingeschäft durch die Nazihetze zerstört wurde, habe ich mich dann wieder dem Familiengeschäft gewidmet. Dabei hatte ich Gelegenheit, in engster Fühlung sowohl mit den Produzenten des Weines wie auch den Großverbrauchern, besonders den deutschen Sektfabrikanten zu stehen. Für den Produzenten war ich der Käufer und für den Sektfabrikanten der Verkäufer, der dafür einzustehen hatte, daß die richtigen Weine für die jeweiligen Zwecke zugeteilt wurden. Für beide Seiten war ich die Vertrauensperson, und auf Grund meiner mehr als 40jährigen fachlichen Erfahrung hatte ich auch das unbeschränkte Vertrauen beider. Ich übertreibe sicher nicht, wenn ich behaupte, daß dieses Vertrauen, besonders zwischen den Weinbauern und mir, beinahe patriarchalisch genannt werden durfte. Dieses Vertrauen zeigte sich auch in den letzten Jahren noch, 1935 bis 1938, als mit nicht zu überbietender Rücksichtslosigkeit jede wirtschaftliche Betätigung eines Juden unterbunden werden mußte.

Zur Ausübung meines Berufs war die sogenannte Reiselegitimationskarte notwendig, die ich bis 1935 jedes Jahr von der zuständigen Verwaltungsbehörde erhielt. Im Jahre 1936 verweigerte mir die inzwischen restlos politisierte Polizei die Legitimationskarte ohne jede Begründung. Auf meine mündliche Beschwerde erhielt ich die barsche Antwort: »Sie sind Jude und als Jude sind Sie zur Ausübung Ihres Berufs nicht vertrauenswürdig.« Ich wandte mich an die Industrie- und Handelskammer, und nach Verlauf von 5 Tagen brachte mir ein Polizist die neue Reiselegitimationskarte in mein Büro.

Im Jahre 1937 hatte ich die gleiche Schwierigkeit. Dieses Mal hatte meine Beschwerde den Erfolg, daß eine plötzliche Durchsuchung meines Büros, meiner Privaträume, Aufschneiden der Bettmatratze während meiner Abwesenheit vorgenommen wurde. Meine bereits seit sechs Monaten nicht mehr bei mir beschäftigte Bürohilfe – Arierin – wurde in stundenlangen Vernehmungen ausgequetscht mit Fragen nach der Geschäftsmoral, den persönlichen Beziehungen, den Auslandsverbindungen und wo die versteckten Devisen sich befänden und so weiter. Nach Verlauf von acht Tagen erhielt ich wieder meine Reiselegitimationskarte.

So blieb ich also selber in der deutschen Wirtschaft tätig, bis ich am 13. Juni 1938 mit circa 2000 anderen deutschen Juden schlagartig ins Konzentrationslager verschleppt wurde. Bis zu diesem Zeitpunkt arbeitete ich in der seit mehr als 40 Jahren geübten Weise. Ich hatte wohl in den letzten Jahren mit immer größer werdenden Schwierigkeiten zu kämpfen. Ich nahm den Kampf im Bewußtsein meines Rechts auch auf, aber – die Gewalt siegte und das Recht mußte verstummen. Führende Sektfirmen, mit denen ich seit mehr als 40 Jahren in den freundschaftlichsten Beziehungen stand, baten mich zu privaten Besprechungen, in denen in der offensten Weise dargelegt wurde, daß man gezwungen sei, diese jahrzehntealte, angenehme und erprobte Geschäftsverbindung lösen zu müssen. Die Firma Henkell Trocken in Wiesbaden zum Beispiel sagte mir durch ihren ersten Direktor Ickrath, daß sie es sich im Jahre 1937 nicht mehr erlauben könne, noch weiter mit ihren bisherigen jüdischen Lieferanten in Verbindung zu stehen. Die persönliche Bindung durch die Verheiratung der Tochter eines ihrer Mitinhaber mit dem Minister des Auswärtigen, Herrn Joachim von Ribbentrop, verpflichtete die Firma weitgehendst. Man drückte mir nicht nur das lebhafteste Bedauern über die notwendig gewordene Aufhebung dieser geschäftlichen Verbindung aus, sondern bestätigte mir, daß die Firma Henkell Trocken durch die Aufhebung ihrer Verbindung mit mir einen wesentlich höheren pekuniären Schaden hätte als ich selber, denn zu mir hätte man das größte Vertrauen gehabt und gewußt, daß die Firma auch immer die richtigen und für sie besonders geeigneten Weine erhielt; jetzt aber müsse die Firma für diesen Zweck einen Stab von sechs bis acht ihrer eigenen Leute ins Produktionsgebiet schicken, die die Weine an Ort und Stelle ausprobieren müßten, und ich könnte mir dabei selber vorstellen, daß dies nicht »ohne Sachschaden« für die Firma abginge. Andere gleichgroße Firmen machten mir den Vorschlag, ich möchte einen »Arier« als Deckmantel in das Unternehmen aufnehmen, um die Rechnungen, Frachtbriefe und so weiter als arische Firma zeichnen zu können. Ich lehnte das rundweg ab.

Nachdem ich in der Zeit zwischen dem 1. Dezember 1937 und dem 1. März 1938 von meiner arischen Kundschaft auch nicht einen einzigen Auftrag mehr erhalten konnte, war mein Entschluß gefaßt, nach Amerika auszuwandern, wo bereits drei erwachsene Söhne seit mehreren Jahren arbeiteten. Bereits am 16. April 1938 habe ich mein Wohnhaus in Frankfurt am Main verkauft. Am 8. Mai 1938 war ich beim amerikanischen Konsul in Stuttgart, um mich über die Formalitäten zu informieren. Ich verfehlte dabei nicht zu erwähnen, daß ich durch die Nazis bereits vorbestraft war, und brachte das Strafurteil mit. Die Herren Vizekonsuln zeigten ein großes Interesse für diesen Fall und versprachen mir, natürlich unverbindlich, einen Antrag meinerseits wohlwollend zu prüfen, ich möchte nur für ein recht gutes Affidavit sorgen, dann würde der Fall keinerlei Schwierigkeiten haben.

Bei meiner Rückkehr nach Frankfurt a. M. erhielt ich von der Parteileitung ein gedrucktes Formular mit der Anfrage, ob und wann ich mein Geschäft an Arier verkaufen, liquidieren oder anderweitig zur Auflösung bringen wolle. Eine Antwort hierauf innerhalb acht Tagen wurde von mir verlangt. Anstatt eine Antwort zu geben, habe ich am nächsten Tag beim zuständigen Amtsgericht meine Firma löschen lassen. Gleichzeitig meldete ich diese Tatsache der zuständigen Industrie- und Handelskammer.

Der Gerichtssekretär, der die Beurkundung vornahm, forderte mich auf, am Schluß der Verhandlung in das anstoßende Nebenzimmer einzutreten, angeblich um dort den Amtsstempel auf die Urkunde aufzudrücken, in Wirklichkeit aber, um mich einige Minuten allein und ohne Zeuge zu sprechen. Nachdem die Tür hinter uns zu war, sagte er mir, wie leid es ihm tue, diese hochangesehene Firma löschen zu müssen; ich möchte doch überzeugt sein, daß nicht alle Deutschen im Herzen so dächten, wie sie leider zu handeln gezwungen seien. Er sprach mir guten Mut zu und wünschte mir von Herzen recht viel Glück und – daß ich »bald die Rache des deutschen Volkes erleben möge!«

Bei einigen meiner Abnehmer machte ich private Abschiedsbesuche, die teilweise recht dramatisch wurden. Man bedauerte außerordentlich meinen Entschluß, daß ich die einzig mögliche Konsequenz aus den vorliegenden Umständen zu ziehen gezwungen war, und man bat mich quasi um Entschuldigung. Dreimal mußte ich in Privatbüros der Chefs von großen Firmen hören: »Sind Sie doch froh, daß Sie soweit sind und fortgehen können; ich wäre ja heilfroh, wenn ich mit Ihnen tauschen könnte, dann würde ich lieber heute als morgen diesen

Saustall verlassen und ins Ausland fahren, aber wir Arier im militärischen Alter bekommen keine Erlaubnis mehr, ins Ausland zu reisen.«

Andererseits hatte ich auch entsprechende Beweise von überschäumendem Haß seitens der arischen Bevölkerung gegen das jetzige braune Regime. Eine alter Bäuerin konnte es sich nicht versagen, einen kerndeutschen Fluch gegen die braune Pest so laut zu schreien, daß ich sie bitten mußte, in Zukunft mehr Vorsicht zu üben.

Während ich mich mit dieser Frau vor ihrem Haus unterhielt, kamen immer mehr Bauern mit ihren Frauen dazu. Als sie erfuhren, daß ich nach Amerika auswandere, waren sie zuerst ganz still, dann aber sprach der größte unter ihnen: »Wer wird jetzt noch dafür sorgen, daß wir jedes Jahr unseren Wein verkaufen können?«

Jeder bat, daß ich einmal zu ihm in sein Haus kommen müsse, um gemeinsam mit ihm ein Glas Wein zu trinken. Ich mußte der Kürze der verfügbaren Zeit wegen ablehnen, aber innerhalb einer Viertelstunde kamen acht Frauen, und eine jede hatte ein Abschiedsgeschenk unter der Schürze: Butter, Eier, Brot, Kirschwasser und ein frisch geschlachtetes Huhn. Ich war ganz gerührt über diese Aufmerksamkeit, und im Moment, als ich mich bereits verabschiedet und bedankt hatte und ins Auto einsteigen wollte, brachte die Tochter des Bürgermeisters einen großen Strauß frischer Maiblumen für meine Frau.

Ich denke noch immer gerne an diese Stunde, in der das alte Deutschland sich noch einmal mir zeigen wollte, wie es wirklich war.

David Grünspecht

Ein Viehhändler gibt auf

Das Verhältnis der jüdischen Viehhändler mit den Bauern war immer noch gut. Das Vieh aus unserer Gegend kam hauptsächlich auf den Viehmarkt nach Fulda. Während eines Viehmarkts im Frühjahr 1935 trug sich folgendes zu: Das Geschäft hatte sich schon gut entwickelt, ein Teil des Viehs war verkauft und schon an die Taue angebunden, um später verladen zu werden. Plötzlich kam eine Horde Nazis in Zivil mit Lastautos angefahren, schnitt das angebundene Vieh los und verjagte es. Während dieser Zeit entwickelte sich eine große Schlägerei, in welcher man unentwegt auf die schon ohnedies verängstigten jüdischen Viehhändler mit Gummiknüppeln einschlug. Viele dieser Viehhändler waren blutig geschlagen. Ein guter Bekannter, Gustav Levi aus Fulda, blutete aus vielen Stichwunden und mußte ärztliche Hilfe in Anspruch nehmen. Die Polizei hatte nichts gesehen. Am nächsten Tage brachte die Fuldaer Zeitung folgenden Artikel: Wegen des provozierenden Auftretens der jüdischen Viehhändler sah sich eine Gruppe von Jungbauern genötigt, am Viehmarkt einmal energisch durchzugreifen.

Unter den wenigen treu gebliebenen Kunden war ein kleiner Landwirt aus einem Nachbarort, der auch die Postagentur des Ortes betreute. Im gleichen Hofe wohnte ein anderer Kleinbauer, dessen Sohn ein eifriger Nazi war. Sah dieser den Nachbarn zu seinen Wirtschaftsgebäuden gehen – sie hatten eine gemeinsame Scheune, nur durch eine Scheidewand getrennt –, sang er, um ihn zu ärgern: »Wenn's Judenblut vom Messer spritzt ...«. Das war ihm zutiefst zuwider, doch da er sich nicht getraute, ein Wort zu sagen, fing er dann an, das Kirchenlied zu singen: »O Glaubensvater sieh die Not, in der wir uns befinden.« Aber bald kam der von der Partei geschickte Gendarmeriewachtmeister aus Wüstensachsen und riet dem Postagenten, sein Singen einzustellen und nichts mehr bei Juden zu kaufen, sonst würde ihm die Postagentur entzogen.

Meinen Sohn Eric schickte ich mit dem Fahrrad zur Post. Ein gleichaltriger Junge kam auch mit dem Rad gefahren, fuhr hart an Eric heran, spuckte ihm ins Gesicht und sagte: »Verdammter Jud, seid ihr immer noch nicht in Palästina?«

Ein Bauer aus Frankenheim verkaufte mir ein Kalb, das ich mit meinem Fuhrwerk abholte. Da ich am Hause eines guten Bekannten vorbei kam, hielt ich an, sprang hinein, um guten Tag zu sagen. Als ich von außen Rufe hörte, sprang ich hinaus und fand den Gendarmeriewachtmeister am Wagen stehen. »Gehört das Fuhrwerk Ihnen?«, fragte er. Ich bejahte, und er sagte: »Ich werde Sie wegen Tierquälerei anzeigen, weil Sie das Kalb unvorschriftsmäßig angebunden haben.« Das Kalb hatte sich niedergelegt und war wiederkäuend. »Aber Herr Wachtmeister,« sagte ich, »sehen Sie nicht, das Kalb ist wiederkäuend, ein echtes Zeichen des Wohlbehagens. Wo ist da die Tierquälerei?« »Halten Sie das Maul«, schnauzte der Wachtmeister. »Sie wollen mir wohl ein Kind in den Bauch reden, wie das Ihre Glaubensgenossen so gern tun! Scheren Sie sich schnell aus Frankenheim heraus und lassen Sie sich so bald nicht wieder sehen.«

Erpressungen waren an der Tagesordnung. Schuldner verlangten und erlangten Quittungen für Beträge, die sie nie bezahlt hatten. Gerichtliche Klage zu erheben, hatte keinen Wert. Jüdische Anwälte wurden nicht zugelassen, und christliche Anwälte wagten es nicht, Juden zu verteidigen. Ich persönlich bat einen Schuldner in höflicher Weise um eine Teilzahlung einer längst fälligen Summe.

Die Antwort war: »Werd' man nicht so frech. Du hast mal etwas gesagt, wenn ich das der Partei melde, wirst Du schon sehen, was passiert!« Auf meine erstaunte Frage, was ich denn gesagt hätte, kam die Antwort: »Du hast einmal gesagt, es wird auch wieder einmal anders, und damit kannst Du nur gemeint haben, daß die Kommunisten ans Ruder kommen.« Ich habe nie einen Pfennig erhalten.

Den jüdischen Viehhändlern entzog man die Gewerbescheine. Jüdische Kolonialwaren- und Textilwarengeschäfte wurden boykottiert. Den jüdischen Geschäftsleuten wurde systematisch jede Existenzmöglichkeit entzogen. So wurde zum Beispiel den jüdischen Metzgern nach der eingeführten Kontingentierung von Schlachtvieh keine Zuteilung gegeben. Auf Beschwerde bei der Kreisbauernschaft kam folgende Antwort: »Wir können Ihnen erst dann eine Zuteilung geben, wenn Sie uns die Namen Ihrer Kunden angeben.« Auf eine weitere Beschwerde kam folgende Antwort: »Wegen der eingetretenen Kundenverschiebung erübrigt es sich, Ihnen eine Zuteilung zu erteilen. Der arischen Bevölkerung ist ja genügend Gelegenheit geboten, in arischen Geschäften zu kaufen.« Auf eine weitere Eingabe wurde mir monatlich ein Stück Vieh bewilligt.

Ich unterhielt mich im Juni 1937 mit dem siebenjährigen Söhnchen eines christlichen Nachbarn und bewunderte dessen neuen blauen Leinenanzug. An sich herabsehend, antwortete der Kleine: »Ich hon noch en viel schönere« (ich habe noch einen viel schöneren). Ich sagte darauf: »Was ist denn das für einer?« Darauf der Bube: »Ich sönns net ...« (ich sage es nicht). »Aber mir kannst du es doch sagen.« »Ich sönns net ... Doch, minetwegen (meinetwegen). Es ist en gäle (gelber). Er hängt im Bode, und es hängt noch ebbes dabei.« »Was hängt denn noch dabei?« »En Gummiknüppel hängt dabei. Jung, wenn ich der Motze o dunn und der Gummiknüppel nehm, da geht's in die Häuser der Jüden, Jung da gitz ere, immer gib ihn« (Wenn ich den SA-Rock anhabe und den Gummiknüppel in die Hand nehme und damit in das Haus der Juden gehe, dann gibt's Haue). »Wo gehst du denn zuerst hin?« »Net bei euch, zuerst geht's bei der Jüdenlehrer un dann zu Liebmann« (Nicht zu euch, zuerst geht es zum jüdischen Lehrer und dann zu Liebmanns).

Ich werde es nie vergessen, als ich um die Osterzeit 1937 an einem Aushängekasten des Stürmers vorbeiging und auf der Titelseite das Bild eines »Ritual-Mordes« sah. Zwei Frauen standen davor und betrachteten das Bild. Ich hörte die eine sagen: »Ist das nicht schrecklich, wer hätte so etwas gedacht? Und es muß doch wahr sein, sonst würden die Juden sich das nicht gefallen lassen!«

Man kann sich meine Freude vorstellen, als endlich die Auswanderungspapiere für Amerika eintrafen. Als ich mich von meinen Verwandten im Bayerischen verabschiedete, sah ich an einer Wegkreuzung ein Bildstöckel stehen, dessen Bild in Holz geschnitzt war und einen am Boden liegenden Juden darstellte, auf den ein Bauer mit einem Knüppel einschlug. Darunter standen eingeschnitzt folgende Worte: »Hier Jud, Verdammter, hast du deinen längst verdienten Lohn.«

Meine bevorstehende Auswanderung hielt ich geheim, um unliebsame Zwischenfälle zu vermeiden. Noch einmal wollte ich die Heimat, die schöne Gegend mit Berg und Tal, mit Wald und Wiesen ansehen, mich in Gedanken verabschieden. Abschied von der Heimat, in die man hineingeboren war, in der Generation um Generation ihr ganzes Leben verbracht hatte. Mit Pferd und Wagen fuhr ich den Ulstergrund hinunter bis Hilders, zurück nach Batten und den Brandgrund hinauf. Als ich durch Brand fuhr, stand der Gastwirt Gensler am Fenster des Gasthauses, wir waren immer gut befreundet. Ich hielt an, ging ein paar Stufen hinauf ins Gastzimmer. Im Hof hatte ich ein Auto stehen sehen. Im Gastzimmer waren nur wenige Leute, an einem Tisch saß ein fremder Mann allein. Ich bestellte mir einen Kognak und sprach einige Worte mit dem Wirt. Da hörte ich den fremden Mann sagen: »Hier stinkt es aber auf einmal ganz gefährlich nach Knoblauch.« Ich tat, als ob ich nichts gehört hätte. Als der Fremde wieder anfing: »Herr Gastwirt, haben Sie ein Knoblauchfeld hier in der Nähe? Der Gestank ist ja unerträglich.« Der Gastwirt schwieg. In diesem Moment kam der Sohn des Gastwirtes mit einem Strick in der Hand ins Gastzimmer. »Du hast ja da einen schönen Strick«, sagte der Fremde, »an solchen Stricken werden bald alle Juden hängen. Unser Herrgott hat uns den Führer gesandt, der wird es dieser Bande schon besorgen!« Da konnte ich mich nicht mehr halten und sagte: »Sie scheinen aber den Stürmer eifrig studiert zu haben.« »Was ...«, schrie er nun laut, »du verdammter Saujud, dir will ich's mal besorgen, ich gebe dir Stürmer.« Er zog ein Messer aus der Hosentasche, es war ein feststehendes Messer, das er gegen mich zückte. Da ich an der Theke, nahe der Tür stand, gab ich Fersengeld, rannte die Treppe hinunter und der Kerl hinter mir her.

Ich rannte über die Straße in den Hof des Bauern Breitung, der gerade mit seiner Mistgabel aus dem Viehstall kam. Er hatte schnell die Situation überblickt, trat dem Messerhelden entgegen und sagte: »Keinen Schritt weiter, sonst renn' ich dir die Mistgabel in den Bauch. Was willst du von dem Manne? Verschwinde, aber schnell!« Darauf zog sich der Mann ins Wirtshaus zurück. Ich bedankte mich herzlich bei Breitung, holte Pferd und Wagen, fuhr im flotten Tempo nach Reulbach, dem nächsten Dorf. Ich hielt am Gasthaus Büttner, band mein Pferd an die Linde im Hof, ging gleich, da ich dem Landfrieden nicht traute, in ein befreundetes Bauernhaus, von wo ich alles übersehen konnte. Es dauerte nicht lange, da kam ein Auto angefahren, dem der Messerheld entstieg mit einem halben Meter Bleirohr in der Hand. Wie ich dann hörte, kam er mit den Worten ins Gastzimmer: »Wo ist der verdammte Jud?« Jedoch der Wirt und einige andere Bekannte rieten ihm, sich ruhig zu verhalten, sonst würde er es mit ihnen zu tun bekommen. Daraufhin zog er sich unter Schimpfen zurück. Ich kam ins Gasthaus zurück und fuhr auf Umwegen nach Hause.

Als ich einige Tage vor meiner Auswanderung die Gräber meiner verstorbenen Eltern und Verwandten besuchte – der Friedhof lag in landschaftlich wunderschöner Gegend in Weyhers auf dem Bergplateau –, fand ich die eisernen Tore weit offen, tiefe Radspuren führten zu dem kleinen Basaltkegel in der Mitte des Friedhofes. Man hatte Steine gebrochen für den Straßenbau.

Aus Freunden werden Fremde

Auch der jüdische Alltag änderte sich nach dem 30. Januar 1933. Die Juden gerieten immer mehr in eine Isolation, weil sich nichtjüdische Deutsche, mit denen sie bekannt oder sogar befreundet gewesen waren, manchmal abrupt, zumeist aber langsam und verstohlen zurückzogen. Die überwiegende Mehrheit der Deutschen fürchtete Repressalien und berufliche wie persönliche Nachteile, wenn sie bisherige Kontakte mit Juden weiter pflegten. Nur wenige hatten den Mut, sich über solche Befürchtungen hinwegzusetzen. Auch in der direkten Nachbarschaft kam es immer seltener zu Gesprächen, wie sie bisher üblich gewesen waren. Selbst gute Bekannte grüßten kaum noch. Besonders hart traf dies ältere Menschen, die schon lange in einer vertrauten Umgebung lebten und sich nun ausgestoßen fühlten, oder Juden, für die das Engagment in Vereinen oder Organisationen zu einem festen Bestandteil ihres Lebens geworden war. Sie hatten sich lange und verdienstvoll für andere eingesetzt und erlebten nun, wie man sie einfach ausschloss oder ihnen zumindest den Austritt nahe legte. Das gesellschaftliche Klima war vergiftet. Juden wurden in der Öffentlichkeit, wenn man sie als solche erkannte, immer öfter angepöbelt und mitunter sogar misshandelt. In den Fenstern von Läden und Restaurants wie an Ortseingängen sah man immer mehr Schilder mit der Aufschrift »Juden unerwünscht!« und Parkbänke erhielten die Aufschrift »Nur für Arier!«.

Besonders schwierig wurde die Situation auf dem Lande, wo 1933 noch ein erheblicher jüdischer Bevölkerungsanteil lebte, in Hessen z. B. rund die Hälfte und in Baden-Württemberg und Bayern knapp ein Drittel aller

Juden dieser Länder. Während Juden in der Anonymität der Städte eher Kontakte zu Leidensgenossen finden oder halten konnten, erlebten sie auf dem Lande die gesellschaftliche Isolierung und Ächtung schon deshalb als bedrückend, weil in einem Ort häufig nur eine andere jüdische Familie und manchmal sogar keine anderen Juden mehr lebten. Neben den zunehmenden wirtschaftlichen Problemen zogen auch aus diesem Grund immer mehr Juden vom Lande in die Stadt und verstärkten dadurch die ohnehin schon bestehenden Schwierigkeiten der jüdischen Gemeinden.

Die anhaltende Bedrohung durch Staat und Gesellschaft beförderte unter Juden ein Klima der ständigen Angst und eines tiefen Misstrauens gegenüber allem und allen. Mit dem Rückzug in die Isolation verstärkte sich das Gefühl der Vereinsamung und der Entfremdung gegenüber einer feindseligen oder gleichgültigen Umgebung immer mehr. Überall vermuteten die Juden Denunzianten und Spitzel und selbst im noch bestehenden engsten Freundeskreis wagten sie kaum ein offenes Wort. Die Folge konnte der Verlust jeden Selbstwertgefühls sein. Wie verzweifelt die Situation war, kann man Berichten aus jener Zeit entnehmen. Darin wird in einer fast rührenden Weise selbst das geringste freundliche Wort von Nichtjuden erwähnt und beschwörend darauf hingewiesen, dass nicht alle Deutschen Antisemiten seien und man diesen oder jenen »guten Deutschen« kenne. Vereinzelte positive Erfahrungen und Eindrücke waren für viele Juden wie Strohhalme, an denen sie sich verzweifelt, aber erfolglos festzuhalten versuchten.

Einen besonders folgenreichen Einschnitt in das Privatleben vieler Juden bedeuteten die zwei am 15. September 1935 erlassenen sogenannten »Nürnberger Rassegesetze«, mit denen die Nationalsozialisten Juden aus dem »Deutschen Volkskörper« entfernen wollten. Das »Reichsbürgergesetz« nahm ihnen die »Reichsbürgerschaft« und damit alle politischen Rechte. Das »Gesetz zum Schutze des deutschen Blutes und der deutschen Ehre« verbot u. a. Eheschließungen zwischen Juden und nichtjüdischen Deutschen, den außerehelichen Geschlechtsverkehr zwischen ihnen, im NS-Sprachgebrauch »Rassenschande«, die Beschäftigung weiblicher nichtjüdischer Deutschen unter 45 Jahren in jüdischen Haushalten, wenn sich dort ein »nichtarischer« Mann befand, sowie das Hissen der Reichs- und Nationalflagge. Bei Zuwiderhandlungen drohten schwere Gefängnis- und Zuchthausstrafen. In Prozessen wurden solche Strafen verhängt und in Einzelfällen wegen »Rassenschande« sogar Todesurteile gesprochen. Gerade dieses Gesetz stürzte unzählige Menschen ins Elend. Viele Nichtjuden nutzten das Gesetz, um Freunde oder Nachbarn, Bekannte oder Unbekannte wegen »Rassenschande« zu denunzieren und sie vor Gericht und ins Gefängnis zu bringen. In Mischehen ließen sich nichtjüdische Ehepartner unter tatkräftiger Mithilfe des Staates aus Angst oder Berechnung vom jüdischen Partner scheiden.

Raffael Mibberlin

Die Verrohung greift um sich

Auf die Straßenbahn wartend, stand ich an einem kleinen Platz, da wurde gerade aus einem nahen Hause eine Leiche zum Leichenwagen herausgetragen. Hinter mir hörte ich plötzlich, wie ein Mann einen anderen anrief und sagte: »Wer ist denn hier gestorben?« Der Angerufene erwiderte laut und in höhnischem Tone: »Ach, nicht schlimm, da ist nur ein Jud verreckt! Gott sei Dank, jetzt haben wir wieder einen Jud weniger!« Es war unschwer zu erkennen gewesen, daß es sich um einen jüdischen Toten handelte, denn am Leichenwagen warteten einige jüdische Herren, um den Wagen zu begleiten. Im selben Moment kam meine Straßenbahn, ich stieg rasch ein und konnte von der Plattform aus an der Mimik Einzelner erkennen, wie niederträchtig diese Bemerkung auch von anderen empfunden wurde.

Kurz darauf fuhr ich in eine nahe Großstadt, die Straßenbahn war gedrängt voll. Da stieg eine etwas korpulente »mittelalterliche Dame« ein. Ich saß ganz in der Nähe, stand instinktiv auf und bot ihr meinen Sitzplatz an. Antwort: »Auf den Platz, auf dem schon ein Jude saß, setze ich mich nicht.« Und rümpfte dabei etwas geringschätzig die Nase. Ich aber platzte mit der Bemerkung heraus: »Na ja, jeder hat eben seinen Charakter an einem anderen Fleck!« Alle Umsitzenden verbissen sich das Lachen, und die Situation der Dame war gewiß viel peinlicher als die meine. Sehr bald danach stieg sie aus, und nicht nur ich, sondern auch andere im Wagen bezweifelten sehr, ob sie so weit fuhr, wie sie ursprünglich wollte.

Ein anderes Mal erlebte ich auf einer meiner vielfachen Fahrten in eine nahe Großstadt noch folgende, gewiß belustigende Episode: Eine mir gut bekannte jüdische Dame war in glücklichster Mischehe verheiratet mit einem Mann, der äußerlich den typischen blonden Germanen darstellte, dazu war er auffällig groß und stark. Der Ehe entsprossen ein Junge und ein Mädchen, beide blond und blauäugig, das Mädchen mit langen Zöpfen. Mit diesen zwei Kindern fuhr der Vater eine längere Strecke. Auf seinem Schoß der 4jährige Junge, gegenüber dessen 7jähriges Schwesterchen und direkt neben ihr deren beste Schulfreundin. Aber dieses Kind aus »rein arischer Ehe« war tiefschwarz und weniger ansehnlich als seine blonde Schulfreundin, der Mischling. Da steigt unterwegs, ostentativ angetan mit dem Hakenkreuzabzeichen, eine Hitleranbeterin ein, auf den ersten Blick als Nazipropagandistin zu erkennen. Sie waren ja in Zügen, in Straßenbahnen und in Autobussen nicht selten. Es erblickt diese Dame den Mann und seine beiden Kinder, und nach einigen bewundernden Blicken fängt sie bald zu reden an: »Das sieht man doch gleich, daß die Rassenlehre von unserem Führer richtig ist. Sehen Sie nur diesen Prototyp von arischen Kindern mit dem typisch nordischen Schädelbau, den blonden Haaren und den blauen Augen – eine Lust einfach, solche Kinder anzusehen. Und sehen Sie mal dagegen dies gewiß nichtarische Kind.« Damit meinte sie das neben dem blonden Töchterchen sitzende dunkelhaarige arische Mädchen. Anfangs rutschte der Vater, mein Bekannter, etwas nervös auf seinem Sitz hin und her. Indessen, die Taktlosigkeit gegen die Freundin seines Töchterchens reizte ihn anscheinend so sehr, daß er sich nicht enthalten konnte zu sagen: »Ich muß Sie, meine Dame, doch sehr enttäuschen. Gerade meine beiden blonden Kinder haben eine rein jüdische Mutter, und die kleine dunkelhaarige Freundin meiner Tochter stammt von ›reinen Ariern‹ ab!« – Tableau! Alles grinst in der Bahn, und auch diese Heldin steigt sehr bald und recht verlegen aus.

Daß solche Provokationen in der Bahn sich manchmal am Urheber auch schwer rächen können, beweist folgende Schilderung: Meine Frau kam zu ihrem Zahnarzt zur Behandlung. Anscheinend sah sie etwas mitgenommen aus. Auf dessen Frage, warum sie so schlank geworden sei, erwiderte sie, daß die Zeit sie so sehr aufrege. Darauf er: »Na, Sie können doch ruhig überall hingehen, Ihnen sieht doch kein Mensch an, daß Sie Jüdin sind. Da will ich Ihnen mal erzählen, was meiner Frau vorgestern passiert ist. Sie wissen ja, sie sieht durch ihre etwas gedrungene Gestalt, durch ihr dunkles Haar und durch ihre etwas blasse Farbe nicht gerade wie das Vorbild einer Arierin aus. Wir fuhren also in der Straßenbahn, ich saß ihr gegenüber. In die volle Bahn kommt noch ein Herr, der nun stehen mußte, gerade vor meiner Frau. Mit einem unmißverständlichen Blick auf sie gab er seinen Unmut mit den Worten Ausdruck: ›Die dicke Jüdin hier könnte ruhig stehen, wenn andere Leute keinen Sitzplatz haben!‹ Die richtige Quittung folgte dieser Gemeinheit prompt auf dem Fuße. Ich stand sofort auf und schlug ihm eine kräftige Ohrfeige ins Gesicht. Natürlich war der Vorfall rasch aufgeklärt, und der Flegel wird sich wohl in seiner ›Rassenkenntnis‹ noch etwas besser ausbilden müssen.«

Ein ehemaliger Sanitätsgefreiter, der unter mir im Krieg an einem großen Lazarett gearbeitet hatte, war inzwischen zum Gefängnisaufseher ernannt worden. In dieses Gefängnis wurden in jener Zeit unverhältnismäßig viele Juden eingeliefert, teils wegen dieser, teils wegen jener Anschuldigung, zumeist auf Geheiß der Gestapo. Mit diesen Inhaftierten kam der vorbildlich loyale Aufseher hier und da ins Gespräch. So auch mit einem Patienten von mir, den man der »Rassenschande« beschuldigte und der als unschuldig bald wieder entlassen wurde. Auf die Bemerkung meines Patienten A. A.: »Was müssen Sie von den Juden für einen Begriff bekommen, wo jetzt so viele hier im Gefängnis sind«, antwortete der Aufseher: »Glauben Sie mir, ich weiß schon, woran ich bin.« Und ins Ohr flüsterte er ihm: »Jetzt bringt man nicht selten die Anständigen hier herein, und viele Lumpen läßt man draußen frei herumlaufen. Das ändert sich auch mal wieder.«

Auf Grund von Hindenburgs bekanntem Frontkämpfererlaß war 1934/35 eine genaue Statistik auch all der Juden aufgenommen worden, die im Kriege an der Front für ihr Vaterland gekämpft hatten. Reichspräsident Generalfeldmarschall von Hindenburg hatte ja nach dem Weltkrieg das »Ehrenkreuz für Frontkämpfer« gestiftet und eindeutig hinterlassen, daß alle Frontkämpfer ohne Unterschied von Rang und Stand und Religion dieses bekommen sollten. Natürlich waren darunter, was man in der Nazipartei nie hatte wahrhaben wollen, auch viele, viele Juden. Die Verleihungsurkunde lautet wörtlich: »Im Namen des Führers und Reichskanzlers. Dem Arzt ... ist auf Grund der Verordnung vom 13. Juli 1934 zur Erinnerung an den Weltkrieg 1914/18 das von dem Reichspräsidenten Generalfeldmarschall von Hindenburg gestiftete Ehrenkreuz für Frontkämpfer verliehen worden.« Wirkt es nicht wie ein Hohn, ein Ehrenkreuz zu erhalten, dessen Verleihungsurkunde mit den Worten beginnt: »Im Namen des Führers und Reichskanzlers« in einer Zeit, wo man tagtäglich in Wort und Schrift die Juden als Drückeberger, als Feiglinge, als vaterlandslose Gesellen, und wie diese schönen Ausdrücke alle heißen, beschimpfte?

Ein Vetter meiner Frau hatte auf der Straße gesehen, wie ein Hund auf ein junges Kätzchen losgehen wollte. Um es zu schützen, schob er das niedliche Kätzchen mit seinem Fuß auf die Seite, daß es entlaufen konnte. Doch gewiß eine ganz harmlose, alltägliche Geschichte. Konnte man je ahnen, daß es einen Menschen gibt, der eine solche Harmlosigkeit so ausschlachtet, daß es mit dem

Tod eines Menschen endet? Wie war das nur möglich? Unser Vetter hatte nicht gewußt, wem der Hund gehört. Die Besitzerin war aber eine bekannte Agitatorin der Partei. Sie sprang hinzu und beschimpfte auf die pöbelhafteste Weise unseren Vetter. Menschenauflauf wie üblich, Stellungnahme für und wider, unnötiges Geschrei und antisemitische Drohungen. Ein gerade des Weges kommender Polizist fand es für richtig, anstatt rasch die Ursache der Situation am Ort selbst zu klären, unseren Vetter in Schutzhaft zu nehmen – zu seinem eigenen Schutz, wie es damals immer so teuflisch motiviert wurde. Zu deutsch heißt das, der Betreffende wurde ins Polizeigefängnis gebracht. Man sollte nun meinen, daß er nach gründlichem Verhör bald darauf wieder entlassen worden wäre. Bei gutem Willen wäre ja die beinahe lächerliche Harmlosigkeit der ganzen Affäre rasch aufzuklären gewesen. Stattdessen blieb er tagelang in Haft. Man verweigerte ihm jede Auskunft, auch seine Frau durfte er nicht sprechen. Verzweifelt und mürbe geworden versuchte er im Polizeigefängnis, sich mit einer Nagelfeile die Pulsader zu öffnen. Dieser Wunde wegen kam er dann »als Polizeigefangener« ins Krankenhaus, das heißt, er stand auch dort unter Beobachtung, und sein Zimmer war verschlossen. Einige Tage nachher sollte er vom Krankenhaus ins Gerichtsgebäude endlich zur Vernehmung gebracht werden. Seine Krankenschwester war nur wenige Minuten in den Kleiderraum in der Nähe gegangen, um seine Sachen zum Anziehen zu holen. Diese kurze Spanne Zeit des Nichtbeobachtetseins benutzte der vollständig unschuldig Inhaftierte, um das Fenster zu öffnen. Ein Sprung vom 4. Stock hinunter auf das Pflaster machte seinem Leben ein rasches Ende. Auf einem Zettel, den die Krankenschwester in seinem Bette fand und den diese seiner Witwe übergab, aber stand zu lesen: »Ich kann als anständiger Mensch das recht- und schutzlose Leben eines Juden in Deutschland nicht mehr ertragen.« Es war kein leichtes Amt für mich, am gleichen Abend mit seinem Sohne die Leiche vom Krankenhause zum Friedhof zu geleiten. Zur Charakterisierung der Verursacherin dieses Dramas sei nur noch kurz angefügt, daß sie bald darauf wegen ebensolcher Nichtigkeiten zwei mir gut bekannte jüdische Familien bedrohte. Und weiter: An ihrer Wohnungstür hatte sie deutlich sichtbar ein Schild angebracht mit den Worten: »Vorsicht, nebenan nichts abgeben für uns und nichts mündlich hinterlassen – DAS SIND JUDEN!« Das Letztere war rot unterstrichen.

Daß auch Lehrer in Ausübung ihres Berufes sich so weit vergessen können, daß sie selbst kleine Schulkinder gegen ihre Eltern aufhetzen, zeigt folgender markanter Vorfall. In einem jüdischen Haushalt arbeitete seit vielen Jahren als sogenannte Zugehfrau eine arme Witwe. Sie war froh um den guten Arbeitsplatz, denn sie verdiente ordentlich, wurde gut behandelt bei meinen Bekannten, und außerdem bekam sie von dem Töchterchen des Hauses verwaschene, aber noch gut brauchbare Kleidungsstücke für ihr eigenes Kind geschenkt. Begreiflich, daß eine solche, auf Geldverdienen angewiesene Witwe auch im Dritten Reich treu an dieser Familie hing. Zudem stand dem Arbeitsverhältnis zur Zeit des Vorkommnisses noch keine gesetzliche Bestimmung entgegen. Eines Tages kam die arme Frau tränenüberströmt zu ihrer Arbeitgeberin und erzählte erregt wie folgt: »Denken Sie nur, Frau S., was meinem Kind passierte. Sie wissen doch, meine Kleine geht in die Volksschule, und als sie gestern nach Hause kam, war das Kind ganz verstört und zürnte mit mir. Langsam nur war es zum Sprechen zu bewegen und dann erzählte es: »Während des Unterrichts stellte mich unser Lehrer aus meiner Schulbank heraus, ich mußte mich vor die ganze Klasse hinstellen, und dann sagte er: ›Da schaut Euch dieses Kind an, dessen Mutter geht noch zu Juden zum Putzen. Pfui!‹« Als der Lehrer das sagte, habe sie sich sehr schämen müssen. Die Mutter des Kindes weinte bitterlich, irgend jemand im Hause muß sie denunziert haben, und um des Friedens ihres Kindes willen gab sie, wenn auch schweren Herzens, die seit Jahren gewohnte Arbeitsstätte auf.

Wieder einmal an den Unrechten geraten war ein Fanatiker der Rassenlehre: Ein Patient von mir, ein in Gesinnung und Gebaren vorbildlich anständiger christlicher Großkaufmann mit auffallend dichtem, schwarzem und welligem Haar und wirklich so aussehend, als ob er der semitischen Rasse zugehöre, hatte mit seinem eleganten Cabriolet einen Zusammenstoß mit einem anderen Auto. Natürlich, so ein vornehmes Auto und der Besitzer gut gekleidet und so aussehend, das konnte doch nur ein Jude sein. Nachdem die herbeigerufene Polizei festgestellt hatte, daß die Schuld an dem Zusammenstoß nicht bei meinem Patienten lag, glaubte der saubere Gegner, nun rasch die Situation günstig für sich wenden zu können, indem er sagte: »Diesen gewissenlosen Juden sollte man kurzerhand überhaupt das Autofahren verbieten.« Er war nicht wenig verblüfft, als es sich sehr rasch feststellen ließ, daß der vermeintliche Jude ein ihm zwar fremder, aber in der Stadt sehr angesehener christlicher Herr war! Die Rassenlehre der Nazipresse über die Merkmale der »arischen« Rasse scheint doch recht lückenhaft zu sein und jeder Vorsicht bar!!

Die Nürnberger Gesetze bedeuteten für uns, daß wir uns von unserer treuen Hausangestellten trennen mußten. Denn sie war unter 35 Jahre alt und protestantisch. Alsbald nach der ersten Begrüßung in unserer Häuslichkeit ließ diese treue Seele eine Schimpfkanonade gegen das neue nationalsozialistische Hausangestelltengesetz los, die einen wahren Blütenstrauß von Verwünschungen in Superlativen gegen die Nazis enthielt. Sie war wirklich im tiefsten Innern getroffen, daß sie ihre ihr so lieb gewordene Stellung nun auch bald verlieren sollte. Wir aber hatten nur immer ihre Lautstärke zu beschwichtigen, damit nichts durch die Wände hindurchsickerte. Fürwahr, es war die einzige Aufregung während ihrer ganzen Dienstzeit bei uns. Hätte ein Nazi auch nur einen Bruchteil dieser Schmähungen gehört, die treue Seele wäre eine Viertelstunde später in den Klauen der Gestapo gewesen. Der tränenreiche Abschied an Silvester 1935 – diesen Ausscheidetag hatte das Gesetz vorgeschrieben – war längst vergessen, aber unsere treue Lina besuchte uns immer wieder und bewies rührende Anhänglichkeit und Interesse für uns und unserer Kinder Ergehen. Einige Zeit danach nahm sie eine Hausstelle bei einem »Arier« an, wo es ihr nicht gefiel, nicht einmal von Anfang an, und wo sie nur aushielt, weil in diesem Haushalt die Ehefrau kränklich war. Unzählige Male äußerte sie den sehnlichen Wunsch, die Aufhebung der Nürnberger Gesetze noch zu erleben, um, wie sie treuherzig meinte, noch am gleichen Tag zu uns zurückkehren zu können!

Ihre Nachfolgerin war eine uns aus der Praxis längst bekannte, ebenso ordentliche wie ehrliche Frau, die das von dem Gesetz vorgeschriebene Alter für Hilfskräfte bei Juden überschritten hatte. Von diesen beiden treu ergebenen Menschen bezogen wir nicht zuletzt wichtige Informationen über die damals schon zunehmende Enttäuschung und Mißstimmung in breiten Schichten des Volkes ob dieser Nazimethoden und über den sich immer mehr steigernden Naziterror.

Nicht alle hatten das Glück, so biedere Charaktere um sich zu haben. Einer guten Freundin meiner Frau am Ort wurde folgende schwerste Enttäuschung bereitet. Auch sie hatte jahrelang eine Hausangestellte, für deren anständige Gesinnung sie die Hand ins Feuer gelegt hätte. Leutselig, gesprächig, gutmütig und vertrauensselig, wie diese Dame war, unterhielt sie sich mit ihrer Hausangestellten auch noch im Dritten Reich über politische

Dinge, und dabei fiel natürlich auch manche scherzende Bemerkung. Als der Mann der Dame plötzlich verstarb und sie dadurch der großen Wohnung nicht mehr bedurfte, trat sie einen Teil derselben auf den ausdrücklichen Wunsch ihrer Stütze, sie hieß mit Vornamen Marie, an diese ab. Marie wollte sich nämlich verheiraten. Gut und friedlich lebten nun Marie und ihr Mann als Untermieter mit der Dame in der gleichen Wohnung. Aber die Gutmütigkeit wurde schlecht belohnt.

Freundinnen der Dame warnten diese öfters vor einer so engen Bindung in solcher Zeit, sie aber wies das immer lachend zurück mit der Bemerkung: »Meine Marie ist treu wie Gold.« Die Treue sah in Wirklichkeit so aus: Nach längerer Zeit des Zusammenwohnens stellten Marie und ihr Mann unter Ausnützung einer augenblicklichen antisemitischen Hochwelle plötzlich ganz ungebührliche Forderungen in bezug auf die Wohnung. Es kam zu Auseinandersetzungen und siehe da, wenige Tage darauf wurde die Dame aus ihrer Wohnung heraus verhaftet. Was stellte sich heraus? Die sauberen Untermieter hatten Monate vorher schon – man höre und staune – jede Bemerkung der Dame über die Nazis wörtlich und mit genauem Datum sich aufgezeichnet mit dem Vorsatz, dies bei gegebener Gelegenheit als Waffe zu verwenden. Sie hatten nun die Dame bei der Gestapo denunziert. Diesmal kam es zur Gerichtsverhandlung. In dieser wurde der Freundin meiner Frau als Schlimmstes vorgehalten, daß sie ihren Untermietern einen Witz über die Nazis erzählt habe. Obwohl die Dame glaubwürdig nachweisen konnte, daß sie diesen Witz wörtlich bei einer Sendung im Leipziger Radio gehört habe, wurde sie zu fünf Monaten Gefängnis bei sofortiger Weiterinhaftierung verurteilt. Der Gerichtsvorsitzende erklärte in der Urteilsverkündung: Die Handlungsweise der Jüdin sei eine böswillige Verleumdung. Wenn Juden selbst harmlose politische Witze weitererzählten, so täten sie es nur, um den neuen Staat zu diskreditieren. Es sei etwas ganz anderes, wenn ein Reichssender solche Witze bringe!

Es war die Zeit, wo unter dem Druck der Verhältnisse und der fanatischen Agitation gegen jüdische Geschäfte viele solche zu liquidieren versuchten. Dies geschah gewöhnlich in der Form eines zeitlich begrenzten Totalausverkaufes. Dazu bedurfte es aber noch ausdrücklich der Genehmigung der Nazibehörden. So hatte auch eine große Textilfirma an ihren Schaufenstern ihren Totalausverkauf angekündigt. Die Presse nahm längst keine Annoncen nichtarischer Geschäfte mehr auf. Anfangs strömte das Publikum, ganz gleich ob Nazibeamtenfrau, ob Frau eines SS- oder SA-Mannes nur so hinein, denn die Preise waren enorm herabgesetzt, und wenn man seinen Profit sah, gab es keinen Charakter. Das brachte natürlich die liebe Konkurrenz zur Siedehitze. Also postierte man auf Anordnung der Partei, an die sich die Konkurrenz wandte, vor den Eingangstüren alsbald junge Burschen mit Boykott-Tafeln, Stürmerverkäufer und S.A.-Leute, die das Publikum vor dem Betreten des Geschäftes warnen sollten. Ja, um die Drohung recht wirksam zu machen, waren auch Leute mit Photoapparaten aufgestellt, um Bilder derer zu machen, die es dennoch wagten einzutreten. Man schrie in die Menge, daß diese Bilder dann in der Streicherzeitung veröffentlicht würden. Leben wollte man die nichtarischen Geschäfte nicht mehr lassen, anständig sterben aber auch nicht! Natürlich stockte nun sofort der Zustrom. Allerdings einige Unentwegte, vor allem auch jüdische Frauen, gingen trotzdem zum Kauf hinein und mußten durch die johlende Menge hindurch.

An einem solchen Tag kam auch meine Frau dort vorbei, und empört über den gesetzwidrigen Boykott des Ausverkaufes reizte es sie förmlich, jetzt erst recht in das Geschäft hineinzugehen. Als meine Frau eine Kleinigkeit gekauft hatte, riet ihr das arische Personal, doch lieber das Geschäft zum eigenen Schutz durch einen Seitenausgang zu verlassen, und machte sie noch extra darauf aufmerksam, wenn sie Jüdin sei, dies sofort der Menge entgegenzurufen. So bleibe sie dann wahrscheinlich unbelästigt. Beim Verlassen des Hauses aber, es hatten sich inzwischen auch in dieser Seitengasse viele Hetzer angesammelt, empfingen sie meine Frau mit Pfuirufen, spuckten sie an, rissen ihr den Hut vom Kopf und versuchten tätlich zu werden. Sie aber rief laut: »Was wollt ihr denn, ich bin doch Jüdin!« Nach dem Aussehen meiner Frau glaubten sie das zunächst nicht und schrien: »Lüge, die will sich nur feige aus dem Staub machen!« Erst auf ihre energische Erwiderung hin: »Donnerwetter, das ist nicht wahr, ich bin Jüdin!« gab der Führer der Hetzposten ein Kommando »Hände weg, durchlassen!«, dann erst ließ man sie unbehelligt weitergehen. Ein Polizist aber, der ganz in der Nähe stand und das alles mit ansah, rührte keinen Finger ...

Eine viel unangenehmere Begebenheit erlebte fast gleichzeitig eine gute Bekannte meiner Frau. Jedenfalls war sie folgenschwerer. Mit einem arischen Kollegen verheiratet, lebte sie in harmonischer Ehe. Ihr einziges Kind wurde in der Religion seines Vaters katholisch erzogen. Der Junge ging in die allgemeine Volksschule. Als er dort sah, wie mehrere Mitschüler von ihm in die sogenannte Hitlerjugend aufgenommen, er aber seiner jüdischen Mutter wegen als Mischling zurückgewiesen wurde, kam es zu einem ersten Zerwürfnis des Buben mit seiner eigenen Mutter. War der Junge robust, so war die Mutter ausgesprochen sensitiv, und sie nahm sich all das so zu Herzen, daß sie sich mit Selbstmordgedanken trug. Der vorbildlich anständige Ehemann zerschnitt durch eine richtige und rasche Tat den gordischen Knoten: Um des Seelenfriedens seiner geliebten Frau willen und um den Sohn dem zersetzenden Milieu zu entziehen und um die frühere innige Harmonie der Familie wieder herzustellen, gab er rasch entschlossen seine überaus glänzende Praxis auf und wanderte nach Amerika aus.

Die Zahl dieser Mischehen war in den Jahren der Assimilation ganz beträchtlich geworden. So konnte auch ich eine große Anzahl beobachten, und gerade als Hausarzt hatte ich tieferen Einblick. Weitaus im Großteil waren diese Ehen in normaler Zeit recht gut. Als aber die schweren Belastungsproben durch die nationalsozialistischen Thesen und deren fanatische Agitation auch gegen Mischehen kamen und hier eine künstliche Kluft schafften, geriet ein ganzer Teil ins Wanken. Einer der Fälle spielt in meiner eigenen Familie. Ein kinderloser Witwer in sogenannten besten Jahren, bekannt durch sein vornehmes Aussehen und Wesen, Mitinhaber einer vor dem Umsturz sehr gut gehenden Fabrik, viel gereist und welterfahren, verliebte sich vor Jahren in eine nur wenig jüngere, hübsche, gewandte und charmante christliche Dame. Aus einem kurzen Liebesverhältnis mit einem Offizier hatte sie ein entzückendes Töchterchen, bildschön und in seiner Art liebreizend. Die Liebe des Mannes zu dieser Frau war so groß, daß er trotz der Herkunft des Kindes sich nicht nur entschloß, dieses mit in seine Familie aufzunehmen, sondern sogar zu adoptieren. So wollte er ihm seinen Namen und seine Ehelichkeit geben. Jahrelang lebten diese drei wirklich vorbildlich zusammen. Man sagte in der Stadt, wenn man sie zusammen sah, das sei förmlich ein ästhetischer Genuß. Jede nur mögliche Ausbildung verschaffte der Vater dieser Tochter, kein finanzielles Opfer war ihm zu groß dafür. Selbst als nach dem Umsturz die Fabrik anfing, weniger rentabel zu arbeiten, ließ er die Tochter gemäß ihrem dringenden Wunsch auf einer Universität studieren. Rührend ihre Briefe an Mutter und Vater aus dieser Zeit. Der Vater liebte die Tochter vielleicht noch mehr als ein eigenes Kind. Aus dem Töchterchen wurde nun die bildhübsche blonde Studentin. Unter ihren Mitstudierenden waren nun natürlich auch solche, die fanatische Anhänger der Nazibewegung waren. Gerade junge Studenten berauschten sich an politischen Phrasen wie »reines Volkstum« und dergleichen. Den Einflüssen dieser Agitation war die Tochter anfangs gar nicht so leicht zugänglich, aber der Energie dieser Einflüsterungen erlag sie auf die Dauer doch. Kurzum – der jüdische Vater durfte noch das ganze Studium bezahlen, dann fand sie es für richtig, ihre Mutter zu bewegen, sich von dem Juden zu trennen. Die energische Tochter siegte über die etwas weniger energische Mutter. Man tauschte den ehelichen jüdischen Namen wieder um gegen den früher recht verschämt getragenen unehelichen. Besser noch unehelich, als »jüdisch versippt« sein!! Dem Manne aber brach es fast das Herz, er alterte zusehends, sein Mund verstummte. Keiner seiner Verwandten oder Freunde wagte auch noch, den Namen von Frau und Tochter zu nennen.

Noch viel tragischer endete der nächste Fall, er trug sich in meiner Praxis zu. Eine nette junge Dame aus gutbürgerlicher protestantischer Familie hatte sich seinerzeit in der Tanzstunde in einen jüdischen Herrn verliebt. Der anfängliche Widerspruch beider Elternteile gegen die Hochzeit war bald überwunden. Die beiden jungen Leute wurden ein glückliches Paar. Der Ehe entsprossen zwei nette Kinder. Auch nach dem Umsturz 1933 bewahrte die junge Frau in der Gesinnung die absolute Treue zu ihrem Mann, auch dann, als die Nazigesetze anfingen, ihm seine Existenzgrundlage zu entziehen. Mit den Eltern der Frau war das Verhältnis ein so gutes geworden, daß sie die Tochter mit ihrem Mann und den zwei Kindern in ihre eigene Hausgemeinschaft aufnahmen, als es ihnen wirtschaftlich schlechter ging. Inzwischen waren seine Eltern verstorben. Als der junge Ehemann durch die neuen Gesetze nun vollends aus seinem Beruf geworfen wurde, faßte er den Entschluß, mit Frau und Kindern ins Ausland zu gehen, um eine neue Existenz zu gründen. Seine Frau war sofort damit einverstanden. Nicht so die Eltern der Frau. Sie wollten zwar Tochter und Schwiegersohn die finanzielle Möglichkeit zur Auswanderung geben, dagegen die heißgeliebten Enkel noch so lange bei sich behalten, bis es dem Elternpaar gelungen wäre, im Ausland Fuß zu fassen. Nun gab es Debatten hin und her. Der Mann sah, wie seine Frau litt. In schwerstem seelischen Dilemma stand sie zwischen ihren Kindern, ihm und ihren Eltern. Um nun sowohl seiner Frau wie seinen Kindern den Weg zu ebnen, hielt der Mann es nach schweren Kämpfen mit sich für richtig, sich selbst zu opfern – er jagte sich in einem Augenblick des Alleinseins eine Kugel durch den Kopf, und ich konnte nur noch den Tod konstatieren. Er glaubte, so hinterließ er, so am besten für Frau und Kinder gesorgt zu haben, da die Schwiegereltern in guter finanzieller Position waren.

Gerta Pfeffer

Ich hätte gerne mitgetanzt

Die neue Abteilung für den Entwurf von Möbelstoffen hatte immer mehr Erfolg. Während ich am Anfang noch fürchtete, meine liebgewonnene Arbeit verlassen zu müssen, tat der Chef jetzt alles, um mich zu halten. Er bekam Bombenaufträge aus allen Ländern, in deren geschmackliche Eigenart ich mich eingelebt hatte.

Im Betrieb konnte ich mich in keiner Weise beklagen. Mein Chef grüßte die Angestellten des Morgens mit »Heil Hitler«, während er mich extra mit »Guten Morgen« begrüßte. Diesem guten Beispiel folgten die anderen. Die Frühstückspause wurde immer bei mir abgehalten. Da war unser Buchhalter, ein fanatischer Nazi, gemäßigt durch süddeutsche Gemütlichkeit. Er war zu gutmütig, um mich zu kränken, und so begnügte er sich mit Neckereien über Juden und Marxisten. Dann war noch ein ehemaliger Sozialdemokrat da, der sprach von früh bis spät von der Herrlichkeit des Führers. Er war seit dem Umsturz ein Nervenbündel. Scheinbar um sich selbst davon zu überzeugen, sprach er andauernd von der Größe Hitlers. Ich glaubte ihm kein Wort, schwieg aber zu allem. Wenn es so aussah, als ob ich meinen Posten verlieren müsse, wandte ich mich immer vertrauensvoll an ihn, und er tröstete mich trotz allem immer wieder. Bei Hitlerreden, die im Betrieb übertragen wurden, waren immer die am übereifrigsten im Gesang des Horst-Wessel-Liedes, im Handhochheben, im Heilrufen, die einmal einer linksstehenden Partei angehört hatten. Wahrscheinlich spielte da die Angst eine große Rolle.

Nach den Nürnberger Gesetzen wurde ich immer verängstigter. Ich fürchtete, auf den Straßen mit Bekannten zu reden, aus Angst, man könnte mir irgendetwas andichten, und ich könnte den Bekannten, mit denen ich auf der Straße sprach, schaden.

Ich hielt es in meinen vier Wänden nicht aus und ging jede Nacht bis spät nach Mitternacht aus. Setzte mich manchmal ins Café in eine Ecke und las oder beobachtete meine Umgebung. Ich hätte oft gerne mitgetanzt, und die jungen Leute tanzten immer gerne mit mir, ganz gleich, ob sie der Partei angehörten oder nicht, aber es war immer mit einer Gefahr verbunden, so daß ich schließlich alle Aufforderungen ablehnte.

Einmal war ich im Kreis meiner Kollegen in der Gastwirtschaft. Ich lachte nach langer Zeit wieder einmal. Es war eine nette Stimmung, und ich übersah die Leute am Nachbartisch. Am nächsten Tag bemerkte ich eine Veränderung meiner Wirtsleute mir gegenüber. Was hat es gegeben?, fragte ich furchtbar aufgeregt. Die Leute am Nebentisch hatten meinen Wirtsleuten gesagt, wenn sie die Jüdin noch einmal lachen sähen, würden sie diese auf die Straße schmeißen. Sie verwendeten viele ordinäre Ausdrücke, die meine Wirtsleute nicht wiederholen wollten, um mich zu schonen.

Die SS hatte im selben Haus ihr Büro gemietet. Nun verlangten sie, daß die Wirtsleute ein Schild an der Eingangstür befestigen sollten, daß Juden keinen Einlaß in das Gasthaus haben sollten. Mein Wirt verweigerte das. Ich war ihm die liebste Mieterin. Auch hatte ich ihm die meisten Gäste aus der Fabrik zugeführt und auch die anderen, die zu Gast waren, fragten merkwürdigerweise oft nach mir. Seitdem die SS im Hause ihr Büro gemietet hatte, fürchtete ich mich jedesmal, ins Haus zu treten und einer der schwarzen Uniformen zu begegnen, denn in ihren Zusammenkünften besprachen sie unter anderem, wie sie mich um die Ecke bringen könnten. Ich glaube, daß es der Heizer des Betriebes war, der alle Hebel gegen mich hinter meinem Rücken in Bewegung setzte, mir ins Gesicht aber immer freundlich war und mich manchmal sogar handgreiflich belästigte.

Ich kam sehr oft spät nach Hause, es war fast nie vor Mitternacht. Die Straßenbeleuchtung war um diese Zeit schon ausgeschaltet. Ich bekam jedesmal Herzklopfen, wenn ich zur Türe kam. Einmal stand da ein Mann mit einer brennenden Zigarette. Ich wußte nicht, wer es war. Ich zitterte vor Schreck am ganzen Körper, als ich meinen Namen flüstern hörte und ich wußte, daß es mein Freund war. Manchmal traf ich ihn im Wald. Wir sprachen sehr wenig. Trotzdem horchte ich noch lange Zeit, ob niemand in der Nähe gewesen war. Ich hatte Angst, des Nachts allein nach Hause zu gehen, weil ich stets einem Kreis unerwünschter Verehrer zu begegnen fürchtete. Bei Tageslicht beschimpften sie mich als Jüdin und des Nachts wollten sie mich küssen. Mich ekelte vor der ganzen Gesellschaft.

Um an Sonn- und Feiertagen mal in eine andere Umgebung zu kommen, hielt ich öfters Autos auf der Landstraße an, mit der Bitte, mich ein Stück mitzunehmen. Es war gefährlich, trotzdem wagte ich es immer wieder. Sämtliche Ortschaften des Bezirkes hatten bereits das Schild angebracht »Juden unerwünscht«. Ich war immer aufgeregt, wenn man an so einem Schild vorbeisauste, denn ein Blick auf die Tafel hätte ein politisches Gespräch heraufbeschwören können. Kam doch die Rede auf die Politik, so lenkte ich ab. Die meisten Autofahrer erkannten mich nicht als Jüdin, und die es doch taten, waren ausgesprochen liebenswürdig zu mir.

Es war üblich, daß sich die Kollegen meines Betriebs gegenseitig einluden. Ich selbst feierte meinen Geburtstag und lud 14 Leute, Angestellte und Tischgenossen ein. Darunter waren auch Naziparteigenossen, die mittanzten. Am nächsten Tag gab es dann einen Skandal. Der nationalsozialistische Vorsitzende des Ortes wollte die Photoaufnahmen, die an meinem Geburtstag in meinem

Zimmer gemacht wurden, im »Stürmer« veröffentlichen. Ich war verängstigter denn je. Ich aß jetzt in einem Gastzimmer neben dem großen Saal ganz allein meine Mahlzeiten. Ich ging zögernd in das Zimmer, um niemandem zu begegnen, schlang das Mittagessen in 10 Minuten herunter und verschwand wieder. Wenn ich auf die Straße trat, schaute ich mir erst mal die Passanten an, ob ich auch ohne Ärgernis auf die Straße gehen könnte.

In der umliegenden Ortschaft war ein Arbeitsdienstlager eingerichtet worden. Die Burschen, die beim Bau an der Autobahn beschäftigt waren, kamen oft in mein Dorf ins Café. Unter ihnen war auch ein bildhübscher Mensch, der mich zum Tanzen auffordern wollte. Ich erklärte ihm, daß ich Jüdin sei, aber er meinte, er kenne keinen Unterschied zwischen den Menschen und ich gefalle ihm sehr. Von da an kam er sehr häufig ins Café, und die Leute wußten, es geschah nur meinethalben, obwohl ich fast gar nicht mit ihm sprach. Eines Tages wurde er beim Nachhausegehen von einer Horde Nazis überfallen und blutig geschlagen und dies einzig und allein deshalb, weil er keinen Hehl daraus gemacht hatte, daß ich ihm gefalle.

Leo Grünebaum

»Juden unerwünscht« in Hotels

Ich erinnere mich, wie mein Freund, Direktor Helten von der Concordia Lebensversicherungsbank, Köln, mir eines Tages stark verschämt mitteilte, daß er Mitglied der Nationalsozialistischen Partei geworden sei, weil er einfach – vor allem aus geschäftlichen Gründen – nicht mehr anders gekonnt habe. »Lieber Grünebaum, das wird für Sie vielleicht einmal sein Gutes haben. Ich kann Ihnen, sollte einmal eine wirklich unangenehme Situation kommen, dann vielleicht eher behilflich sein, denn ich habe gute Verbindungen zur Partei bereits jetzt schon.« Dabei erinnerte ich ihn daran, wie in der demokratischen Zeit, als aber Hitler schon im Kommen war, er oft gegen die Demokraten den Einwand erhoben hatte, sie hätten zuviel Parteibonzen, nur das Parteibuch sei maßgebend und das sei ein Übel in einem Staat. Und wie bescheiden war die Zahl der demokratischen Parteibonzen im Vergleich mit dem Nazisystem gewesen. Aber seine Meinung, daß er mir vielleicht in der Partei einmal eher helfen könnte, als wenn er außerhalb stünde, war damals zwar naiv, aber ernst gemeint. Er konnte noch nicht erfassen, daß es einmal so bitter mit den Juden käme, wie es später geschehen ist.

Noch einige Jahre trafen wir uns; erst etwa von 1936 an hörte das auf. Bis dahin rief er mich manchmal an, mit ihm eine Tasse Kaffee in einem öffentlichen Lokal zu trinken. Ja, als ich ihn später darauf aufmerksam machte, daß es doch auch für ihn nicht unbedenklich sei, wenn man uns zusammen sähe und jemand in mir den Juden erkenne, sagte er: »Das will ich einmal sehen, wer uns das wehren kann, besonders, wo wir uns ja geschäftlich sehen.« Er hatte also schon die Ausrede zur Hand und das veranlaßte mich dann allmählich, von mir aus diese Zusammenkünfte seltener werden zu lassen und langsam einzustellen.

Als ich ihn 1937 oder 1938 einige Male zu erreichen suchte, sei es meiner eigenen Policen wegen oder wegen einer anderen Auskunft, konnte ich ihn niemals bekommen, er war nicht da, und der erbetene Anruf seinerseits blieb aus. Dabei hatten wir in der vorhitlerschen Zeit viel zusammengearbeitet; unter der Hand, also nebenberuflich, hatte ich manche Versicherung über seine Gesellschaft vermittelt, und er war oft in meiner Familie auch als privater Gast erschienen, auch war ich nach seiner Wiederverheiratung mit meiner Familie bei ihm in Köln-Ehrenfeld gewesen. Wie sehr hatte er sich in der Vorhitlerzeit um eine Gruppenversicherung für eine der jüdischen Chewrots bemüht. Diese jüdischen Vereine waren in erster Linie für materiellen und seelischen Beistand ihrer Mitglieder in Krankheit und Tod bestimmt. Herr Helten war bald außer Konkurrenz gesetzt, und eine der dafür damals entstandenen speziellen jüdischen Gesellschaften, der Familienschutz, bekam den Abschluß.

Auf der Hauptgeschäftsstraße in meinem Wohndistrikt waren noch immer nicht – trotz jahrelanger Parteiarbeit – die Schilder in den christlichen Geschäften angebracht, daß »Juden unerwünscht« seien. In anderen Städten war es längst Allgemeinerscheinung geworden. Ich erinnere mich, diese besonders kraß in Frankfurt am Main gesehen zu haben, dazu die Schaufenster der jüdischen Geschäfte mit unflätigen, antisemitischen Anschriften beschmiert. Auch in Köln sah man sie schon da und dort, aber sehr vereinzelt. Bald sah ich sie in dieser, bald in einer anderen Straße auftauchen, oftmals auch bald wieder verschwinden. Kurz, man konnte erkennen, daß hier eine systematische Parteiarbeit am Werke war, die es trotz der Regierungsmaschine nicht leicht hatte, sich durchzusetzen. Und so erschien man eines Tages bei unseren guten Geschäftsleuten im Herbst 1938 und verlangte die Anbringung der Plakate: »Juden sind hier nicht erwünscht!« Natürlich mußte der Parteiapparat bezahlt werden, jedes Plakat kostete 1 Mark, das Plakat mußte nominell freiwillig gekauft werden und sollte im Schaufenster nun nimmer fehlen. Wenn ich vorbeikam, winkte mich der eine oder der andere christliche Geschäftsmann herein, um sich zu entschuldigen, und unser Eier- und Butterhändler sagte ebenso wie die Frisörsfrau: »Sie sind uns immer ein lieber Kunde gewesen, ich hoffe, Sie stören sich nicht an diesem Plakat, es ist Zwang, wir können nicht anders.« Der Eierhändler kam jede Woche zweimal ins Haus, uns die Ware zu bringen, und ich kann nicht sagen, daß er – auch als die Eier schon sehr knapp waren – uns schlechter als seine christlichen Kunden behandelt hätte, im Gegenteil, er belieferte uns sehr gut, und wir litten keinen Mangel. Als wir im Sommer 1937 und 1938 aus den 6 Wochen Sommerferien zurückkamen, hatte er uns jedesmal ein größeres Quantum, unser nicht verbrauchtes Kontingent und etwas mehr, aufbewahrt. Zwei Geschäftsleute, Metzgermeister Wolf und sein Nachbar, der Fischhändler, weigerten sich, das Schild anzubringen. Sie wurden auf die Polizei gebracht. Das Schild erschien dann am nächsten Tag, aber nach weiteren 24 Stunden waren alle Schilder in der Straße wieder verschwunden. Erst wiederholtem Eingreifen der Braunhemden gelang es, daß die Schilder da und dort blieben.

Ich hatte eine Reise nach Stuttgart mit Frau und Kindern dazu benutzt, mit meiner Familie nochmals die Geburtsstadt meiner Frau Beate geb. Oppenheimer, Göppingen, eine halbe Stunde Bahnfahrt ab Stuttgart, zu besuchen. Nur mit Mühe hatten wir die Nacht zuvor eine Hotelunterkunft in Stuttgart bekommen können. Schon bei meiner vorhergehenden Reise nach Stuttgart hatte ich in dieser Hinsicht schlimme Erfahrungen gesammelt. Wenn es auch in Köln vereinzelt Hotels gab, die schon keine Juden mehr aufnahmen, war das in Stuttgart, der Stadt, die allein wegen der Visumsbeschaffung Juden aus einem Konsulatsbezirk, der sich über Entfernungen von mehr als 500 km (zum Beispiel Köln-Stuttgart und mehr) erstreckte, jede Nacht beherbergen mußte, umso schlimmer. Fast ausnahmslos wurden die dortigen Gaststätten und Hotels durch die örtlichen Parteistellen gezwungen, Juden Quartiere zu verweigern. Ich war also beim vorletzten Besuch Stuttgarts in eines der wenigen Hotels, »Schwabenbräu« genannt, gekommen, das noch Juden aufnahm und nicht das ominöse Schild trug. Ich hatte von der Stadt aus durch einen Stuttgarter jüdischen Herrn, der im Hotel bekannt war, unter Nennung meines Namens ein Zimmer für mich und einen Kölner Freund, Herrn Kugelmann, bestellt und zugesagt bekommen.

Als wir im Hotel eintrafen, teilte uns der Hausdiener mit, daß zufällig das uns zugesagte Zimmer, das hätte frei werden sollen, vom bisherigen Gast und seiner Frau noch für eine Nacht behalten werde. Und da in Stuttgart zwei große internationale Tagungen stattfanden, war auch sonst alles besetzt. Er hatte aber nach vieler Mühe telefonisch in der Nähe in einem Hotel schon ein Ersatzzimmer reservieren lassen, übergab uns einen entsprechenden Ausweis, entschuldigte sich namens des Hoteliers und fügte hinzu: »Das hat aber bestimmt keine anderen Gründe, wir sind nicht so.« Und ich war davon überzeugt, soviel konnte man dem Mann an der Stirne ablesen. Am anderen Hotel war das ominöse Schild. Aber es war 11 Uhr nachts, die Hotels in der Stadt besetzt, man mußte sich also zusammenreißen, und wir traten dennoch ein. Jawohl, die Zimmer waren reserviert. Als wir aber beim Ausfüllen des Quartierbogens unsere Namen nannten und die Frage, ob arisch oder nichtarisch, wahrheitsgemäß beantworteten, wurde im Beisein vieler Gäste, die im Hotelflur standen, der Fragebogen vor unseren Augen von dem sehr jungen Hotelgehilfen zerrissen und uns höhnisch erklärt: »Nichtarier können hier nicht wohnen!« Ich konnte es nicht unterdrücken zu bemerken, daß »wir uns dafür nicht zu schämen brauchten«, dann verließen wir mit rotem Kopf das ungastliche Hotel National.

Natürlich ging es zu dem Hotel »Schwabenbräu« zurück. Der Hausdiener (auch Nachtportier) regte sich furchtbar auf. »Das ist ein Skandal, die werden nochmal froh sein, wenn so anständige Menschen bei ihnen wohnen wollen, diese Lumpen …« Er telefonierte erneut von Hotel zu Hotel, nirgends war ein Zimmer frei. Er war aber so in seinem Innersten betroffen und verletzt, dieser einfache und doch so anständige Mensch, daß er schließlich seinen Chef holte, mit ihm flüsterte und überlegte. »Diese Leute müssen wir unterbringen, das ist jetzt wichtiger«, hörte ich ihn sagen. Schließlich sagte er: »So, kommen Sie mit mir. Wir haben ein Zimmer freigemacht. So ein einzelnes Frauenzimmer, die noch nicht ins Hotel gekommen ist, werden wir schon irgend umlegen, wenn sie noch kommt. Wenn's ihr nicht zusagt, was wir ihr bieten, soll sie mir den Buckel heraufsteigen, jetzt müssen Sie nach der Aufregung ihre Nachtruhe haben.« Wir kamen in ein tadelloses Doppelzimmer, und als der Portier mit uns im Zimmer war, uns unsere Handkoffer bringend, legte er los: »Diese Schufte, diese Lumpenregierung, diese hergelaufenen Buschen, die haben ja keine Ahnung, was für feine Menschen es unter den Juden gibt, es sind immer unsere anständigsten Kunden gewesen, na, wenn es einmal anders kommt …« Beim Abschied bedankten wir uns beim Hotelier und bei ihm, und ich versprach, ihm Kunden aus Köln zu senden, was auch geschah. In der Nacht vor der Erteilung des Visums wohnte ich mit meiner Familie dort. Am nächsten Nachmittag aber eröffnete uns der Hotelier, daß er ab heute gezwungen worden sei, Juden nicht mehr aufzunehmen, daß er das Schild habe anbringen müssen und wir zu seinem Bedauern die Nacht nicht mehr da wohnen könnten. So fuhren wir noch abends nach Göppingen, wo wir noch Verwandte und Freunde hatten.

Martin Gumpert

Menschenhatz unter Polizeiaufsicht

Ich spazierte eines Abends über den Kurfürstendamm und setzte mich in den offenen Garten eines der vielen Cafés. Horden junger Männer bildeten sich auf der Straße. Kein Zweifel, es waren getarnte SA-Leute. Am Abend zuvor war ein neuer antisemitischer Film in einem der großen Kinopaläste gezeigt worden. Teile der Besucher hatten protestiert, und die Zeitungen hatten von jüdischer Unverschämtheit geschrieben. Die Menschenmassen wurden ständig größer, viele Polizeiautos erschienen und besetzten die Straßenkreuzungen. Schließlich ging es los. Unter den ersten Opfern waren ein paar Italiener, die in meiner Nähe saßen und wegen ihres dunklen Aussehens für Juden gehalten wurden. Sie wurden mit blutigen Gesichtern davongejagt. Schaufensterscheiben wurden eingeschlagen und Glasstücke bedeckten den Boden. Es bildete sich ein Zug, der in alle Restaurants eindrang, um nach Juden zu suchen. Jemand trug eine verzerrte Karikatur, die einen alten Juden mit blutunterlaufenen Augen und krausen Haaren, die wild herunterhingen, zeigte. Die Schläger gröhlten mit einer monotonen und fast schon religiösen Leidenschaft eines ihrer Parteilieder mit dem Refrain »Wenn's Judenblut vom Messer spritzt, wird alles besser«. An der nächsten Ecke sah ich einen Mann mit einem goldenen Parteiabzeichen eine alte Jüdin treten, ein alter Mann wurde niedergeschlagen und weggeschleppt. Ein junger Mann mit einem Kneifer auf der Nase rannte in Panik über die Straße, und ein heulender Mob lief ihm nach.

An dem Aufruhr waren etwa tausend Gangster unter dem Kommando ihrer Anführer beteiligt. Eine viel größere Menge stand auf den Bürgersteigen und schaute zu.

Sie war ganz still. Der Ausdruck in ihren Gesichtern schwankte zwischen neugieriger Amüsiertheit und Abscheu. Ich stand neben diesen Leuten und fühlte mich sicher, weil sie in mir nicht den Juden erkennen konnten, der ihnen auf den schändlichen Karikaturen immer wieder gezeigt wurde. Nur Leute, die ängstlich wegliefen und Furcht zeigten, wurden entdeckt und gehetzt. Neben mir stand einer der Verbrecher, der uns mit Stolz einen Stahlstab zeigte, den er in seinem Handschuh versteckte. Er erklärte uns, damit schlage er jemanden von hinten in die Kniekehle und bearbeite ihn dann, wenn er auf dem Boden liege. Der empörendste Anblick war die Polizei, die sich offenbar versammelt hatte, um ein Verbrechen zu schützen. Die Polizisten saßen mit ausdruckslosen Gesichtern in ihren Wagen und taten nichts, wenn jemand um Hilfe schrie oder auf dem Pflaster zusammenbrach.

Am Tag danach erschienen überall in der Stadt die Schaukästen mit dem »Stürmer«. Diese wahnsinnige Zeitung, von Julius Streicher herausgegeben, einem früheren Lehrer, war voll von sadistischen Bildern, Sexgeschmiere und Obszönitäten, in denen es immer gegen die Juden ging. Der »Stürmer« wurde in den Schulen verteilt, und die Lehrer mußten die Texte mit ihren Schülern erörtern. Es gab besondere Ausgaben für kleine Kinder, die in Farben die größten Obszönitäten zeigten, die Menschen jemals zu drucken wagten. Es gab drei dieser Schaukästen in der ruhigen Straße, in der meine Tochter bei ihrer Großmutter lebte.

Es wäre ein Verbrechen gewesen, ein Kind in dieser Atmosphäre des Wahnsinns aufwachsen zu lassen. Ich mußte aufgeben. Dann und wann hatte ich noch etwas schreiben und veröffentlichen können, und ich sah in einer schwachen, aber doch vorhandenen Opposition lange einen Grund, mein Bleiben zu rechtfertigen. Aber auch das ging nicht mehr. Zum zweiten Mal beschloß ich, dieses Land zu verlassen.

Es war eine sehr schwierige Entscheidung. Für mich war es, als sollte ich mir das Herz herausreißen. Ich hatte Berlin geliebt, ich liebte Deutschland, ich liebte Europa. Es ist schwer, den Zeitpunkt zu erkennen, zu dem man dem Vaterland nicht mehr nutzen kann, und zu entscheiden, ob man sich seine Niederlage eingesteht oder auf seinem Recht beharrt, ein Leben ohne Bedrohung, ohne unerträgliche Einschränkungen an Freiheit und Würde zu führen. Die Ereignisse dieses Jahres hatten mich zutiefst von mir selbst entfremdet, aber auch von der Bevölkerung um mich herum, und mich zu der Einsicht gebracht, daß ich verrückt wäre, mich für sie zu opfern. Es war mir klar, daß das, was geschah, erst der Anfang war und daß alles auf ein tragisches Ende zusteuerte. Ich wußte, daß ich – was immer auch ich noch tun konnte – dies besser im Ausland vermochte. Es war wirklich eine Entscheidung zwischen Leben und Tod, ob ich als Zeuge die Zerstörung und den Niedergang aller Werte in einem Zustand vollständiger Hilflosigkeit erleben oder ob ich mit dem Rest meines freien Willens die Stränge von Herkunft, Tradition und Emotionen durchtrennen sollte, an denen ich hing. Ich wußte, dies war zu meinem Besten und endgültig.

Es hat Juden gegeben, die zurückgekehrt sind, nachdem der erste Spuk vorbei war, und ich habe sie gesehen, als ich Deutschland wieder besuchte. Aber kann so etwas wie jetzt denn jemals vorüber sein? Nicht für mich! Ich bin sicher, sie werden es bereuen. Es gab andere, die sich einfach nicht vorstellen konnten, ihren Besitz und ihre Wertsachen aufzugeben. Ich habe Leute gesehen, die offenen Auges in die Gaskammern gingen, weil sie an ihren Möbeln hingen, die ihnen wohl mehr bedeuteten als ihr Leben. Ich habe sie zutiefst bedauert, aber ich konnte sie verstehen. Unsere Zivilisation hat uns von materiellen Werten so abhängig gemacht, von Bankkonten und Grundbesitz, daß der Durchschnittsmensch sich verloren, nackt und dem Tode nahe fühlt, wenn er seinen Besitz verliert. Sein Verstand ist zerstört, wenn er das aufgeben muß, was er in einem Leben voller Plackerei angehäuft oder was sich über Generationen hinweg angesammelt hat als Basis für sein Prestige und seinen sozialen Status. Der moderne Mensch ist schlecht vorbereitet auf Umstürze, in denen er sein Selbstwertgefühl allein aus seinen physischen und psychischen Kräften entwickeln muß. Ich besaß nicht zuviel an Besitz, ich war nicht zu alt, ich war unternehmungslustig, ich glaubte an meine Fähigkeiten, ich hatte eine Verantwortung gegenüber meinem Kind, ich hatte jeden Glauben und jedes Vertrauen an Deutschland verloren. So erschien es mir notwendig, auszuwandern, solange es noch möglich war.

Mein Leben unter Hitler brachte zuletzt nur noch eine grenzenlose Traurigkeit hervor, eine Traurigkeit, die mit dem Verstand nicht zu fassen war, die mehr oder weniger ein instinktiver Schutz war gegen die körperliche und geistige Zerstörung, die man in diesem Land zu erwarten hatte. Meine Existenz hatte ihre Bestimmung gefunden: das Ende dieser Tyrannei zu überleben. Das war alles. Ich hatte keine Hoffnung für die Zukunft, ich hatte keine Bindung mehr an diese Welt, die starb, selbst wenn sie es nicht zu wissen schien. Ich hatte nur ein ganz intensives Bedürfnis, nämlich diese Erde von der Schande um mich herum befreit zu sehen und die Vergeltung zu erleben für alle jene Verbrechen, die begangen worden waren.

Hans Kosterlitz

Das Ende einer Beziehung

In meinem Verhältnis zu Trude hatte sich auch durch den Umsturz nichts geändert. Zwar las man in der Zeitung, daß da und dort Juden, die mit Ariern verkehrt hatten oder arische Freundinnen hatten, mißhandelt oder sogar in Konzentrationslager geschickt worden seien. Wir wurden also doch vorsichtiger, trafen uns jeden Abend weit außerhalb der Stadt an jedesmal anderen, vorher verabredeten Plätzen, und trotzdem hatten wir das Gefühl, daß manche im Geschäft Bescheid wußten. Später bekamen wir auch davon Gewißheit, nur war den Betreffenden unbekannt, wieweit sich unsere Beziehungen erstreckten.

Wir hatten vorgehabt zu heiraten, sobald ich den mir versprochenen Geschäftsführerposten in einer anderen, neu zu errichtenden Filiale bekommen würde. Durch das jüngst herausgekommene Verbot, neue Einzelhandelsbetriebe zu errichten, war dieser Plan ins Wasser gefallen, und unter den neuen, veränderten Umständen konnten wir nicht daran denken, in Uelzen zu heiraten, geschweige denn als Ehepaar zu leben. Zwar bestand noch gar kein Verbot der sogenannten Mischehen, und in Berlin und anderen Großstädten fanden noch andauernd Trauungen von Ariern und Juden statt, aber in Uelzen waren eben die Verhältnisse derart gelagert, daß daran nicht zu denken war, sollte ich nicht meine Stellung oder gar meine Freiheit aufs Spiel setzen.

Heute möchte ich sagen, daß es vielleicht der Mut der Verzweiflung war, wenn wir unsere Treffpunkte nicht nur aufrecht erhielten, sondern sogar sonntags zusammen mit meinem Motorrad fortfuhren, ja sogar Pfingsten und Ostern zusammen an der Ostsee verbrachten.

Heute kommt mir das alles so vor wie in jener Legende vom »Ritt über den Bodensee«, wo der Richter hinterher erfahren hat, daß die glatte glitzernde Schneefläche, über die er soeben geritten ist, kein Feld, sondern der gefrorene Bodensee war und tot vom Pferde fällt.

Es war tatsächlich ein Spiel mit dem Feuer, was wir trieben, aber unsere Leidenschaft mochte uns blind gemacht haben. Wir wagten, was in unserer Lage eine glatte Herausforderung des Schicksals war. Wir wußten auch beide, daß es nur die durch die Gefahr aufgestachelte Leidenschaft war, die uns zusammenhielt und die bei mir soweit ging, daß ich 1934 eine Auswanderungsmöglichkeit nach Chile nicht wahrnahm. Wir wußten auch, daß, wenn diese Leidenschaft ausgeglüht war, nichts übrigbleiben würde, und täuschten uns in manchen Augenblicken nur vor, daß Liebe sei, was nur ein unerhörter Sinnesrausch und das Bewußtsein gemeinsamer Gefahr war.

Im Herbst 1934 begann die Krisis meiner Beziehungen zu Trude, die dann im Februar 1935 ihren Höhepunkt erreichte. Mein Verhältnis zu Trude war allmählich, wie es gar nicht anders möglich war, durchgesickert, und an Anspielungen fehlte es auch nicht. Zwar bemühte sich jeder Einzelne des Personals, so zu tun, als wüßte er von nichts, aber mir wurde doch unbehaglich, wenn ich daran dachte, was daraus entstehen könnte. Trotz allem dachte ich nicht daran, Trude aufzugeben, zumal ich glaubte, daß, wie ich mein Personal kannte, kein Denunziant unter ihnen war. Am 1. Oktober stellte ich einen neuen Verkäufer ein und machte alsbald die unangenehme Entdeckung, daß er sich stark für Trude zu interessieren begann. Dieser junge Mann, Koch mit Namen, kam von außerhalb und war, wie ich später erfuhr, ebenfalls SS-Mann. Trude beklagte sich oft bei mir über Belästigungen, gegen die ich aber nichts unternehmen konnte, solange sie nicht anstößig waren. Außerdem mußte ich natürlich in meinen Handlungen sehr vorsichtig sein. Als ich nach einiger Zeit aber bemerkte, daß Trude sich die »Belästigungen« des Herrn Koch gern gefallen ließ, stellte ich sie zur Rede, und ihre Antwort darauf war, daß sie, um unser Verhältnis nicht zu verraten, »so tun müsse, als ob ...« Ich war zwar keineswegs erbaut davon, ließ mich aber von ihren Gründen überzeugen, zumal unsere Zusammenkünfte, wenn auch mit äußerster Vorsicht, nach wie vor stattfanden. Ich näherte mich allmählich wieder einer Nervenkrisis, da ich dieses heimliche Treffen, das Vermeiden des Gesehenwerdens, dazu das Bewußtsein einer möglichen Nebenbuhlerschaft kaum mehr ertrug.

Ich machte Trude wiederholt den Vorschlag, auseinanderzugehen, da der Zustand für beide Teile allmählich unerträglich würde, sie bat und beschwor mich aber, sie nicht zu verlassen, da »die Sache mit Koch nichts Ernstes sei, und sie nur mich und so weiter ...« So ging das den Herbst und den Winter hin. Am 31.12.1934 sollte mein Bruder in Basel heiraten, und ich beschloß, zu seiner Hochzeit zu fahren. Es waren traurige Tage dort bei dieser Emigrantenhochzeit im Flüchtlingsheim. Ich sah meinen Bruder, an dem ich sehr hing, zum letzten Mal, einen Monat später ging er mit seiner jungen Frau nach Palästina.

Ich kam nach Uelzen zurück, um aus Trudes eigenem Mund zu hören, daß sie mich am Silvesterabend im Alkoholrausch mit Herrn Koch betrogen habe. Ich habe nicht getobt, ich habe nicht geschrieen, ich habe sie nicht geschlagen. Ich habe sie nur angesehen, wie man eine Sache ansieht, die einem mal gehört hat, die man sehr lieb gehabt hat, und nun weggeben muß. Dann habe ich mich umgedreht. Was damals in mir vorgegangen ist, hat nie jemand erfahren. Allmählich gab ich den brieflichen und mündlichen Bitten Trudes um eine Aussprache nach. Sie versicherte mir, daß sie nicht mehr Herr ihrer

Sinne gewesen sei, da sie unter Alkohol gesetzt worden sei, und nur zufällig Herrn Koch in dem Lokal, wo sie mit ihrer Freundin und ihren Geschwistern Silvester feierte, getroffen habe. Sie beteuerte, nur mich zu lieben und bat mich im »Interesse unserer Sicherheit« nichts dagegen zu haben, wenn sie ab und zu mit Herrn Koch zusammen sei. Und ich Narr glaubte alles, versprach, mit allem einverstanden zu sein, wenn mir nur die kargen, heimlichen Stunden unserer Liebe blieben. So ging das einige Wochen. Wir trafen uns bei einer jüdischen Schneiderin, wo Trude arbeiten ließ, wir trafen uns auf einsamen Feldwegen, und da geschah es eines Abends, daß mich auf dem Nachhauseweg Herr Koch traf, der uns nachspionierte. Frech stellte er mich zur Rede, wo ich herkäme, und ich verbat mir seinen Ton und sagte, das ginge ihn gar nichts an. Am nächsten Tag schrieb er mir einen Brief, in dem er mir mitteilte, daß, wenn ich nicht sofort die Beziehung zu Trude löste, er den Fall seiner SS-Gruppe mitteilen würde. Ich schrieb ihm daraufhin, daß, soviel mir bekannt sei, bis jetzt kein Verbot mich hindere, mit Arierinnen zu verkehren, und ich die Absicht habe, Trude zu heiraten. Im übrigen aber liege die Entscheidung in Trudes Händen.

Am selben Tag nahm mich der bereits erwähnte Betriebszellenobmann beiseite, warnte mich aufs dringlichste vor Koch, da dieser bereits bei seinen Kameraden gegen mich Stimmung mache und gab mir den Rat, entweder sofort mit Trude Schluß zu machen oder umgehend in Berlin zu heiraten. In meiner Verblendung ging ich, wie auf einen Kuhhandel, auf den Vorschlag Kochs einer Aussprache zu dritt ein, und auf meine Frage an Trude, ob sie gewillt sei, mich in kürzester Zeit zu heiraten, antwortete sie »nein«. Ich ging ohne Gruß, empfing am selben Tag einen Brief von Trude, daß sie das »Nein« nur zu meiner Sicherheit gesagt habe, da Koch glatt gedroht habe, mich sonst sofort verhaften zu lassen. Ich gab darauf überhaupt keine Antwort, verweigerte die Annahme weiterer Briefe, und sah, wie recht ich hatte, als schon zu Ostern »meine« Trude mit Herrn Koch verreiste. Nur kurz will ich sagen, daß ich trotz allem nicht glaube, daß sie ein schlechter Mensch war, sondern nur schwach, und durch die Umstände ihr an und für sich schwacher Charakter gebrochen wurde. Ich hatte meine Freiheit gerettet, aber um welchen Preis! Ich kam mir selbst feige und erbärmlich vor, verfluchte Hitler und seine Banditen, die vor Erpressungen nicht zurückschreckten, auch wenn es um das eigenste in den Beziehungen der Menschen ging: die Liebe.

Heinemann Stern

Einsam in vertrauter Umwelt

Die Geschichte spielt in dem wundervollen schlesischen Gebirgskurort Reinerz. Eine knappe halbe Stunde vom Kurpark entfernt liegt, am Ende einer herrlichen Waldpromenade, die »Schmelze«, ein idyllisches Kaffeerestaurant, an das sich Mendelssohn-Bartholdy-Erinnerungen knüpfen. Am Eingang liegt das »Mendelssohn-Haus« und mitten im Garten ein mächtiger Felsblock, der »Mendelssohn-Gedenkstein«. Eine einzementierte Eisenstange trug eine Platte mit der Inschrift: »Hier hat Felix Mendelssohn-Bartholdy sein Lied ›Wer hat dich du schöner Wald aufgebaut so hoch da droben‹ komponiert«. Als ich 1936 dort war, war dies alles noch unverändert – im nächsten Jahr schon nicht mehr; das Schild mit der Inschrift war entfernt. – Wieder einmal hatte ich in der »Schmelze« meinen Nachmittagskaffee getrunken. Wieder einmal verschwand ich im Hintergrund des Gartens, als ich diesmal aber in das Reservat »Für Herren« einschwenkte, begegnete ich einem unerwarteten Hindernis: Vom Eingang her leuchtete mir ein funkelnagelneues, blitzendes, großes Emailleschild mit der höflichen Ablehnung entgegen: Juden unerwünscht! Solch zarte Fußtritte waren uns deutschen Juden ja längst vertraut, und wir hatten uns daran gewöhnt, wie an so vieles andere. Aber an solcher Stätte war mir »so etwas« doch noch nicht begegnet. Und so mag ich etwas verdutzt dagestanden haben. Denn einige Herren, die unmittelbar nach mir eintraten, sahen erst das Schild, dann mich an, grinsten, verschwanden im Innern des Häuschens, und aus diesem sicheren Port konnte ich ihr wieherndes Gelächter hören. Was mich nun anbetrifft – ich habe immer meinen jüdischen Stolz gehabt, und aufdringlich bin ich nie gewesen. Aber diesmal war die Notwendigkeit, die mich hergetrieben hatte, stärker, und so kam es, wie es kommen mußte. Als ich zurückkam, mußte das Ereignis schon bekanntgeworden sein, denn ich begegnete mehrfach durchaus freundlichem, wohlwollendem Lächeln.

Ich winkte die Kellnerin heran, bezahlte meinen Kaffee, konnte dann aber der Versuchung nicht widerstehen, den Fall zur Sprache zu bringen – unter neugieriger Anteilnahme der entfernteren Nachbarschaft. Zum Schluß ließ ich dem Wirt sagen, er möge seine Abneigung gegen jüdische Gäste an der geeigneten Stelle zum Ausdruck bringen, damit wir nicht in Versuchung kämen, seinen Kaffee zu trinken. Zwei Tage später hing das Plakat am Haupteingang. Die Sache hatte aber einen gar nicht komischen Hintergrund. Das Restaurant war städtisches Eigentum und der Wirt als Pächter darum nicht frei in seinem Tun und Lassen. Das Plakat war ihm von der Verwaltung zugeschickt worden – wie das übrigens in den meisten derartigen Fällen geschah –, und er hatte sich zu fügen. Andererseits wollte er die zahlreichen jüdischen Gäste nicht verlieren, und so war er auf die absurde Idee verfallen, sich auf die geschilderte Weise aus der Affäre zu ziehen.

Die privaten gesellschaftlichen, genauer gesagt, die menschlichen Beziehungen zwischen uns und unserer Umwelt zerrissen, lockerten sich, verschwanden. Das Ende war die Isolierung. Es gibt keine Isolierung, die nicht zu guter Letzt das Absterben des Isolierten zur Folge hätte. In einem jüdischen Gemeinwesen vom Umfang der Berliner Gemeinde dauerte der Todeskampf natürlich länger als in der Hamburger, und diese wiederum hatte einen längeren Atem als zum Beispiel die Marburger. Dabei muß man sich noch klarmachen – um sich nicht einer Selbsttäuschung hinzugeben –, daß vegetieren nicht mehr leben bedeutet. Mir in Berlin konnte es also gleichgültig sein, ob Herr Schulze oder Frau Müller in meinem Hause, die ich sowieso nur gelegentlich auf der Treppe oder auf der Straße traf, mich nicht mehr kennen wollten oder sogar wenn Frau Schw., unsere alte Freundin, allmählich den Verkehr mit uns einschlafen ließ. Aber meinen Leidensgenossen Cohn und Levy in Schildberg konnte es nicht so gleichgültig sein, wenn ihre Nachbarn Müller und Schulze, mit denen sie seit Menschengedenken in wirtschaftlicher und menschlicher Lebensgemeinschaft verbunden waren, nichts mehr mit ihnen zu tun haben wollten oder durften. Und nun stelle man sich erst Frau Joseph in Fünfhausen vor: Seit zehn, zwanzig, dreißig Jahren arbeitet sie vom Frühjahr bis zum Herbst fast täglich in ihrem Hausgarten, und seit zehn, zwanzig, dreißig Jahren tut Frau Schmidt im Nebengarten dasselbe. Und während dieser langen Jahre und Jahrzehnte haben sie nicht nur nebeneinander gearbeitet, sondern viel mehr noch miteinander geschwatzt und geklatscht, was sie verantworten konnten und was nicht. Und auf einmal kennen sie sich nicht mehr. Heute nicht und morgen nicht und für alle Zeit nicht mehr. Das hält man nicht aus, noch dazu, wenn noch so viel anderes dazu kommt, das ausgehalten werden soll. Das kann einen zum Wahnsinn oder zum Selbstmord treiben. – Oder da ist Herr Dr. Goldberg in Merzbach, Studienrat an der Realschule der kleinen Stadt. Sein einziger Verkehr sind ein paar Kollegen, mit denen er sich gut versteht. Als das Unglück hereinbricht, schwört man ihm Treue: »Wir bleiben die Alten, mag es kommen wie's will!« Aber der Mensch denkt und die Partei lenkt. Es gibt Schwierigkeiten. Kollege Luther sagte einen Besuch ab. Der alte Professor Johannes kann den projektierten Spaziergang nicht mitmachen. – »Sonderbar, mir war es heute, als ob Müller in die Seitenstraße abgebogen wäre, als er mich die Hauptstraße daherkommen sah?« Drei Tage später trifft man sich zufällig, aber es bleibt bei einer Begrüßung von weitem ..., und dann ist das Ende da, man geht als Fremde aneinander vorbei. Ein Phantasiegemälde? Nein! Genauso hat es mir Dr. W...sohn aus S. erzählt. Man soll solche »Tragödien des jüdischen Alltags« nicht unterschätzen und nicht vergessen, wenn man die offiziellen Verbrechen registriert.

Wir in Berlin und die Leidensgenossen in anderen Großstädten wußten uns zu helfen. Wir hatten immer noch unsere Gemeinschaften. Wir hatten unsere Familien und unsere Freundschaften. Und gerade diese letzten waren es, die uns innere Kraft und Haltung gaben. Wir sind zusammengerückt und haben uns so ein neues Gemeinschaftsleben aufgebaut. Ein schönes Leben sogar. Und wenn der wirtschaftliche Schlag heute auf den Arzt herabsauste und morgen auf den Rechtsanwalt ... übermorgen standen sie wieder auf den Füßen, wenn auch nicht so sicher und so behäbig wie ehedem, aber man stand. Und dann muß ich immer wieder sagen, was ich schon so oft gesagt habe: Es hat auch sein Gutes gehabt, daß der Hitler seine Sache so gründlich gemacht hat. Mußten wir unsere großen Kinder auch von uns lassen, so gingen sie doch in die Freiheit. Und wurden unseren jungen Kindern auch allmählich die offiziellen Bildungswege versperrt, so wurde dafür ihr Geist nicht verkrüppelt und ihr Gemüt nicht verseucht. Und war es so ganz bedeutungslos, daß wir Alten nicht »Heil!« zu schreien brauchten, wo wir innerlich »Nieder!« gerufen haben? Daß wir nicht Gesinnungen zu heucheln, Handlungen zu begehen brauchten, die wir verabscheuten? Wie oft habe ich in jenen Zeiten meinen Freunden die eben erzählte sonderbare Ansicht meines arischen Freundes und Kollegen entgegengehalten: »Ihr Juden denkt nur an euch und laßt uns im Dreck sitzen!«

Aber wie sah es auf dem Lande aus! 1935, also noch in der sogenannten »guten, alten Zeit«, war ich in meiner Heimat. Niemand hat den Leuten etwas getan. Aber sie waren einsam, einsam. Sie gingen nur aus dem Hause, wenn sie unbedingt mußten. Nicht aus Angst, daß ihnen etwas geschehen könnte, nur um nicht immer wieder erfahren zu müssen, wie gemieden sie waren. Ich als Fremder und Besuch konnte es noch wagen, zu den alten Freunden ins Haus zu gehen, sie, die eingesessenen Juden nicht mehr. In L...dorf lebten immer noch gegen zehn bis fünfzehn Familien. Ich machte einen Besuch bei ihnen. Hier habe ich bei Frau S. beobachtet, was ich eben von Frau Joseph erzählt habe. Ich besuchte andere, alle meine alten Kameraden aus der Religionsschule. Sie hockten zusammen zu zweit und zu dritt, früh, mittags, nachmittags und abends. Schwatzten, dreimal, viermal täglich dasselbe und morgen wieder von vorn. Zur Abwechslung machten sie dasselbe heute beim M., morgen beim J. Ja, und das Kartenspielen nicht zu vergessen! Die Frauen hatten doch ihre tägliche Arbeit, aber die Männer – beschäftigungslose Männer herumlungern zu sehen – grauenvoll! Ein Glück, daß so gut wie keine Jugend mehr da war. Die einzige Hoffnung, die diese Leute noch hatten, war die Auswanderung oder der Umzug in eine der größeren Städte. Ja – und wovon lebten sie? »Von der Substanz.« War nur die Frage, wie lange?

Joseph B. Levy

Die guten und die bösen Deutschen

Es darf nicht vergessen werden, daß das Verhalten eines großen, vielleicht des größten Teils der christlichen Bevölkerung der jüdischen gegenüber im ganzen freundlich, oft gütig und mitfühlend war. Nicht selten wurden Äußerungen der entschiedenen Mißbilligung, ja starker Ablehnung der behördlichen und parteilichen Maßnahmen uns und unseren Freunden gegenüber laut. – In den Jahren 33 und 34 hatten wir eine Hausangestellte, die eine durchaus anständige Gesinnung bewies und gar oft die um uns geschehenden Dinge, Ausfälle der Zeitungen, unsere Not und Bedrängnis bedauerte, tadelte und beklagte. Da verlobte sie sich mit einem Angestellten der »Lufthansa«, also einem als zuverlässig geltenden Nazi. Er kam oft in unsere Wohnung, ließ sich gern von uns bewirten und nahm zur Abschiedsfeier für seine Braut unsere Einladung zum Nachmittagskaffee an. War er vorher oft in Uniform mit Parteiabzeichen gekommen, so erschien er zu dieser für beide feierlichen Angelegenheit im bürgerlichen Kleid ohne Abzeichen, und der Abschied der beiden von uns vollzog sich in herzlichster Form und mit gegenseitigen besten Wünschen.

Dieser L. folgte eine M. Sie wurde, wie fast alle unsere christlichen Hausgehilfinnen – wir hatten nur solche in all den Jahren unserer Haushaltsführung –, aber noch mehr als diese, ein wirkliches Mitglied unseres Hauses und unserer Familie. Sie unterstützte meine leidende Frau in Haus, Küche und Kammer mit einer seltenen Güte und persönlicher Hingabe. In keinem Augenblick, keiner Tat, keinem Unterlaß hat sie, wie ihre Angehörigen, irgendeine Abneigung gegen uns und überhaupt gegen Juden, die ja in großer Zahl zu uns kamen, gezeigt.

Sie teilte mit uns, fühlte mit uns Freud und Leid. Oft wurde sie von Parteiangehörigen und offiziellen Werbern aufgefordert, das »Judenhaus« zu verlassen oder doch wenigstens in die »Arbeitsfront« einzutreten, die Versammlungen zu besuchen. Man machte sie auf unangenehme Konsequenzen aufmerksam, die ihre Weigerung und ihre offenbar gegensätzliche Einstellung für sie haben könnte – sie lehnte jede Annäherung an die Parteiorganisation standhaft ab, wurde auf der Straße angepöbelt, sie ertrug willig alle Beschimpfungen und drohenden Weiterungen. Da kam 1935 im September der Nürnberger Parteitag, der Juden die Beschäftigung von Hausangestellten im Alter unter 45 Jahren verbot und so auch von uns M.'s Entlassung forderte. Wir mußten, da meine schwache Frau nicht arbeiten konnte, den eigenen Haushalt aufgeben und uns in eine Pension begeben. Für uns, wie für M., war das ein viel beklagtes Ereignis. M. weinte fortwährend, aber die Trennung war unumgänglich. M. blieb uns in den nächsten dreieinhalb Jahren eine gute Freundin, besuchte uns oft, schließlich aber heimlich, da ihre Herrschaft von dieser freundlichen Beziehung zu Juden nichts wissen durfte.

So verhielten sich zu uns, wie zu unseren Wirten, zu denen wir dann zogen, viele christliche Personen, mit denen wir in Berührung kamen, und ähnliche Erfahrungen machten alle unsere Freunde. Eine Masseuse, die meine Frau jahrzehntelang behandelte, blieb ihr und vielen anderen jüdischen Kunden treu, trotz geschäftlicher Nachteile von feindlicher Seite, trotz täglicher Beschimpfungen der »Fachschaft« und der »Partei«. Sie erwarb sich, wie sie uns erzählte, dadurch den lieblichen Namen einer »Judenmagd«, »Judenmasseuse«.

Lieferanten von Lebensmitteln kamen heimlich im Dunkeln zu uns, weil sie die lieben Nachbarn fürchteten, und brachten die Ware ins Haus, die man im Laden nicht mehr bei ihnen kaufen und holen konnte. Solche

Beispiele könnte ich aus dem täglichen Erleben eine Menge erzählen. Das Gegenteil, die Verweigerung von Lieferungen, kam in den seltensten Ausnahmen vor. Es war tragikomisch, als ich einmal in einer großen Konditorei einen Kuchen kaufte, dann aber, als ich mit Namen und Adresse um Lieferung bat, die Verkäuferin mir leise zuflüsterte, sie dürfte Juden nichts ins Haus schicken. In einer anderen Feinbäckerei bat mich die Besitzerin, doch auch dann weiter ihr Kunde zu bleiben, wenn, wie an vielen anderen Schaufenstern, auch bei ihr das Schild erscheine: »Deutsches Geschäft« oder gar »Juden unerwünscht«, denn solche Inschrift entspreche nicht ihrem Wunsch und Willen; sie wie viele andere würden dazu gezwungen.

Der persönliche Verkehr mit »Ariern«, ja selbst die gegenseitige Begrüßung auf der Straße und in der Öffentlichkeit flaute immer mehr ab. Selbst ehemalige gute Freunde und Bekannte, Berufskollegen, Kriegskameraden scheuten die Ansprache, grüßten ganz verstohlen und entschuldigten offen dieses Verhalten mit eigener Angst vor Verfolgung oder anderen Unannehmlichkeiten. Auch hier ein Beispiel für viele andere.

Eine ältere Dame, die ich im ersten Augenblick kaum erkannte, grüßte mich auf der Straße von ferne, zuerst sichtlich erfreut über das Wiedersehen. Es war eine Kollegin von einer der städtischen Schulen, an denen ich vor Jahrzehnten tätig war. Wir gingen einander entgegen; kaum aber waren die ersten Worte gewechselt, als mein Blick auf das an ihrem Kleid prangende Parteiabzeichen fiel. Diesen Blick auffangend, erblaßte die Dame und ließ mich ohne ein weiteres Wort stehen. Es war ihr plötzlich zum Bewußtsein gekommen, daß sie, eine prominente »Volksgenossin«, bei einem Juden gestanden und sich selbst in die Gefahr der Verbannung aus der Partei gebracht hatte.

Gewiß, wir gehörten zu den seltenen »anständigen

Juden« – ein zweifelhaftes Kompliment, das mir und vielen anderen fast täglich in den typischen Worten gemacht wurde: »Ja, wenn alle so wären wie Sie!« Das deutsche Volk war eben irregeführt: Die furchtbare, unaufhörliche Propaganda, die ewigen gleichlautenden Verleumdungen der Juden, die Verallgemeinerung einzelner Gesetzesübertreter, die Beschimpfungen, die Gleichstellung mit Mördern und Verbrechern, mit Kommunisten und Bolschewisten, alles das hatte das Gift des Hasses in die Herzen auch der sonst gut Gesinnten geträufelt, sie vergiftet oder doch wenigstens verängstigt. Das galt besonders für die urteilsfähigen Intellektuellen – sie mußten schweigen, und nur selten gaben sie uns gegenüber ihrer Überzeugung und Stellungnahme Ausdruck. Auch dafür wenige Beispiele aus persönlichem Erleben.

Eine meiner Enkelinnen in der Nähe Frankfurts, in Wiesbaden, mußte die öffentliche Schule verlassen, um in eine neugegründete jüdische einzutreten. Sie gab ihrer Lehrerin ein Gedenkbüchlein, um ein Verschen zur Erinnerung zu erhalten. Die Lehrerin erwies der 11jährigen Lieblingsschülerin gern diese Auszeichnung. An einem der nächsten Tage wurde meine Tochter, die Mutter, von dem Rektor der Schule zu sich gebeten. Er bat sie, offenbar sich selbst dessen schämend, darum, das Blatt aus dem Album zu entfernen und ihm auszuliefern, da es für die junge Lehrerin eine Gefährdung ihrer Berufslaufbahn bedeuten könne, wenn ihrer Aufsichtsbehörde ein solcher Beweis ihrer Liebe zu einem jüdischen Kinde zur Kenntnis komme.

Ich hatte in meiner ehrenamtlichen Tätigkeit häufig mit einem christlichen Notar, einem älteren angesehenen Justizrat, zu tun. Ich besuchte ihn oft; als ich nach den Schreckenstagen des November zu ihm kam, erhob er sich von seinem Sitz, drückte mir herzlich die Hand und sagte bewegt, mit offenem Blick zu mir: »Es liegt mir daran, Ihnen und damit Ihren jüdischen Freunden meine herzliche Teilnahme und Sympathie zum Ausdruck zu bringen.« – Als ich aber kurz vor meiner Auswanderung sein Büro betrat, um mir einige Abschriften meiner persönlichen Papiere beglaubigen zu lassen, und ihm so zum Bewußtsein kam, daß auch ich zur Auswanderung gezwungen sei, da schloß er die Verbindungstür zu seinem Vorzimmer – da er seiner Sekretärin seine politische Auffassung verheimlichen mußte –, schlug mit der Faust auf seinen Schreibtisch und rief mit erhobener Stimme und mit rotem Kopf: »Diese Schufte, diese Gauner, diese Mordbrenner! Einen Mann wie Sie, den ich wahrhaftig als Ehrenmann kenne, aus seinem Vaterlande zu vertreiben! O, daß doch diese Zeit ein Ende nähme!«

Ein einschneidendes Schreckensurteil war auch die Ausschaltung sämtlicher jüdischen Ärzte; in ganz Frankfurt mit seiner großen jüdischen Bevölkerung blieben noch deren fünf mit dem Ersatztitel »Judenbehandler«. So verloren auch wir unseren Hausarzt, der aus einer einstigen guten Landpraxis schon 1933 vertrieben worden war. Wir griffen daher zu einem uns empfohlenen jungen »arischen« Arzt, der uns ein leuchtendes Beispiel vorurteilsloser Menschenliebe gab. Er übernahm die häufige Behandlung meiner unter dem Druck und der Not der Zeit immer mehr leidenden Frau mit bewundernswerter Hingabe. Zu jeder Tages- und Nachtzeit stellte er sich uns zur Verfügung, brachte und schickte teure Medikamente aus seinem persönlichen Vorrat, ohne Entgelt anzunehmen. Als wir nach dem Honorar fragten, sagte er voll Güte und Menschenliebe: »Von Juden nehme ich in dieser für sie so schlimmen Zeit keine Bezahlung für meine Dienste. Ich tue nur meine Menschenpflicht und versuche, gut zu machen, was andere an ihnen sündigen. Geben Sie das mir zugedachte Honorar Ihren armen, unschuldig verfolgten Glaubensgenossen.« Seinen letzten freundschaftlichen Besuch machte er meiner Frau in

Begleitung seiner Gattin, die der Kranken die ersten Schneeglöckchen aus dem eigenen Garten brachte.

Solche nicht seltenen Sympathiebeweise mußten uns verstohlen gebracht, in der Öffentlichkeit aber verheimlicht, ja geleugnet werden. Selbst unsere offenbaren Freunde fürchteten sich voreinander und täuschten gegenseitig judenfeindliche Gesinnung vor. So konnte man in der Straßen- und Eisenbahn die eisige Stille beobachten, die der einstigen frohen Lebhaftigkeit Platz machte. Keiner wagte noch ein lautes Wort, keiner auch, dem Nachbarn eine harmlose Mitteilung zu machen. Keine Beifalls-, keine Mißfallsäußerungen gegenüber den Begebenheiten in Stadt und Land, auf Markt und Straßen – der Terror, die Angst beherrschte das Innen- und Außenleben des einfachen Mannes, der sonst in naiver Harmlosigkeit und freundlicher Geselligkeit und Menschenliebe dahingelebt hatte.

Freilich haben wir Juden in diesen Jahren neben allem Schlimmen und Gräßlichen, das sie uns brachten, eine ganz große, bittere Enttäuschung erlebt. Von den Nationalsozialisten konnten wir kaum etwas anderes erwarten, als was geschehen war. Aber keiner von uns hat so pessimistisch sein können anzunehmen, daß auch die großen und größten Geister Deutschlands, abgesehen von ganz wenigen Ausnahmen, so wenig Mut aufbringen und nicht durch ein Wort zu all dem Grausigen, das vor ihren Augen sich ereignete und noch ereignet, ihren Abscheu zum Ausdruck bringen würden. Stillschweigend ertragen sie, wie deutsches Recht, deutsche Freiheit, deutsche Kultur, deutsche Sitte, deutsche Menschenwürde mit Füßen getreten, vernichtet werden. Wir glauben nicht, daß die Mehrheit des deutschen Volkes nationalsozialistisch ist, aber wir hätten mehr Mut, mehr Aufrichtigkeit von den Intellektuellen erwartet. Wo bleibt ihre Nächstenliebe, ihre Menschlichkeit? Welche schwere Schuld lastet auf ihnen, den Schweigenden!

Mally Dienemann

Ein Rabbi wird falsch verstanden

Die Berufstätigkeit meines Mannes war viel schwerer geworden. Es gab viel zu helfen, aufzurichten und zu beraten. Unser Haus war voll mit Menschen, die von meinem Mann einen Rat in diesen schweren Zeiten haben wollten. Er glaubte, den Menschen seiner Gemeinde einen Halt zu geben durch Belehrung aus unserer jüdischen Geschichte. Er wollte ihnen zeigen, daß wir durch ähnliche schwere Zeiten hindurchgegangen waren, ohne daß die Gemeinschaft zerbrach. Er hielt häufig Geschichtsvorträge, und so hielt er im Dezember einen Vortrag über die Zeit Herodes' und die Gestalt Jesus Christus. Unter anderem führte er in diesem Vortrag aus: »Wenn wir uns heute nach so vielen Jahrhunderten fragen, warum die wunderbare Lehre Christi nicht alle Juden überzeugte und mitriß, haben wir vielleicht eine Antwort in folgendem: Jesus lehrte in einer Zeit, die politisch unruhig und aufgeregt war, in einer Zeit, in der man glaubte, das Ende der Welt stehe bevor. Es ist gleichgültig, wer euch beherrscht, kümmert euch nur um das Heil eurer Seele. Nationalgesinnte Juden hatten kein Verständnis für diese Lehre. »Stellen Sie sich vor«, sagte mein Mann in seiner Art, dem Zuhörer durch ein aktuelles Beispiel zu besserem Verständnis vergangener Zeiten zu helfen, »daß zur Zeit der Ruhrbesetzung jemand aufgestanden wäre, der der Bevölkerung gesagt hätte: Es ist im Grunde gleichgültig, wer euch regiert, ob ein französischer General oder ein deutscher Polizeipräsident – die Hauptsache für euch bleibt euer Seelenheil. Gewiß wäre ein solcher Redner, wie rein immer seine Gesinnung gewesen wäre, auf Widerstand gestoßen.«

Es war bald nach Hitlers Machtergreifung üblich geworden, daß kein Vortrag irgendwelcher Art stattfinden konnte, ohne daß er von der Polizei überwacht wurde. Bei diesem Vortrag meines Mannes saßen in der hintersten Reihe des Saales zwei stupid aussehende Beamte, die während des Vortrags meistens schliefen, aber manchmal jäh aufwachten. Mein Mann hatte sie wohl bemerkt, war aber an die Gegenwart solcher Individuen bei seinen Vorträgen gewohnt.

Wir gingen nach seinem Vortrag seelenruhig nach Hause, saßen am anderen Tage gegen ein Uhr im Zimmer meines Mannes, als es an der Wohnungstür heftig klingelte. Ich öffnete zwei riesengroßen jungen Männern in SS-Uniform. Ohne Gruß wurde gefragt: »Ihr Mann zu Hause?« Ich bejahte und führte sie in meines Mannes Zimmer. Sie gingen sofort an die Bücherschränke, betrachteten die Bücher, konfiszierten völlig harmlose. Dann öffneten sie den Schreibtisch und nahmen unverfängliche wissenschaftliche Schriften mit. Sie gingen in die anderen Räume, öffneten im Schlafzimmer Schränke und Schubladen, mein Tagebuch sahen sie nicht. Sie blieben eine Stunde, nahmen dann meinen Mann mit sich fort. Wohin und warum, das alles wurde uns nicht gesagt. Ich wartete einige Stunden, und da mein Mann nicht zurückkehrte, benachrichtigte ich den ersten Vorsteher der Gemeinde, Dr. Guggenheim, der ebenso ratlos war wie ich. Um 6 Uhr ging ich allein zur Polizei, ich wollte fragen, wo mein Mann ist und was das alles bedeutete. Ich erhielt keine Antwort, wurde nur angeschrieen: »Heraus!« Dr. Guggenheim und ich gingen noch an diesem Abend, einem Donnerstag, zu einem Anwalt, der uns versprach, sich der Sache anzunehmen. Am anderen Morgen, Freitagfrüh, kam Dr. Guggenheim, um mir zu sagen, der Anwalt könne die Sache nicht übernehmen. Er sprach es nicht aus, aber es war ihm zu gefährlich.

Ich ging wieder zur Polizei, bat, mir wenigstens zu

sagen, warum Haussuchung und Verhaftung erfolgt seien. Mir wurde geantwortet: Die schutzpolizeiliche Verhaftung sei erfolgt wegen des Vortrags meines Mannes. Er hätte gesagt, es wäre ganz gleich für ein Volk, ob es von einem deutschen Polizeipräsidenten oder einem französischen General regiert würde. Ich versuchte richtig zu stellen, zu sagen, daß es für diese Leute doch sehr schwer wäre, sich in diese ungewohnte Materie hineinzudenken. Der Mann entgegnete, die Beamten seien zuverlässig. Mein Mann käme noch heute ins Konzentrationslager. Ich könne ihm sofort etwas warme Sachen bringen, die er mitnehmen dürfe.

Ich eilte nach Hause, packte die Sachen zusammen und konnte meinen Mann einen Augenblick sprechen, bevor er in das Auto stieg, das ihn fortbrachte. Es war ein Dezembertag mit 12 Grad Kälte, er fuhr im offenen Wagen, und für diese Kälte reichte die Decke nicht, die ich ihm gebracht hatte. Er kam nach Osthofen, einem Konzentrationslager in der Nähe von Worms, und es war eine Fahrt von zwei bis drei Stunden. Mein Mann war damals 58 Jahre alt und wegen seines Herzens oft in ärztlicher Behandlung. Er hatte keinen Menschen im Gericht gesprochen, niemand hatte ihn verhört, niemand ihm gesagt, warum er verhaftet worden war. Wenigstens konnte ich ihm noch, bevor er ins Auto stieg, mitteilen, daß sein Vortrag angeblich die Ursache seiner Verhaftung war.

Nun versuchten wir, meinen Mann freizubekommen. Ein Teil der Zuhörer, die den Vortrag gehört hatten, machte eine genaue Inhaltsangabe des Vortrags und bezeugte mit ihrer Unterschrift, daß die Beamten den Vortrag mißverstanden hatten und daß mein Mann nicht im geringsten antinational gesprochen hatte. Dieser Bericht wurde an den Leiter der Polizei in Offenbach, den Polizeidirektor Käss, geschickt. Ich persönlich machte ein Gesuch ebenfalls an Herrn Käss und versuchte, den

Irrtum aufzuklären. Ich bekam darauf die folgende Antwort, die ich abschreibe, um zu zeigen, welch einen Unsinn die beiden zuhörenden Beamten berichtet hatten. Ich weiß nicht, ob man diesen Unsinn in der Tat geglaubt hatte oder sich den Anschein gab, als ob man ihn glaubte:

»Wir nahmen Rabbiner Dr. Max Dienemann in Schutzhaft, weil er in seinem Vortrag am 13. 12. 1933 im israelitischen Gemeindehaus in Offenbach a. M. sinngemäß etwa folgendes ausführte:

Herodes sei nach der Geschichtsschreibung Jude gewesen, man könne aber sagen, daß er ein Gefürchteter gewesen sei, der sich nur durch seine brutale Barbarei habe durchsetzen können. Herodes sei ein Barbar Arabiens gewesen. Er habe nicht weniger als 10 Frauen gehabt. Seine erste Frau habe er hinrichten lassen. Auch sein Großvater und seine beiden Söhne seien durch seine Hand gefallen. Wollt ihr noch mehr hören? Setzen wir uns zurück in die Zeit vor 30 Jahren vor Christus und 10 Jahre in bezug auf unsere heutige Zeit, als die Franzosen am Rhein waren. Kann uns daran liegen, ob wir von einem Polizeipräsidenten oder von einem französischen General regiert werden? Die Redewendung des letzten Satzes im Zusammenhang mit den Ausführungen bezüglich Herodes stellen eine gemeine Beschimpfung und Herabwürdigung deutscher Polizeipräsidenten dar, die als Organe des Staates für die Aufrechterhaltung der öffentlichen Ruhe und Sicherheit eingesetzt sind. Auch hat er durch diese Äußerung eine äußerst staatsfeindliche Einstellung zum Ausdruck gebracht.

Durch sein Verhalten, das in die Öffentlichkeit gedrungen ist, ist in den national denkenden Kreisen eine derartig feindliche Stimmung entstanden, daß Angriffe auf seine Person zu besorgen sind.«

Mir kommt es vor, als ob der Unsinn, der aus dem Vortrag meines Mannes herausgehört worden war, diese sinnlose Verbindung zwischen französischem General und Polizeipräsident und Herodes ein Schulbeispiel falscher Berichterstattung und stupider Mißverständnisse ist. Die Zeitungsnotizen, die von der Verhaftung berichteten, wiederholten den Unsinn. Uns waren die Hände gebunden. Wir konnten keine Berichtigung in irgendeine Zeitung setzen. Sie wäre nicht abgedruckt worden.

Es vergingen noch fünf schwere Tage mit Eingaben, Bittgängen zur Polizei und dem Versuch, Menschen zu bewegen, ihre Verbindungen zu benutzen, um meinen Mann freizubekommen. Ein altes Parteimitglied mit niedriger Mitgliedsnummer, ein Dr. Bliess, der als Arzt empört darüber war, daß man einen älteren Mann bei dieser Kälte im offenen Wagen transportierte, stand uns bei der Befreiung meines Mannes indirekt und ungenannt zur Seite. Am Freitagfrüh, nachdem mein Mann neun Tage in Haft war, war ich noch einmal beim obersten Leiter der Polizei, dem Polizeidirektor Käss, einem ganz jungen Herrn. Er hörte sich höflich an, was ich ihm sagte, ging dann in meiner Gegenwart ans Telefon und gab den Entlassungsbefehl. Das war am frühen Vormittag, und nachmittags holten wir meinen Mann von der Bahn ab. Er sah sehr schlecht aus. Wir fuhren einige Tage danach ins Riesengebirge, wo mein Mann sich allmählich gut erholte.

Eva Wysbar

Eine Mischehe unterm Hakenkreuz

Außer den allerhöchsten Regierungsspitzen soll niemand gewußt haben, daß auf dem Nürnberger Reichsparteitag im September 1935 die Verkündung dieser Gesetze bevorstand. Die beiden bedeutendsten Punkte des Gesetzes waren das Verbot der Mischehe und des illegitimen Verkehrs zwischen Ariern und Nichtariern, der mit schwersten Strafen belegt wurde, als »Rassenschande«.

Die Spitzelei nahm unvorstellbare Dimensionen an und die, die bisher noch ungeachtet rassischer Gesichtspunkte Freundschaften und gesellschaftlichen Verkehr aufrecht erhalten hatten, mußten aus Selbsterhaltungstrieb davon absehen. Als der Rassenschande verdächtig konnten zwei Menschen verschiedenerlei Geschlechts jederzeit bezichtigt werden, wenn sie in aller Harmlosigkeit zusammen eine Tasse Kaffee tranken. Man war zu jeder Zeit und an jedem Ort böswilliger Verleumdung ausgesetzt. Enttäuschten Ehepartnern wurde ein ebenso wirksames Erpressungsmittel in die Hand gedrückt wie entlassenen Angestellten ein billiges Mittel der Rache. Der Außenstehende wird kaum die Phantasie aufbringen, sich die gesamte Wirkung dieses Eingriffes in das verästelte Gebiet der menschlichen Beziehung vorstellen zu können.

Für meinen Mann XY und mich gab es nichts zu überlegen. Fragen der Existenz und Karriere konnten keine Rolle mehr spielen; in uns lebte nur noch eine Vorstellung; hinaus aus Deutschland, irgendwohin, nur raus. Bis hierher war mein Mann voll unwandelbaren Glaubens gewesen, daß ein reinigendes Gewitter kommen und danach wieder die Morgenröte für Deutschland anbrechen werde. Ebenso fest war seine Überzeugung gewesen – geteilt von sehr, sehr vielen –, daß jeder in Deutschland verbleibende Nichtnazi seinen Teil dazu beitrug, diese Morgenröte vorbereiten zu helfen. Der Irrtum war offenbar. Die Sonne ging nicht auf, sie ging unter in Deutschland, und ihr Rot bedeutete Blut. Eiskaltes Grauen packte die, die es anging.

Zu diesem Zeitpunkt war XY der letzte aus dem gesamten Kreis der Filmschaffenden, der in noch nicht geschiedener Mischehe lebte und doch noch arbeitete. Alle anderen, auf die Gleiches zutraf, hatten sich dem Druck gehorchend scheiden lassen oder waren – dies war die verschwindende Minderheit – zusammen ausgewandert. Da nur der nach Geburt und Heirat gleicherweise hundertprozentige Arier Mitglied der Filmfachschaft sein konnte, dieser aber wiederum jeder angehören mußte, um arbeiten zu dürfen, so war XY bzw. die Firma, die ihn beschäftigen wollte, gezwungen, für jeden Film eine Spezialarbeitserlaubnis einzuholen. Diese wurde von Goebbels willkürlich und nach rein persönlichen Gesichtspunkten erteilt und konnte jederzeit zurückgezogen werden. Diese Einrichtung gilt für alle Gebiete, und man kann überall in Deutschland auch heute noch Juden, zumindest aber Halbjuden an führender Stelle sehen, die auf Spezialerlaubnis des zuständigen Ministers arbeiten.

Wir hatten Grund zu der Annahme, daß XY nicht lange mehr Filme in Deutschland machen würde. Es war nicht zu erwarten, daß Herr Goebbels genug Humor aufbringen würde, um sich darüber hinwegzusetzen, daß wir trotz getrennter Adresse und Gestapo-Überwachung unser zweites Kind erwarteten. Dieses Kind zu haben, war mein glühender Wunsch gewesen. Je mehr Gefahr ich ringsherum sah, desto stärker empfand ich die Notwendigkeit, die Familie zu unterbauen und die Existenz des schon vorhandenen kleinen Wesens durch ein zweites zu stützen.

Im Oktober 1935 beantragte mein Mann die Erneuerung seines abgelaufenen Reisepasses – im Oktober 1938 hat er sie bekommen. Um dieses Stück Papier haben wir drei Jahre unermüdlich gekämpft; drei Jahre, in denen mein Mann, zu Bewegungslosigkeit und Stillschweigen verdammt, hilflos in der Nazifalle saß, in denen ich durch ganz Europa und halb Amerika fuhr, um den Schlüssel für diese Falle zu finden. Es war ein gigantischer Kampf, bezahlt mit allem, was das Leben schön macht, erträglich nur durch die Idee, für die er geführt wurde. Daß der Paß meines Mannes abgelaufen und seine Erneuerung abgelehnt war, erschien uns zunächst nur als ein ärgerlicher Umstand, der unser Hinausgehen verzögerte, aber sicherlich leicht reparabel war. Angesichts der Internationalität seines Berufes konnte es nicht schwer fallen, einen stichhaltigen Grund für eine Reise ins Ausland von XY zu finden. Als Regisseur einiger großer Erfolgsfilme war er vom beruflichen Standpunkt aus in ungleich besserer Position als etwa noch zwei Jahre vorher, und wir zweifelten nicht daran, daß er seine Karriere auch im Ausland würde fortsetzen können. Unser Plan war, ihm eine »Einladung« – echt oder auch vorgespiegelt – als Gastregisseur für eine ausländische Produktion zu verschaffen. Da in Devisen erhaltene Gagen an Deutschland abgeführt werden mußten, wurden internationale Beziehungen nach Kräften gefördert, und es unterlag keinem Zweifel, daß Goebbels seine Zustimmung zur Annahme einer solchen Einladung geben würde.

Wir merkten bald, daß Korrespondenz nicht zum Ziele führte und zu gewagt war. Trotz der großen Vorsicht, die wir anwandten, konnte ein geöffneter Brief, ein vom Personal aufgefangenes Wort, ein überwachtes Telefongespräch zum Verhängnis werden. Unsere größten Hoffnungen lagen in der Schweiz, da sich dort der frühere Inhaber der »Terra«, der inzwischen Berlin verlassen hatte, um die Gründung einer Produktion bemühte. Wir durften hoffen, daß ein persönlicher Besuch von mir zum Ziele führen würde. Als glückliche Inhaberin eines noch viele Jahre gültigen Passes fuhr ich wenige Wochen nach der Geburt des Babys mit beiden Kindern und der uns treu verbundenen Kinderfrau in die Schweiz. Wenn unser Plan gelang, so war es besser, wenn die ganze Familie bereits außerhalb der deutschen Grenzen war.

Es gehört nicht in den Rahmen dieses Berichtes, die Leidensstationen zu schildern, die mich von einer Stadt zur andern, von Zürich nach Paris, von dort nach London, nach Prag und nach vielen Umwegen schließlich nach Rom führten. Eine Enttäuschung folgte der anderen und mußte als endgültig hingenommen werden, weil die knappe Zeit von 14 Tagen, die die Besuchsvisa für die meisten europäischen Länder nur erlauben, fehlgeschlagene Versuche zu erneuern unmöglich machte. Wenn dieser Zeitdruck nicht gewesen wäre, wenn die berüchtigte »Pariser Gruppe« mich nicht gleich zuerst erwischt und zermürbt hätte, es wäre mir vielleicht gelungen, das eine tödliche Argument zu überwinden, auf das ich am wenigsten vorbereitet war: »Für einen Mann, der heute noch in Deutschland arbeitet, haben wir keine Verwendung und keine Hilfe.« »Die Frau ist Jüdin? – Soll sie sich scheiden lassen!« In diesem einen Punkt zumindest waren sich meine jüdischen Freunde und arischen Feinde einig.

Die Suggestion des Dritten Reichs wirkte bis über die Grenze. Auch diese deutschen Emigranten standen unter seinen Lehrsätzen und machten nach, mit umgekehrtem Vorzeichen, was die Nazis ihnen vorgemacht hatten. In den Denham-Studios von Alexander Korda wurde mir gesagt: »Mit Ihrem Namen lassen wir Sie noch nicht einmal über die Türschwelle.« Ich habe die Türschwelle übertreten, zwei Tage, bevor mein englisches Visum ablief, krank und müde. Ich habe Korda nicht gesprochen.

Ich habe überhaupt keinen gesprochen, dessen Name Gewicht hatte. Mit der »Einladung« irgendeines deutschen Emigranten hätten wir wohl bei Goebbels wenig Erfolg gehabt. Es mußte schon ein ausländischer Produzent sein; den Weg dahin haben mir meine Bekannten nicht vermittelt. Ich war an den Vorposten gescheitert – Existenzkampf, Mißtrauen und Haß waren stärker als ich. Von dem eine Stunde vor London gelegenen Denham fuhr ich mit dem Ufa-Vertreter für Südamerika in die Stadt zurück. Er sagte: »Ihr Mann macht wunderbare Filme, aber ich kann sie meinen Leuten nicht verkaufen. Viel zu deutsch und zu hoch.« — »Schöne Zukunftsaussichten«, dachte ich.

Inzwischen hatte sich die Situation meines Mannes in Berlin furchtbar zugespitzt. Wie wir vorausgesehen, hatte die Geburt unseres zweiten Kindes seine »Unzuverlässigkeit« nunmehr endgültig bewiesen, und es war gar nicht daran zu denken, daß Goebbels ihm weitere Arbeitserlaubnis geben würde. Dieses Ende seiner beruflichen Karriere hätte XY angesichts seines Entschlusses, Deutschland zu verlassen, nicht geschreckt, wenn es nicht aller Voraussicht nach auch das Ende seiner persönlichen Freiheit bedeutet hätte.

Seit dem Frühjahr hatten sich alle wehrpflichtigen Männer den Militärbehörden stellen müssen. Bei dieser Gelegenheit hatte XY sehr unerwünschte Beachtung gefunden. Ein gewesener Offizier mit Spezialausbildung in technischen Truppenteilen, zu der nun noch die Kenntnis von Film- und Farbfilmtechnik kam, war der Reichswehr interessant und wertvoll. Es konnte kein Zweifel darüber bestehen, welche Verwendung XY finden würde, sobald er einmal keine Filme mehr machte. Steckte er aber erst einmal im Soldatenrock, so war an ein Entkommen natürlich nicht mehr zu denken. Es galt, irgendwie Zeit zu gewinnen.

In dieser kritischen Lage kam die Rettung von Hitler

persönlich. Von jedem deutschen Film wurden zwei Extra-Kopien gezogen, von denen die eine ins Propagandaministerium, die andere nach dem Obersalzberg ging. Hitler sah jeden Film, mischte sich aber fast nie in die Goebbels'schen Kompetenzen. Filme, die ihm besonders gut gefielen, pflegte er seinen Gästen zur Unterhaltung vorzuführen. Bei irgendeinem offiziellen Anlaß wählte Hitler zu Goebbels' peinlichster Überraschung einen Film von XY aus und bezeichnete ihn als das Musterbeispiel eines guten deutschen Films. Goebbels, der das gleiche Werk wenige Wochen vorher in Grund und Boden kritisiert hatte, beeilte sich, dem Film – nach mehr als einem Monat Laufzeit – nachträglich die höchsten Auszeichnungen zu verleihen, und überreichte dem Produzenten eine sogenannte »Prämie« von RM 150 000 als Produktionskostenzuschuß. XY stand wieder einmal in Gunst; ein neuer Film wurde ihm übertragen – allerdings jetzt unter der endgültigen Bedingung, unverzüglich die Scheidung anzustrengen.

Als ich im Spätsommer mit den Kindern nach Deutschland zurückkam, war mein erster Gang zum Rechtsanwalt, um die Scheidungsklage einzureichen, »wegen unüberwindlicher Abneigung«. Die Rechtsanwälte, die mich in der Scheidungsklage vertraten, haben viel Scherereien mit mir gehabt.

Gestapokunden waren an sich nicht beliebt, da auch der harmloseste Bürger nicht gern mit dieser Behörde in Berührung kam. Mein erster Anwalt bat mich dringend, meinen Fall einem Kollegen zu übertragen, da die zahlreichen Anrufe und Briefe der Gestapo, die sich nach den Fortschritten der Scheidung erkundigten, ihn um seinen Schlaf brachten. Den zweiten Anwalt trieben wir durch die Geschicklichkeit zur Verzweiflung, mit der wir es ein Jahr hindurch verstanden haben, dem sogenannten »Sühnetermin« auszuweichen. Nach dem deutschen Gesetz ist dieser Termin nicht obligatorisch, kann aber von dem Kläger verlangt werden. Erst wenn in diesem Termin, zu dem beide Parteien anwesend sein müssen, keine Versöhnung erfolgt ist, wird in einem späteren Termin die Scheidung ausgesprochen. Selbstverständlich bestand ich auf Ansetzung des »Sühnetermins«, jedoch immer, wenn er fällig war, traf es sich, daß entweder mein Mann oder ich am Erscheinen nachweislich verhindert waren.

Nachdem der Sühnetermin gezwungenermaßen das dritte Mal vertagt worden war, erklärte das Gericht, ein erneutes Bestehen auf dem Termin würde als Provokation aufgefaßt werden, und mein erschreckter Anwalt bat mich, den Fall lieber einem Kollegen zu übertragen. Was auch geschah.

Verzweifelt über den Fehlschlag meiner ausländischen Bemühungen, hatte XY versucht, auf andere Weise zu einem Paß zu kommen. Nachdem er zwei oder drei Mal mit fadenscheinigen Vorwänden gekommen war, hatte der Fachschaftsbeamte eine bissige Bemerkung gemacht, die sein Mißtrauen erkennen ließ. Wir mußten in Zukunft außerordentlich vorsichtig sein. Wir hatten Italien zum Ziel unserer neuen Bemühungen gesetzt, das gerade in diesen Jahren um die Errichtung einer eigenen Filmproduktion eifrig bemüht war. Ein Reiseabkommen, das Deutschland mit Italien hatte, ermöglichte einen längeren Aufenthalt dort, für den sogar bescheidene Geldmittel transferiert werden konnten. Doch reichten diese Mittel nicht aus, um mir und den Kindern den Aufenthalt in Italien zu gestatten, und wir entschlossen uns, sie in Berlin zu lassen.

Meine Abreise verzögerte sich jedoch unvorhergesehen, da mein Bruder, der mit uns auswandern wollte, sich vorher einer schweren Operation unterziehen mußte. Mein Bruder, von vier Jahren Frontdienst schwer leidend zurückgekommen, hatte mit uns gelebt, mußte nach dem 1935 erlassenen Gesetz, das arisches Dienstpersonal für jüdische Männer verbot, ausziehen. Meines Mannes wegen konnte ich es nicht wagen, nichtarisches Personal zu nehmen, auch wollte ich auf die Kinderfrau, deren Zuverlässigkeit erprobt war, nicht verzichten. Grotesk genug, lebte ich allein mit den Kindern in einem zweistöckigen Haus, während mein Mann und mein Bruder in Hotels wohnten. Auf diese Weise blieb ich länger als geplant in Berlin. Inzwischen hatte mein Mann sein Hotelzimmer aufgegeben, um während meiner Abwesenheit die Kinder nicht allein in dem abseits gelegenen Haus mit dem Personal zu lassen. In diesen Wochen wohnten wir zusammen. In dem Gefühl, mit der eingeleiteten Scheidung unsere »Pflicht« getan zu haben, in dem Optimismus, mit dem unsere neuen Pläne uns erfüllten, glaubten wir, uns diesen Luxus leisten zu dürfen.

Wenige Tage vor meiner Abreise nach Rom wurde meinem Mann von d'Alquen ein Dokument überreicht, das auf dem Wege von der Gestapo zu Himmler in seine Hände gefallen war. Es war eine Skizze von unserem Haus, versehen mit allen Details, mit genauen Angaben über jedes Fenster und jede Tür, mit der Bemerkung, ob die Tür aus Glas oder aus Holz war, mit Bezeichnung aller unserer Schlafzimmer. In diesem Augenblick verlor XY sein bisher so konsequent aufrechterhaltenes Gleichgewicht, und es folgte eine stürmische Auseinandersetzung, in der XY die schmierige Spitzelei mit den Namen belegte, die sie verdiente, während d'Alquen ihm ebenfalls lang zurückgehaltene Vorwürfe über sein unmögliches Verhalten machte, ihn des Hochverrats zieh und schließlich mit bleichem Gesicht seinen Dienstausweis aus der Tasche zog und ihn für verhaftet erklärte. – Die Szene fand in der Wohnung von Tamara … statt, in die der Obersturmbannführer leidenschaftlich verliebt war. Der Schauspielerin gelang es, die Situation und XY zu retten. Für diesmal noch.

Es war hinreichend klar, daß nur ein Leben fern vom

Lichte der Öffentlichkeit das unerträgliche Maß von Aufmerksamkeit, das uns geschenkt wurde, vermindern konnte. XY erbat von dem zuständigen Mann, dem Reichsfilmdramaturgen Nierentz, einen einjährigen Urlaub. Nierentz war entsetzt und weigerte sich, Goebbels das Gesuch vorzulegen. Es war wohl üblich im Dritten Reich, in Urlaub geschickt zu werden, aber nicht, ihn selbst anzufordern.

XY entschloß sich zu einem Gewaltcoup. Aus dem Goering'schen Kreise lag seit langem eine Anfrage vor, ob er, der ehemalige Flieger, bereit wäre, bestimmte Filmaufnahmen aus der Luft zu machen. Bisher war er diesem Projekt immer weit aus dem Wege gegangen, jetzt aber bot es einen großartigen Vorwand, von Goebbels Urlaub zu erbitten, ohne sich mißliebig zu machen. XY wußte, daß sein direkter Vorgesetzter im Reichswehrministerium ein alter Regimentskamerad von ihm war. Er ging zu ihm und erklärte sich bereit, sich nach vollzogener Scheidung zu den Fliegern zu melden, wenn er bis dahin von jedem Dienst befreit werde. Dem Gesetz entsprechend dürfen höhere militärische Chargen nur von einwandfreien Volksgenossen bekleidet werden, und auch der gewesene Offizier, der in Mischehe lebt, wird unweigerlich zum Gemeinen degradiert. Mit Rücksicht auf diese Schande, die ein Kamerad dem andern natürlich nur ungern antat, wurde XY der Urlaub bis nach vollzogener Scheidung gewährt.

Es war gelungen. Während meines Aufenthaltes in Italien verbrachte mein Mann fast ein ganzes Jahr in freiwilliger Gefangenschaft in unserem stillen, abgelegenen Haus, das er kaum je verließ. Es war ein Jahr vollkommener Ruhe, die durch kein äußeres Ereignis gestört wurde. Aber die Ruhe kam zu spät für einen innerlich völlig zerbrochenen Mann. Das ständige Leben im Zwielicht, der nie aussetzende Zwang zur Strategie und zum Auf-dem-Posten-stehen, zum gewaltsamen Unterdrükken der eigenen Meinung und zum Doppelleben, war mehr, als er hatte ertragen können. Als ich ihn das erste Mal nach langer Zeit wiedersah, wußte ich, daß dieser Mensch zum Untergang verurteilt war, wenn es nicht gelang, ihn aus Nazi-Deutschland zu befreien.

In eine völlig hoffnungslose Situation fiel ein Lichtstrahl, von einem Fleck der Erde kommend, von dem wir ihn am wenigsten erwartet hätten. Einer der schönsten Filme von XY, jener, der zuallererst die Opposition von Goebbels hervorgerufen hatte, war in New York mit ungewöhnlichem Erfolg gelaufen. Der Besitzer des Theaters telegraphierte um Überlassung einer Option für die Filmrechte, da er Hoffnung hatte, sie nach Hollywood für ein »remake« des Films zu verkaufen. Ein deutlicher Wink des Himmels – zum ersten Mal erschien Amerika in Reichweite. Unser Entschluß stand augenblicklich fest. XY mußte die Einladung bekommen, nach Hollywood zu kommen; daß Goebbels zu solchem Urlaub seine Einwilligung geben würde, war außer Zweifel. Korrespondieren wäre zu kompliziert und zu gewagt gewesen. Außerdem kannten wir niemand in den USA, der uns die zur Einreise notwendigen Affidavits gegeben hätte. Ich mußte hinüberfahren, und zwar schnell, denn die Lage der Juden in Deutschland hatte sich in den letzten Wochen furchtbar verschlechtert, und man mußte jederzeit mit dem Ausbruch eines erneuten Pogroms rechnen.

Nach unendlichen Bemühungen und unter Einschaltung aller Art von Beziehungen gelang es, von der Gestapo die Bewilligung für einen zwei Monate gültigen Paß zu erhalten, der mir einen Aufenthalt von 14 Tagen in den USA ermöglichte. Allerdings mußte ich die eidesstattliche Versicherung ablegen, nach meiner Rückkehr innerhalb von 4 Wochen auszuwandern. Um unseren langen und kostspieligen Mietvertrag nicht erneuern zu müssen, suchten wir vor meiner Abreise eine Wohnung, in der mein Mann und die Kinder bis zu meiner Rückkehr wohnen konnten. Darüber hinausgehende Entschlüsse zu fassen, war nicht möglich. Zeitbedrängt wie wir waren, nahmen wir das erste Passende, was sich bot, die untere Etage einer Zweifamilien-Villa in einem Vorort von Berlin.

Ich fuhr nach Amerika, und das Wunder geschah. Innerhalb der gesetzten Zeit von zwei Wochen fand ich die Hilfe für meinen Mann, die ich in zweimal zwei Jahren in Europa vergeblich gesucht hatte; ich erhielt nicht eine Einladung, sondern zwei. Sie waren nur Fiktion und beruflich nichts wert, aber überzeugend genug für Goebbels; sie waren die Rettung. Ich brachte Affidavits für meinen Bruder, die Kinder und mich. Noch immer fassungslos über ein leicht errungenes Glück, an das wir kaum mehr zu glauben gewagt hatten, kam ich in Berlin an. Keine Ahnung trübte meine Freude; völlig unerwartet traf mich eine Situation, die umso gespenstischer wirkte durch ihr Mißverhältnis zu der Welt draußen.

Als ich die Wohnung mietete, hatte ich mich selbstverständlich vergewissert, daß der Vermieter kein Nazi war. Diese Voraussetzung war erfüllt, da das Haus der Witwe des unglücklichen Rundfunkpräsidenten K. gehörte, den man 1933, nach einem mißglückten Versuch, ihn in einem Bestechungsprozeß bloßzustellen, irgendwie loswerden wollte. Die Nazis brachten Herrn K. in ein Sanatorium, da er »der Ruhe bedurfte«. Diese wurde ihm für alle Zeiten verschafft, indem man ihm einen Revolver in die Hand drückte und Wachtposten vor die Tür setzte, bis Herr K. Selbstmord begangen hatte. Um dem Geschehnis eine kleine Pointe zu geben, hatten die Nazis als Schauplatz des Geschehens das Sanatorium gewählt, das der Villa von K. direkt gegenüberlag, so daß seine Frau alles aus nächster Nähe miterleben konnte.

In dem Haus der Frau K. also konnten wir uns sicher fühlen. Unglücklicherweise hatte ich es unterlassen, mich nach der anderen Mietspartei im Hause zu erkundigen. Wie sich nach meiner Abreise aus Deutschland herausgestellt hatte, war der andere Mieter der General Graf von Rocques, Präsident des Reichsluftschutzbundes und der gefährlichste Mitbewohner, den wir hätten finden können.

Die Situation, die ich aus Amerika zurückkommend vorfand, war die: Nachdem Herr von Rocques erfahren hatte, daß eine jüdisch versippte Familie in sein Haus gezogen war, forderte er Frau K., die Besitzerin des Hauses, auf, diese Familie binnen 24 Stunden aus dem Hause zu weisen. Er legte in einem Brief, dessen Ton jenseits aller zwischen zivilisierten Menschen üblichen Umgangsformen stand, ausführlich seine Gründe dar. Es sei eine wissentliche Beleidigung, daß Frau K. ihm und seiner Frau als alten Kämpfern der Partei ein Zusammenwohnen mit Juden, beziehungsweise Halbjuden zumutete. Es sei unerträglich, gezwungen zu sein, von ihrem Fenster aus auf den Teil des Gartens zu sehen, in dem die Judenmischlinge spielten. Außerdem sei seine gesellschaftliche Stellung auf das schwerste gefährdet, da er keinesfalls Gäste in ein Haus laden könne, in dem diese gewärtig sein mußten, auf dem gemeinsamen Treppenaufgang Juden und Mischlingen beiderlei Geschlechts zu begegnen.

Frau K. erwiderte auf diesen Brief, daß sie keine Handhabe sähe, den auf ein halbes Jahr geschlossenen Mietsvertrag anzufechten, umsomehr als er mit dem Arier XY geschlossen und auch von diesem gezeichnet worden sei. – Des Generals Antwort lautete, daß ein Arier im Dritten Reich nicht gezwungen werden könne, mit Nichtariern unter einem Dache zu leben und daß er im Falle der erneuten Weigerung, uns aus der Wohnung zu weisen, die Konsequenzen ziehen und seinerseits das Haus verlassen werde. Er mache sie, die Besitzerin, für die aus dem Umzug entstehenden Unkosten sowie für alle ihm entstehenden Schäden haftbar. Frau K. lehnte durch ihren Anwalt jede Zahlungsverpflichtung für diesen Akt der Willkür ab; der General drohte durch seinen Anwalt zurück, daß er sowohl Frau K. wie den Filmregisseur XY wegen Verschleierung des wahren Tatbestandes vor Gericht belangen werde. Die Wohnung sei von XY unter Vorspiegelung falscher Tatsachen gemietet worden, da sie eigentlich für seine jüdische Frau bestimmt sei, die nun bereits eine Nacht dort geschlafen hätte. Als Frau K. weiter hartnäckig blieb, legte der General Klage beim Staatsanwalt ein. Mein Mann, völlig hilflos einer Situation gegenüber, deren praktischen Folgen er sich in keiner Weise gewachsen fühlte, hatte sich zunächst darauf beschränkt, den Vorwurf der »Vorspiegelung falscher Tatsachen« schriftlich in aller Form zu entkräften, und hatte alle weiteren Schritte bis zu meiner Rückkehr vertagt.

Innerhalb dieser Rahmenhandlung spielte sich eine ganze Reihe von Nebentragödien ab, die ihre Fortsetzung fanden noch lange, nachdem wir bereits Deutschland verlassen hatten. Hineinverwickelt waren außer Frau K. das junge Ehepaar, das Gärtner- und Portierdienste in dem Hause tat, die bei uns angestellte Köchin und die Kinderfrau. Alle vier waren Arier; sie begingen kein anderes Verbrechen, als sich loyal uns gegenüber zu verhalten.

Frau K. hat, wie ich durch sie selbst später erfahren habe, den Prozeß in fast allen Punkten verloren und ist finanziell auf das schwerste gefährdet worden. – Die Gärtnersleute hatten sich den Zorn des Generals dadurch zugezogen, daß ihre beiden reizenden Kinder, die mit unseren Kleinen innig befreundet waren, trotz des gräflichen Verbots auch weiterhin mit ihnen spielten. Als der General die junge Frau deshalb zur Rede stellte, ging der Zorn mit ihr durch, und sie erklärte, Erziehung sei einzig und allein ihre Sache, und sie ließe ihre Kinder spielen, mit wem sie wolle. Trotzdem mein Mann sowohl wie Frau K. die größten Anstrengungen machten, in dem entstehenden Skandal zu vermitteln, verlor das Ehepaar seine Stellung. Als die beiden sich späterhin im Laufe des Prozesses weigerten, falsche Angaben zugunsten des Generals zu machen, veranlaßte dieser den Ausschluß des Mannes aus seiner Fachschaft. Die Köchin wurde von dem General auf derart schamlose Weise bedrängt, den Dienst bei uns aufzugeben, daß ich auch hier schlimme Folgen zu befürchten begann und das Mädchen selbst veranlaßte, von uns fortzugehen. Die letzte der Beteiligten war die Kinderfrau, die in den Jahren meiner häufigen Abwesenheit Mutterstelle an den Kindern vertreten hatte. Sie war unsere einzige Vertraute und hätte uns um keinen Preis verlassen.

Dieses Mädchen hat schließlich als unverdächtige Arierin unsere Kinder über die Grenze gebracht. Infolge der durch den General vorgenommenen »Enthüllungen« konnte sie es nicht wagen, nach Deutschland zurückzukehren und ist nach Überwindung ungeheurer Schwierigkeiten mit uns herübergekommen, allen Besitz hinter sich zurücklassend.

Das amerikanische Konsulat zog unsere bedrängte Lage in Rechnung und hat es durch außerordentliche Hilfsbereitschaft ermöglicht, daß wir nicht in Deutschland, wie sonst üblich, auf unsere Einwanderungsvisa zu warten brauchten, sondern sie nach vielen Monaten nachgesandt bekamen. Wir brauchten also nur noch auf die Ausstellung meines Auswanderungspasses zu warten, um Deutschland verlassen zu können. Angesichts dieser in Reichweite liegenden Freiheit beschlossen wir, den Zorn des Generals in Kauf zu nehmen und wenigstens die Kinder unter dem Schutz der Kinderfrau weiter dort wohnen zu lassen.

XY zog wieder in das Hotel, das er vordem bewohnt hatte, und ich versuchte, in der Nähe der Wohnung

Quartier zu bekommen. Es war nicht möglich, da weder Hotels noch Privatpensionen Juden aufnehmen durften, und so zog ich schließlich zu Freunden, eine Stunde Fahrzeit entfernt. Da ich es nicht wagen durfte, die Wohnung anders als besuchsweise zu betreten, es jedoch in dieser Zeit nicht möglich war, die zur Auswanderung notwendigen Vorbereitungen zu treffen, so habe ich dennoch einige Nächte dort zugebracht. In diesen Nächten patrouillierte XY viele Stunden um das Haus, um mich im Falle der Gefahr zu warnen.

Im Juni 1938 haben die Kinder mit der Kinderfrau und wenige Tage nach ihnen auch ich Deutschland verlassen; im September ist die Scheidung gerichtlich ausgesprochen worden; im November erhielt XY einen halbjährigen Urlaub für eine Reise in die USA.

Die Angst um die Kinder

Schon die Erwachsenen konnten oftmals kaum fassen, was um sie herum und mit ihnen geschah. Für die jüdischen Kinder aber war es fast unmöglich zu verstehen, warum Spielgefährten plötzlich nicht mehr mit ihnen spielen durften oder wollten, warum sie vom Schwimmunterricht oder von Klassenfahrten ausgeschlossen wurden, warum man ihnen Schimpfworte nachrief oder sie sogar regelmäßig verprügelte, nur weil sie Juden waren. Es schmerzte sie, wenn sie in der Schule durch linientreue Lehrer und aufgehetzte Schüler gedemütigt und zu Fremdkörpern in der Klasse abgestempelt wurden. Auch die immer stärkere Ideologisierung des Unterrichts und die in ihrem Beisein betriebene Indoktrinierung der Klassenkameraden traf sie schwer. Bereits im Dezember 1934 stellte ein Bericht der Reichsvertretung der deutschen Juden fest, dass viele jüdische Kinder psychische Störungen aufwiesen. Es gab zwar in der ersten Zeit nach der Machtübernahme der Nationalsozialisten noch Lehrer, die für die Lage der jüdischen Kinder Verständnis hatten und sie zu schützen versuchten, und noch Mitschülerinnen und Mitschüler, die die alten Freundschaften nicht abbrachen. Aber sie wurden zunehmend durch Nationalsozialisten im Lehrerkollegium oder durch Denunzinationen von Klassenkameraden unter Druck gesetzt.

Die Probleme setzten sich für die jüdischen Kinder nach dem Schulabschluss fort. Die Zahl der jüdischen Firmen, die als Ausbilder in Betracht kamen, wurde immer geringer. Manche angebotenen Lehrstellen, etwa die für kaufmännische Berufe, boten keine Zukunft. Zudem hatte die Deutsche Handwerks- und Gewerbekammer 1933 verfügt, Juden von der Ausbildung im Handwerk auszuschließen. Nach Protesten von jüdischer Seite musste diese Anordnung zwar vorübergehend wieder aufgehoben werden, doch die Lage änderte sich nicht grundsätzlich.

Auch der Zugang zum Studium wurde Juden immer mehr erschwert. Das »Gesetz gegen die Überfüllung der deutschen Schulen und Hochschulen« vom 25. April 1933 begrenzte den Anteil jüdischer Studierender auf 1,5 Prozent und nahm hiervon lediglich die Kinder von Frontkämpfern aus. Jüdischen Studenten wurden sämtliche Vergünstigungen entzogen, darunter auch alle Stipendien. Im Herbst 1933 studierten an deutschen Hochschulen lediglich noch 590 Juden.

Neue Spielgefährten und Freunde konnten die Ausgegrenzten nur in den weiter bestehenden jüdischen Jugendorganisationen und Sportvereinen finden, deren Aktivitäten durch Verordnungen und die äußeren Umstände ebenfalls eingeschränkt wurden. Die zionistischen Organisationen blieben bis November 1938 erlaubt. Ihre Vorstellungen und Ideale waren Kindern und Jugendlichen aus liberalen Elternhäusern zwar fremd, doch sie boten zumindest einen gewissen Ausgleich und Schutzraum. In kurzer Zeit verdoppelten sich ihre Mitgliederzahlen. 1937 waren rund 60 Prozent der in Deutschland lebenden Jugendlichen Mitglieder bei ihnen. Die Mitarbeit dort ließ viele der Neuen zu bewußten Juden und überzeugten Zionisten werden, die auf ihr Judentum stolz waren und neue Ziele und Inhalte fanden.

Jüdische Kinder durften öffentliche Schulen noch bis November 1938 besuchen. Ihr Anteil wurde aber wie bei den Hochschulen auf einen bestimmten Prozentsatz beschränkt. Aufgrund der schlimmen Erfahrungen in diesen öffentlichen Schulen begannen die deutschen Juden jedoch bereits 1933 mit dem Ausbau eines eigenen Schulwesens. Das bedeutete einen großen finanziellen Aufwand, der sich aber auszahlte. Denn besuchten 1933 nur rund ein Viertel der insgesamt etwa 60 000 jüdischen Kinder in Deutschland jüdische Schulen, war dieser Anteil 1937 bereits auf 60 Prozent angewachsen. Die 167 eigenen Schulen unterstanden zwar einer staatlichen Aufsicht, konnten aber im Hinblick auf Lehrpläne, Unterrichtsinhalte und Lehrmittel weitgehend selbstständig arbeiten. Auch diese Schulen trugen, u. a. durch neue Fächer wie Hebräisch, jüdische Geschichte und die Landeskunde von Palästina, zur jüdischen Bewusstseinsbildung bei. Die letzten noch bestehenden jüdischen Schulen wurden zum 30. Juni 1942 geschlossen.

Die jüdische Berufsberatung bemühte sich, jüdischen Schulabgängern zu einer zukunftsorientierten Berufsausbildung zu verhelfen. Sie durfte vorerst weiterarbeiten und konnte 1934 mehr als 3 000 Lehrstellen vermitteln, die sich zumeist in noch bestehenden jüdischen Betrieben befanden. Man versuchte auch, Jugendliche in eigenen Lehrgütern durch besondere Ausbildungsgänge im landwirtschaftlichen, handwerklichen und hauswirtschaftlichen Bereich für eine Auswanderung nach Palästina vorzubereiten. Es war oftmals nicht leicht, Eltern vom Sinn einer solchen Ausbildung zu überzeugen. Angesichts des zunehmenden Drucks in Deutschland aber erschien dies immer mehr als möglicher Rettungsweg für die Kinder.

Viele Eltern versuchten auf anderem Weg, ihre Kinder aus Deutschland heraus- und irgendwie im Ausland unterzubringen. Sie nahmen sogar die Trennung von den Kindern in Kauf. In den Erinnerungen der Zeitzeugen wird oft von erschütternden Szenen berichtet, wenn die Kinder mit dem Zug in eine ungewisse Zukunft fuhren und die weinenden Eltern auf dem Bahnsteig zurückblieben. Niemand, weder die Kinder noch die Eltern, wusste in diesem Augenblick, ob sie sich jemals wieder begegnen würden. Vielfach war es das letzte Mal, dass sich Kinder und Eltern sahen.

Hugo Moses

Das Leiden eines Kindes

Meine Tochter war ab Weihnachten 1933 in einer Klosterschule und hatte es dort bei katholischen Schwestern sehr gut. Als diese Schule Ostern 1938 verboten und aus dem großen Gebäude eine Fabrik gemacht worden war, kam sie auf die Oberschule der nahen Großstadt. Mein Sohn besuchte seit Ostern 1938 die Oberschule in einer anderen Stadt.

Vor der Aufnahme besuchte ich den Direktor, um ihn zu fragen, ob er es für ratsam halte, daß ich meinen Sohn in seine Schule sende. Er antwortete mir wörtlich: »Ich bin ein guter Katholik und bin über 30 Jahre im Dienst. In meiner Schule gibt es nur Können und Wissen, die Partei regiert hier noch nicht. Schicken Sie mir ruhig Ihren Jungen.« Mein Sohn, damals neun Jahre alt, wurde vom ersten Tage an von seinem Klassenlehrer auf eine Bank allein gesetzt, die anderen Kinder saßen zu zweit in der Bank. Als ihm einmal ein Bleistift auf die Erde fiel und ein Kamerad diesen Bleistift aufheben wollte, rief der Lehrer: »Willst du wohl den Juden den Bleistift allein aufheben lassen!« Ein anderes Mal wollte der Lehrer ein Geldstück gewechselt haben. Als mein Sohn als einziger Schüler der Klasse das Geldstück wechseln konnte, sagte der Lehrer zornig: »Nein, Judengeld fasse ich nicht an.« Mitschwimmen beim Schwimmunterricht durfte mein Kind nicht, der Lehrer sagte vor den anderen Schülern zu ihm: »Geh in den Jordan mit deinen Plattfüßen, deutsches Wasser darfst du nicht verunreinigen.« In der Klasse wurde er nicht ein einziges Mal aufgerufen, seine schriftlichen Aufgaben wurden nicht zensiert. Nur ein einziges Mal, als die Klasse einen Aufsatz zu schreiben hatte mit dem Thema »Adolf Hitler, der Erretter des deutschen Volkes von der jüdischen Weltpest«, rief der Lehrer meinem Jungen zu: »Nun gib mal dein Produkt von dir.« Als mein Sohn auftragsgemäß sagte, sein Vater habe ihm verboten, diesen Aufsatz zu schreiben, war mein Kind für diesen Lehrer endgültig erledigt. Das Kind war für dieses Prachtstück von Lehrer nicht mehr auf der Welt. Die anderen Lehrer hingegen waren gut zu ihm. Als diese Quälerei eines unschuldigen kleinen Kindes unhaltbar wurde, mußte ich den schweren Gang zum Direktor tun und ihm von den Zuständen Mitteilung machen. Der Direktor sagte zu mir: »Das alles ist für mich so neu und unfaßbar. Als ich vor wenigen Tagen die Kleinen inspizierte, hat der Klassenlehrer Ihren Sohn gefragt und befriedigende Antwort bekommen.« Dasselbe hatte mir mein Sohn bestätigt, und das Ganze legt ein sprechendes Zeugnis ab von der Niederträchtigkeit eines deutschen Lehrers. Der Direktor sagte noch: »Leider kann ich gegen den betreffenden Lehrer nicht einschreiten, er ist Vorsitzender des Lehrerbundes. Ein Protest würde mich meine Stellung kosten.« Als den jüdischen Kindern der Besuch der Hochschulen untersagt wurde, sagte mein damals zehnjähriger Junge wörtlich zu mir: »Vater, noch eine ganz kurze Zeit, und ich hätte mich, wenn Du mich weiter gezwungen hättest, in die Schule zu gehen, unter den Zug geworfen.« Mir standen die Haare vor Schrecken zu Berge, kalt lief es mir über den Rücken. Was muß in der Seele eines kleinen unschuldigen Kindes vorgegangen sein? Wie müssen die Jugenderzieher im neuen Deutschland ein Kind quälen, ehe solche Entschlüsse in dem Herzen eines kleinen unschuldigen zehnjährigen Kindes reifen können?

Hans Winterfeldt

Ein Kind erlebt die Ausgrenzung

Außerhalb meines Elternhauses ist mir nur Negatives widerfahren, denn soweit mein Erinnerungsvermögen reicht, kann ich mich nicht daran erinnern, daß kein Druck von außen her auf uns Juden ausgeübt wurde. Auch die Unterhaltungen, die bei mir zu Haus zwischen meinen Eltern und anderen Glaubensgenossen geführt wurden, klangen immer negativ und ließen auf keine angenehme Zukunft schließen. Obwohl ich fast nichts von den Unterhaltungen verstand, fühlte ich, daß das, was von den politischen Schwarzsehern in Aussicht gestellt wurde, nichts Gutes bedeutete. Am liebsten waren mir die Leute, die zwar unrecht hatten, aber optimistisch in die Zukunft schauten. Dann hörte ich Sätze wie: »Es wird nicht alles so heiß gegessen, wie es gekocht wird.« Andere waren davon überzeugt, daß ER bald verschwinden werde, denn so könne es nicht weitergehen.

Als an einem Sonnabend – es war der 1. April des Jahres 1933 – je zwei SA-Männer in ihrer braunen Uniform vor jedem jüdischen Geschäft der Stadt erschienen, bekam ich zum ersten Mal einen Begriff von dem, was die »politischen« Gespräche eigentlich bedeuteten, die in so pessimistischer Weise zwischen den Mitgliedern der jüdischen Gemeinde geführt wurden. Mein Vater und die anderen Herren sprachen dann von einer »Einzelaktion«, die ganz unberechtigt wäre, und womit die Regierung absolut nichts zu tun habe. Die Optimisten hatten wieder einmal recht, und sie feierten dann förmlich einen Triumph, als die SA-Männer wirklich nach kurzer Zeit verschwanden. Es hieß dann, daß man ja schließlich in einem Rechtsstaat lebe, der derartige Einzelaktionen auch in Zukunft nicht dulden werde. Die Optimisten hatten recht, denn es war die letzte Einzelaktion größeren Ausmaßes.

Als meine Mutter im nächsten Sommer mit noch zwei anderen jüdischen Frauen, wie jedes Jahr, mit zum Kinderfest in den Eichwald pilgerte, schrie Herr Dr. Krantz, der Zahnarzt, der außerdem schon betrunken war, durch die Menge, was denn die Judenweiber dort wollten. Meine Mutter ging sofort nach Hause, gab die belegten Brote, die für meine Schwester und für mich bestimmt waren, und die Fackeln, die abends zum Einmarsch benutzt wurden, einer anderen Frau, um uns Kindern nicht die Freude zu nehmen. Da die Angehörigen hinten marschierten, habe ich den Vorfall nicht beobachten können.

Mein Klassenlehrer, Herr Lehrer Walter, hatte seit einiger Zeit beobachtet, daß meine Klassenkameraden mit mir nichts zu tun haben wollten: Niemand wollte neben mir sitzen, niemand wollte mit mir während der Pause spielen. Wir mußten immer zu zweit das Klassenzimmer verlassen, um in den Schulhof zu gehen. Auch vom Schulhof in die Unterrichtsräume mußten die Schüler klassenweise und zu zweit antreten. Ich ging ständig ganz allein, und zwar als letzter.

Es war für uns unmöglich – und das schon im Jahre 1935 –, uns an irgendwelchen öffentlichen Plätzen aufzuhalten, sei es in der Gaststätte am Eichwald, in der öffentlichen Badeanstalt, im Bahnhofsrestaurant oder in den Parkanlagen – ganz zu schweigen vom »Hitlerplatz«, den kein Jude schon des Namens wegen zu betreten wagte. Deshalb blieben wir entweder zu Hause oder fuhren an Sonn- und Feiertagen – besonders im Sommer – mit dem Fahrrad in die weitere Umgebung von Lippehne, wo uns niemand kannte. Der einzige Ausflug, den man ohne Bedenken unternehmen konnte, war zum jüdischen Friedhof, der aber auch nicht verschont wurde: Eines Tages stiegen Mitglieder der Hitlerjugend über die Friedhofsmauer und warfen einige Grabsteine um, als niemand dort war. Es kam dann ans Tageslicht, daß der Sohn des Zahnarztes Krantz den Stein meines Großvaters umgeworfen hatte. Mein Vater schrieb Herrn Dr. Krantz einen Brief, in dem er ihn aufforderte, die Kosten für die Instandsetzung des Steines zu übernehmen, was der Zahnarzt anstandslos tat.

Die Behandlung der Juden im allgemeinen, das Ausgestoßensein aus der Gemeinschaft, empfanden wir Kinder natürlich stärker als die Erwachsenen. Wir mußten uns immer dort aufhalten, wo uns niemand kannte. Wir konnten im Winter nicht auf die Rodelbahn oder aufs Eis gehen, und im Sommer durften wir nicht die Badeanstalt betreten, und wir mußten uns auch auf der Straße so benehmen, daß wir nicht auffielen, das heißt, es durften nie mehr als zwei Kinder zusammen gehen. Dieses Ausgestoßensein aus der übrigen Bevölkerung hatte den Erfolg, daß sich die Juden mehr zusammenschlossen und nicht zuletzt sich mehr ihres Judentums bewußt wurden.

Da die meisten jüdischen Männer am Ort am Ersten Weltkrieg aktiv teilgenommen hatten, gehörten sie alle dem »Reichsbund Jüdischer Frontsoldaten« (RJF) an. Die Berliner Mitglieder dieses Vereins organisierten für viele jüdische Kinder aus der Provinz während der Weihnachtsferien eine Reise nach Berlin, denn man war der Meinung, daß die jüdische Jugend am meisten unter der nationalsozialistischen Verfolgung zu leiden hatte. Jedes Kind aus der Provinz wurde bei einer Berliner jüdischen Familie – es waren meist sehr wohlhabende Leute – während der Weihnachtsfeiertage untergebracht. Die Soldiner, Lippehner und Pyritzer Kinder fuhren geschlossen nach Berlin und wurden von Herren des RJF am Bahnhof Zoologischer Garten mit dem Auto abgeholt und zu ihren jeweiligen Gastgebern gebracht. Ich kam auf diese Weise zweimal nach Berlin, 1935 und 1936. Das erste Mal wurde ich zu einer wohlhabenden Familie mit Namen Böhm gebracht. Die Leute besaßen eine Gürtelfabrik und wohnten im Südwesten Berlins.

Herr Böhm, der ein sehr netter Mann war, wollte nun von mir wissen, wie das Leben unter dem Naziregime auf dem Lande wäre. Ich erzählte ihm, wie unangenehm es manchmal dort sei. Er wunderte sich über die vielen Einschränkungen und über die Schikanen, denen wir ausgesetzt waren. Er sagte mir, daß man die Nazis in Berlin nicht ernst nähme. Er mache sich mit seiner Tochter einen Spaß daraus, so sagte er, die komischen Bilder in den »Stürmerkästen« zu betrachten und die dazugehörige Hetzpropaganda zu lesen. Er riet mir, mich nicht einschüchtern zu lassen, denn das Naziregime könne sich nicht mehr lange halten. Es sei auch viel Greuelpropaganda dabei, die die Juden selbst erfunden hätten. In Berlin merke man kaum von all dem etwas, man könne sich vollkommen frei bewegen.

Die Worte des Herrn Böhm haben sich dann in den darauffolgenden Tagen – soweit ich es beurteilen konnte – bewahrheitet. Die Hausdame machte mit uns Kindern Spaziergänge durch die weihnachtliche Stadt. Niemand sah uns »schief« an, wir konnten alle Lokale, Geschäfte und Warenhäuser betreten, ja, sie ging mit uns sogar auf den Weihnachtsmarkt. Ich hatte zwei wundervolle Wochen, in denen ich das trübe Lippehner Dasein fast vergessen hatte.

1937 war unser letztes Jahr in unserem Haus und Geschäft in Lippehne. Die Einnahmen waren dermaßen niedrig, daß mein Vater sich gezwungen sah, Haus und Geschäft zu verkaufen. Zu meinem letzten Geburtstag in Lippehne hatte ich mir einen Trittroller gewünscht. Mein Vater hatte sich auch an eine Spielzeugwarenfabrik gewandt, wo er den Roller zum Engros-Preis hätte bekommen können. Aber auch diesen Preis schien mein Vater nicht bezahlen zu können. Er rief mich zu sich ins Geschäft und erklärte mir die ganzen Umstände. Ich war jedenfalls stolz, durch meinen Verzicht auf den Roller mithelfen zu können, Geld zu sparen.

Es war immer davon die Rede, daß wir nach Verkauf des Hauses nach Berlin ziehen würden. Ich litt natürlich auch unter der Unfreiheit, die wir in der Kleinstadt über uns ergehen lassen mußten, ganz besonders in der Schule. Die Hetze gegen die Juden empfand ich wohl genauso wie die Erwachsenen, und doch litt ich nicht so sehr an dem Unrecht, das man uns antat, denn für mich begann der Druck nicht erst 1933; ich kannte ja nichts anderes. Ganz besonders machte ich mir Sorgen über unsere Zukunft in finanzieller Hinsicht. Ich hörte dauernd meinen Vater sagen, daß er jeden Tag Geld zulege, denn Einnahmen habe er keine und die Ausgaben gingen laufend weiter, besonders die Steuern und die Löhne der Angestellten. Ich weiß, daß mein Vater einmal abends sieben Mark in der Kasse hatte.

Für uns Kinder war es eigentlich in den Jahren von 1935–1937 besser als in den ersten Jahren der Naziherrschaft, nur in der Schule wurde es von Jahr zu Jahr schlimmer. Wir hatten uns daran gewöhnt, daß wir »nicht arisch« waren und mit keinem »arischen« Kind spielen durften, deshalb blieben wir nur unter uns. Am Sonntag fuhren meine Eltern mit allen jüdischen Kindern, die ein Fahrrad besaßen und fahren konnten, an einen See etwa 15 Kilometer von Lippehne entfernt, wo uns niemand kannte. Dort konnten wir, ohne schikaniert zu werden, baden, Boot fahren und Ball spielen.

Es war zu dieser Zeit schwer, in Berlin eine Wohnung zu bekommen. Mein Vater hatte dort einen Vetter beauftragt, ihm eine Wohnung zu besorgen. Dieser rief eines Abends an, denn es eilte sehr. Schon am nächsten Tag reiste meine Mutter ab. Es blieb ihr nichts anderes übrig, als die Wohnung, die ihr dort angeboten wurde, zu nehmen, da keine Aussicht darauf bestand, etwas Günstigeres zu bekommen. Nicht nur, daß die Wohnung,

110 Mark im Monat kosten sollte, das Schlimmste daran war, daß wir schon ab 1. November die Miete zu bezahlen hatten und erst Ende Dezember nach Berlin übersiedeln konnten.

Im neuen Jahr, im Januar 1938, begann der Ernst des Lebens. Meine Schwester und ich sollten in einer jüdischen Schule unsere Schulzeit beenden. Meine Schwester wurde in die Schule in der Prinzregentenstraße – gleich neben der neuen Synagoge – eingeschult, während ich in die Joseph-Lehmann-Schule in der Joachimsthalerstraße 13 ging. Schüler und Lehrer waren alle sehr nett zu mir in der neuen Schule, die ganze Atmosphäre jedoch war mir fremd. Obwohl man vielen Kindern ihre jüdische Herkunft ansah, konnte ich nicht recht verstehen, daß sie Juden waren, denn sie spielten während der Pausen auf dem Hof, unterhielten sich laut und benahmen sich absolut nicht so, wie man es von jüdischen Kindern in der Öffentlichkeit in der Provinz erwartete. Ich war plötzlich in einer anderen Welt, die ich noch nicht akzeptieren konnte – zu schön, um wahr zu sein. Dazu kam noch, daß alle Lehrer Juden waren.

Meine Großmutter konnte sehr schlecht sehen, denn sie war kurzsichtig. Es gefiel ihr überhaupt nicht in Berlin, weil sie wegen des großen Verkehrs nicht allein auf die Straße gehen konnte. Ich führte sie einige Male auf den Wartburgplatz, der ganz in der Nähe war. Nachdem sie mit dem Weg ganz vertraut geworden war, ging sie allein dorthin und setzte sich auf eine Bank. Zu der Zeit war es aber Juden schon nicht mehr erlaubt, auf allen Bänken zu sitzen. Sie konnte natürlich auf Grund ihrer Kurzsichtigkeit die kleine Aufschrift nicht lesen, die den Juden das Benutzen dieser Bänke untersagte. Eines Tages, im Frühjahr 1938, als sie wieder auf einer Bank im Park gesessen hatte, kam sie ganz aufgeregt nach Hause und berichtete, daß sie ein Junge mit den folgenden Worten von der Bank vertrieben habe: »Steh' auf, du altes Judenweib, du darfst hier nicht sitzen, mach', daß du wegkommst.« Daraufhin verließ meine Großmutter nie wieder das Haus und zog einige Wochen später nach Lippehne zurück, wo sie wieder bei der Familie Bass Aufnahme fand.

Ein Bekannter meines Vaters hatte einen Wandergewerbeschein, der es ihm erlaubte, die Mark Brandenburg zu bereisen, um dort Textilwaren an Privatpersonen zu verkaufen. Nachdem es meinem Vater nirgends gelungen war, unseren Lebensunterhalt zu verdienen, beantragte er auch einen Wandergewerbeschein. Seine erste Tour führte ihn nach Brandenburg an der Havel. Der Bekannte meines Vaters, Herr Happ, nahm ihn mit und schickte ihn zu solchen Leuten – meistens Bäcker- oder Fleischerläden –, in denen er wegen seines jüdischen Aussehens abgewiesen worden war. Mein Vater tat mir furchtbar leid, daß er so, mit einem schweren Koffer beladen, auf die Reise gehen mußte. Morgens um sieben Uhr verließ er das Haus, fuhr erst mit dem Omnibus Nummer 8 zum Potsdamer Bahnhof, und von dort mit dem Zug nach Brandenburg. Am ersten Abend dachten wir schon, daß mein Vater in Brandenburg übernachtete. Wir warteten bis acht Uhr abends, dann gingen meine Schwester und ich an die Omnibushaltestelle. Um halb neun stieg mein Vater endlich, vollkommen erschöpft, mit seinem schweren Koffer aus dem Autobus. »Na, wie war's?«, fragte meine Mutter. »Nichts verkauft«, antwortete mein Vater und ließ sich müde auf einen Stuhl fallen. Mein Vater konnte vor Müdigkeit nichts essen. Ich war den ganzen Abend sehr bedrückt und hoffte, daß mein Vater am nächsten Tag mehr Glück haben möge.

Außer im Elternhaus war die Schule der einzige Ort, an dem man sich wirklich frei und ungezwungen bewegen durfte. Wir wurden stets von der Schulverwaltung ermahnt, uns unauffällig auf der Straße zu benehmen und nie in Gruppen, sondern immer nur zu zweit zu laufen. Wir durften nie vor der Schule stehenbleiben. Ein Lehrer stand immer vor dem Schulbeginn und nach Schulschluß vor dem Eingang, der darauf zu achten hatte, daß sich vor der Schule keine Gruppen bildeten.

Ernst Loewenberg

Ich möchte gern ein Nazi sein

Es war im Lauf der Jahre eine Atmosphäre entstanden, in der es fast unmöglich wurde, Kinder geradlinig zu erziehen. Sie hörten tagtäglich von Verhaftungen, und in den wenigsten Fällen waren's Schuldige. Auf der anderen Seite wurden diejenigen, denen es gelang, ihr Vermögen herauszubringen, als Helden bewundert. Es gibt kein Unrecht in einem Lande, in dem es kein Recht gibt. Was aber soll aus Kindern werden, die mit einem so relativen Begriff von Recht und Unrecht aufwachsen? Als unsere Jungen im Sommer 1938 nach Amsterdam fuhren, bedauerte bei der Ankunft unser Großer nur, daß er nicht eine Million geschmuggelt habe, denn die Zollbeamten hätten ihn nicht mal gefragt. Und auf der Rückreise war er stolz, daß er einige Fleischpakete den gestrengen Augen des Zolls verborgen hatte. Die Jungen hatten im Ganzen eine gute Zeit, wenn sie auch von der allgemeinen Nervosität angesteckt wurden. Vor allem wurde es dem Ältesten schwer, nicht zur Allgemeinheit zu gehören, nicht mitmarschieren zu dürfen.

In dem Tagebuch, das meine Frau geführt hat, finden sich einige kleine Äußerungen, die zeigen, wie sich die Ereignisse in einem Kinde widerspiegeln: Frank fragt, wieso die Ägypter gewußt haben, daß Moses ein Jude ist: »So dumm wird er doch nicht gewesen sein, daß er's ihnen selbst erzählt hat.« Frank geht mit einem Freund auf der Straße, dem andere Kinder »Jude« nachrufen und ihn verhauen. Darauf sagt der Freund, auf Frank weisend: »Das ist auch einer.« »Wie dumm, daß er das getan hat«, sagt Frank, »sonst hätte ich ihm doch helfen können.« Der Volkszählungsbogen wurde im Haus abgegeben: »Vater, muß du da draufschreiben, daß du Jude bist?«

»Ja.« »O weh, was werden sie dir da tun?« Zu jener Zeit, im Frühjahr 1933, war Frank sieben Jahre vier Monate alt. Im Sommer 1933 kommt eine Verordnung heraus, daß die Schüler mit dem Hitlergruß grüßen müssen und das Horst-Wessel-Lied in der Schule zu singen haben. Bisher hatten wir ihm beides untersagt. Er ist nun sehr froh, durch diese Verordnung zur Masse hinzuzugehören. Um die gleiche Zeit kommt er mit einem Hakenkreuz ins Zimmer. »Was bist du?« »Ein SA-Mann.« »Was wollen Sie denn?«, fragt der Vater. »Ihnen mitteilen, daß Sie entlassen sind.« Er hört das Märchen von Aladin und der Wunderlampe. »Ach, ich wünschte, ich hätte solch 'ne Wunderlampe.« »Wozu?« »Dann würde ich mir wünschen, ein Nazi zu sein.« »Und wir alle?« »Natürlich würde ich mir das für euch alle mitwünschen.« Das zeigt kein Sympathisieren mit den Nazis, sondern auch nur wieder den Wunsch, bei den vielen, der Masse zu sein. Damals war Frank sieben Jahre sechs Monate alt.

Im Januar 1934, Frank war nun acht Jahre zwei Monate alt, erzählte uns sein Klassenlehrer, daß er nicht glaube, daß Frank persönlich unter der Zeit leide; nur beobachte er oft, wie er bei der Flaggenhissung zusammenzucke. Im Mai 1934 ist es das erste und einzige Mal, daß er von Jungens tätlich angegriffen wird. Vier Jungens seiner Größe knuffen und treten ihn, nachdem sie ihn mit seiner Butterbrotdose an einem Gartengitter festgebunden haben. Im Sommer 1935 beobachtet er, daß die Juden mehr und mehr ausgeschlossen werden. »Wäre es nicht besser für uns«, fragt er, »wir lebten in einem richtigen Ghetto?« Von dieser Zeit an geht er auch nicht mehr so gerne nach Langenhorn, wo er sonst fast allsonntäglich mit arischen Jungens gespielt hat.

Jakob, im September 1933 vier Jahre sechs Monate alt, geht zum ersten Mal zur Synagoge, sagte vorher: »Da kann ich ja gar nicht Heil Hitler sagen; da sind ja lauter Juden drin.«

Im Juni 1934, mit fünf Jahren drei Monaten, kommt er weinend von der Straße vom Spiel. Es ist nicht aus ihm herauszubringen, was geschehen ist. Erst nach zwei Tagen kommt er langsam mit folgendem heraus: »Die Jungens haben gesagt, daß Vater Franks Lehrer tot gemacht hat und daß wir alle schlechte Menschen sind.« Dazu muß ich bemerken, daß Franks Lehrer den Namen Heiland hatte; diese Bezeichnung für Jesus hatte er nie früher gehört; so hatte es ihn vollkommen aus der Fassung gebracht, daß die Kinder seinen Vater eines Mordes bezichtigten.

Im Sommer 1935, mit sechs Jahren vier Monaten: »Vati, was möchtest du lieber sein, Jude oder Christ?« »Das weiß ich nicht; ich bin doch noch nie Christ gewesen und weiß nicht, wie das ist.« »Was möchtest du lieber sein, Junge oder Mädchen?« »Das weiß ich genauso wenig, weil ich noch nie ein Mädchen war.« »Ich möchte lieber ein Mädchen sein, dann wüßten die anderen nicht gleich, daß ich ein Jude bin.«

Heinemann Stern

Jüdische Schulen als Zuflucht

Der sogenannte Umbruch hat durchaus nicht die auf anderen Gebieten erfolgte grundstürzende Veränderung auch im Schulwesen gebracht. Noch nach Jahren gab es jüdische Schüler in großer Zahl auf den allgemeinen höheren und Volksschulen, ebenso auf den Berufsschulen, soweit diese Pflichtschulen waren. In Berlin bezifferte man noch um 1935 die Zahl der jüdischen Schüler auf städtischen Schulen auf Tausende. Trotzdem begann schon Ostern 1933 der Zustrom zu den jüdischen Schulen, die allmählich zu Mammutschulen anwuchsen und endlich die Pflichtschulen für alle jüdischen Schüler wurden, obwohl sie schulrechtlich Privatschulen blieben – bis auf die Mittelschule –, das heißt sie waren »freiwillige« Einrichtungen der Gemeinde, naturgemäß also vor allem hinsichtlich der Lasten. Soweit Zuschüsse seitens der Stadt erfolgten, geschah es als freiwillige Leistung. Die öffentlichen jüdischen Schulen, das heißt Schulen als städtische bzw. staatliche Einrichtungen, bestanden in Preußen fort bis zum 1. Juli 1939. In den übrigen Staaten – fast ausschließlich den süddeutschen – hielt man es »nach Belieben«; die ersten, die sich ihrer Verpflichtungen gegen die Juden mit einem Federstrich entledigten, waren Baden – ehemals das berühmte liberale »Musterländle« – und Hessen.

Wie unsere Schulen anschwollen und wieder zurückgingen, zeigt das Beispiel der Mittelschule. Am Ende des Schuljahres 1932/33 zählte sie 470 Schüler und Schülerinnen; das große, schöne Haus in der Großen Hamburger Straße war fast verödet. Zwei Wochen später, bei Beginn des neuen Schuljahres, war die Zahl schon auf 840 gestiegen, und ein Jahr später erreichte sie den

Höchststand mit 1 025 Schülern. Dann aber setzte auch bald der Rückgang ein, zuerst langsam abbröckelnd, dann rapide. Ostern 1939 waren es nur noch gegen 380 Schüler.

Was unsere Jungen und Mädchen zum Verlassen der allgemeinen Schulen bewegte, war zunächst nicht immer der Zwang. Gewiß gab es viele, die es seelisch nicht ertragen hätten, in der alten Umgebung zu verbleiben; es gab aber auch entgegengesetzte Gefühlsregungen. Ein großer Teil der Jugendlichen wie auch der Eltern war nicht mehr so stark mit dem Judentum verbunden, daß er die Umkehr anders denn als bitteren Zwang empfunden hätte. Dazu kam ein gewisses Vorurteil, das in der jüdischen Schule eher das vermutete, was man in christlichen Kreisen als »Judenschule« zu charakterisieren pflegte. Und endlich bedeutete der plötzliche Abgang von der alten, gewohnten Schule in sehr vielen Fällen den scheinbar – im Augenblick scheinbar – unmotivierten Bruch freundschaftlicher, ja herzlicher Beziehungen zu Kameraden und Lehrern. Denn das muß man immer wieder betonen: Es gab auch Schulen, in denen sich die jüdischen Schüler der denkbar besten Behandlung erfreut hatten, und zwar nicht nur von seiten der Lehrer, sondern auch, was viel mehr besagen will, von seiten der Schüler. Es gab Schüler, die es für eine Ehrensache ihrer Klasse hielten, Belästigungen und Beleidigungen von ihren jüdischen Kameraden fernzuhalten. Aber die Ressentiments, mit denen darum manche Kinder in unsere Schulen kamen, schwanden doch bald, wenn sie erfuhren, wie sich die Verhältnisse draußen immer mehr zuspitzten und wenn sie infolgedessen die jüdische Schule als schützenden Hafen würdigen lernten.

Der Auf- beziehungsweise Ausbau des neuen Schulwesens verursachte natürlich Schwierigkeiten aller Art, besonders am Anfang. Vor allem in finanzieller Hinsicht. Solange die bestehenden Einrichtungen ausreichten, ging alles gut. Als aber neue notwendig wurden, standen die Gemeindeinstanzen fassungslos vor der finanziellen Aufgabe. 1933 verfügte die Gemeinde über eine Mittelschule für Knaben und Mädchen und drei Volksschulen: eine für Knaben, eine für Mädchen und eine gemischte. Dazu kamen noch die Schulen der Adass Jisroel-Gemeinde, ein Realgymnasium und eine Volksschule. Im Westen, im Grunewald, bestanden einige private höhere Schulen, die naturgemäß nur für Auserlesene in Betracht kamen, sich im übrigen, bis auf eine, den neuen Verhältnissen nicht gewachsen zeigten. Wesentlich erschwerend erwies sich der Mangel einer gemeindeeigenen höheren Schule; denn die der Adass kam für die große Masse der Eltern und Schüler nicht in Betracht, vor allem schon des hohen Schulgeldes wegen. Als nun die Schulgeldvergünstigungen für jüdische Schüler – Erlaß oder Ermäßigungen – an den städtischen Schulen aufgehoben wurden, kam es zur ersten Krise. Massen von heimatlos gewordenen Schülern strömten in die Mittelschule. Als diese bis zum Bersten gefüllt war, verwies die Schulverwaltung die Übriggebliebenen in die Volksschulen. Das wollten sich die Eltern natürlich nicht gefallen lassen, und so kam es zu Szenen, an die ich mich nur sehr ungern erinnere.

Die Gemeinde mußte sich wohl oder übel dazu entschließen, den schulischen Notwendigkeiten den Vorrang vor den finanziellen Bedenken zuzuerkennen, und als dieser Entschluß erst einmal gefaßt war, gab es keine Hemmungen mehr. Mit Stolz und Dankbarkeit denke ich an jene Zeit zurück, wo ich fast täglich mit neuen Forderungen kommen mußte und doch niemals mit leeren Händen zu gehen brauchte. Zwar hat unser gütiger Gemeindevorsitzender Stahl nie Nein gesagt; das war eher Sache des Gemeindedirektors Breslauer und des Schuldezernenten Alexander. Aber sie lernten resignieren; jener begnügte sich, ein wenig den Kopf zu schütteln, dieser, die Hände zusammenzuschlagen, und damit war bewilligt, was nicht zu versagen war. So haben wir ein Schulwerk aufgebaut und eingerichtet, das nicht nach Notetat aussah. Auf dem Höhepunkt der Entwicklung unterhielt die Gemeinde eine Oberschule – der neue Einheitstyp der höheren Schule –, eine Mittelschule, acht Volksschulen, eine Hilfsschule, die Schule der Taubstummen-Anstalt in Weissensee und endlich die der Anstalt für geistig Zurückgebliebene in Beelitz – ohne vorläufig von den außerordentlichen Bildungseinrichtungen zu reden. Daneben entstanden noch die Oberschule und die Volksschule der Reformgemeinde; die der Adass sind schon genannt. Von den Privatschulen entwickelte sich den neuen Verhältnissen entsprechend die »Waldschule Grunewald«, und neu kam hinzu das vielgestaltige Schulwerk von Leonore Goldschmidt. Als die genannten Nebengemeinden ihre Schulen nicht mehr halten konnten, übernahm die Gemeinde auch diese, dazu die Goldschmidtsche. Die Volksschulen blieben selbständig, die höheren Schulen wurden zur Oberschule zusammengelegt, und niemals war bei all diesen Operationen von finanziellen Unmöglichkeiten die Rede. Man hatte sich ans Geldausgeben gewöhnt – auch in den anderen Ressorts.

Wer nur normale Schuleinrichtungen kennt, macht sich von den organisatorischen Schwierigkeiten, vornehmlich der gehobenen Schulen, kaum eine entsprechende Vorstellung. Eine Mittelschule hat sechs aufsteigende Klassen – vom 5. bis zum 10. Schuljahr. Unsere Mittelschule hatte zur Zeit ihrer Hochblüte 25 Klassen, zum Teil mit 50 bis 60 Schülern. Da die erste Fremdsprache in der Mittelschule Englisch war, in vielen höheren Schulen jedoch Französisch, mußten sowohl in der Knaben- wie in der Mädchenabteilung je zwei Züge eingerichtet werden, der A-Kurs mit Englisch, der B-Kurs mit Französisch als Grundsprache. Daneben gab es auch noch Realgymnasiasten mit Latein. So kam es, daß zwischen Parallelklassen nicht einmal ein Schüleraustausch stattfinden konnte, wenn eine Klasse überfüllt, die andere mäßig besetzt war. Zählte eine Klasse 40 Schüler, dann wurde sie in gewissen Fächern, wie in Sprachen, Mathematik, aber auch in weiblicher Handarbeit, geteilt. Eine besondere Schwierigkeit bereitete das Hebräische. Eine normale Vorbildung hatten in der Regel nur die Schüler, die aus unseren Volksschulen kamen. Jetzt aber strömten alljährlich von den städtischen Schulen Hunderte, die von Hebräisch nichts oder nur wenig wußten, so daß für dieses Hauptfach Sonderkurse eingerichtet werden mußten. Diese vielfachen Aufsplitterungen der Klassen in Abteilungen und Gruppen führten dazu, daß an der Schule zu Zeiten mehr als 600 Wochenstunden gegeben werden mußten, für die nicht weniger als 48 Lehrer benötigt wurden, von denen viele allerdings als Hilfslehrer nicht voll (mit etwa 25 Stunden), sondern nur halb beschäftigt waren. Stundenpläne, Tabellen, Schemata und dergleichen nahmen einen solchen Umfang an, daß die üblichen Formulare nicht ausreichten, so daß für unsere Schulen besondere Größen hergestellt werden mußten. Insbesondere die Stundenpläne glichen militärischen Aufmarschplänen für alle Waffengattungen. Sie waren wahre strategische Kunstwerke, an denen ein halbes Dutzend sachverständiger Lehrer zwei bis drei Wochen arbeiteten. Wenn ich diese Pläne dann der Aufsichtsbehörde zur Genehmigung einreichte, mußte ich jedesmal eingehende Erläuterungen beifügen. Gelegentlich stellte es sich dann heraus, daß niemand einen Blick hineingeworfen hatte, weil man sich doch nicht darin zurechtfand. – Als später die Oberschule eingerichtet wurde, ergaben sich dieselben Verhältnisse.

Selbstverständlich war es wohl, daß in diesem komplizierten Organismus die Lehrerfrage auch ein Problem bildete. Kurze Zeit drohte der Schule die Gefahr, daß ungeeignete oder unberufene Elemente in die Lehrkörper eindrangen. In Preußen mußte jeder, der Schulpflichtigen Unterricht irgendwelcher Art erteilen wollte, ausgenommen an öffentlichen Schulen, einen Unterrichts-Erlaubnisschein besitzen, der von den Bezirksschulräten ausgefertigt wurde. Als nun das Unglück begann, stürzten sich Studenten, Künstler, Kaufleute mit Sprachkenntnissen, kurz alles, was glaubte, unterrichten zu können, auf diese Möglichkeit, ein Stück Brot zu verdienen, und zahlreiche Schulräte in Berlin stellten nun, sei es aus Mitgefühl, sei es aus Gleichgültigkeit den jüdischen Interessen gegenüber, solche Erlaubnisscheine »zum Unterricht an jüdischen Schülern« aus, die dem Wortlaut nach nicht nur für den Privatunterricht, sondern auch für den Schulunterricht Geltung besaßen. Als sich diese Gepflogenheit zum groben Unfug entwickelte, brachte ich die Angelegenheit einmal bei unserem Schulrat zur Sprache, worauf dann die wahllose Ausgabe der Unterrichts-Erlaubnisscheine eingestellt wurde. Brauchten wir hin und wieder eine solche Persönlichkeit für eine Spezialbeschäftigung, dann beantragte die Schulverwaltung die Sondergenehmigung beim Stadtpräsidium.

So haben wir unsere Schulen auf- und ausgebaut, während rundherum auf Abbruch gearbeitet wurde – die Altersheime nur noch ausgenommen –, und dann haben wir sie auch noch wohnlich eingerichtet. Solange es ging, haben wir von der Außenwelt genommen, was sie uns bot. Wir haben Ausflüge und Wanderungen gemacht, so oft es nur anging, und mit Befriedigung kann ich auch hier wieder feststellen, daß die oft geäußerten Bedenken ängstlicher Gemüter gegen die Massenausflüge jüdischer Kinder und Jugendlicher in die nähere und weitere Umgebung Berlins niemals sich als begründet erwiesen haben. Weder die Fahrten noch die Wanderungen sind meines Wissens jemals durch Belästigungen, geschweige denn durch Schlimmeres gestört worden. Allerdings mußten wir allmählich davon absehen, in Gaststätten einzukehren. Erst die November-Katastrophe 1938 hat den Wanderungen ein Ende gesetzt, wie eben allem jüdischen Außenleben in Deutschland.

Ein wesentlicher Faktor der körperlich-seelischen Erziehung zur Widerstandsfähigkeit in der Zeit fortgesetzten und zunehmenden Druckes war das sportliche Leben unserer Jugend. Zum Glück verfügten wir über einen weiträumigen Sportplatz im Grunewald, den unsere Sportvereine nach und nach durch eigener Hände Arbeit in ein modernes Stadion verwandelten. Alljährlich im Herbst fanden hier die großen Wettkämpfe aller unserer Schulen statt, 1938 sogar unter Teilnahme von Jungmannschaften der größeren Schulen im Reich. Die Gemeinde, die Reichsvereinigung sowie der Preußische Landesverband stifteten Preise, um die mit erbittertem Ernst gestritten wurde. Selbstverständlich waren in erzieherischer Hinsicht die Monate des Trainings wichtiger und wertvoller als das Sportfest selber. – Ende 1938 wurde der Platz »beschlagnahmt«, und damit war die letzte Erholungsstätte für unsere Jugend verloren.

So mußte eben die Schule in immer weiterem Ausmaße Ersatz bieten für die Verluste in der Außenwelt, leider auch für so manches, was die Familie und der Bund immer weniger zu leisten imstande waren. Sie mußte die Sorge übernehmen für die Atmosphäre der Freude und des ruhigen Behagens, die der Jugendliche und das Kind brauchen für das normale Wachstum der Seele, wie das Wachstum des Körpers des täglichen Brotes bedarf. »Schafft Freude in die Schule!«, wurde für uns Lehrer ebenso sehr ein ständiger Mahnruf wie die selbstverständliche Verantwortung für die geistige Ausrüstung unserer Schüler. Wie wir das gemacht haben? Wir haben vor allem der Kunst eine Dauerstätte bei uns eingerichtet. Für das tägliche Brot auch in diesem Ressort sorgten wir selber. Unser ausgezeichneter Musiklehrer Alfred Loewy, unsere unübertreffliche Zeichenlehrerin und Kunstgewerblerin, Frau Elsbeth Lasch, und der »Regisseur«, Dr. Fritz Wiener, hatten die künstlerische Ausgestaltung der Schulferien wie auch die Vorbereitung regelmäßiger Matineen und Soireen in der Hand. Das Rückgrat der Veranstaltungen bildete der ausgezeichnete Schülerchor, dem sich bald ein Orchester zugesellte. Ein Radio mit Plattenspieler vervollständigte den musikalischen Apparat. Aus eigenen Beständen konnten wir sogar ausgebildete Tänzerinnen auf die Bühne stellen. Diese Veranstaltungen waren von der ersten Vorbereitung an bis zum letzten Bühnendetail und selbstverständlich in der Aufführung ureigene Angelegenheiten der Schüler, und es spricht für die Güte der Arbeit, daß die Aufführungen mitunter drei- bis viermal vor der Elternschaft wiederholt werden mußten.

Zu diesen Eigenveranstaltungen kamen dann Darbietungen von Berufskünstlern als Feierstunden und Höhepunkte der künstlerischen Erziehung und der Erhebung durch Kunst. Rezitatoren und Schauspieler, Sänger und Instrumentalisten waren in der Mittelschule regelmäßige Gäste, mit Freude begrüßt und mit Dankbarkeit verabschiedet. Und die Künstler selbst kamen mit Dankbarkeit, weil ihnen eine leider nur selten gebotene Gelegenheit zur Betätigung geboten war, und gingen mit Freude über den Erfolg. Denn hier hatten sie die Möglichkeit, sich voll auszugeben. Die vielen Hunderte von Schülern füllten die Aula dreimal, und so konnten drei verschiedene Programme mit steigenden Ansprüchen an das Verständnis der Zuhörer aufgestellt werden. Eine besonders beliebte Kunstgattung war, auch für mich selbst, das Puppenspiel, nicht nur das Kasperletheater, sondern auch das ernstere bis zum »Spiel vom Doktor Faust.«

Doch von Kunst allein kann der Mensch nicht leben, und sie macht auch nur halbe Freude, wenn es einem schlecht geht. Wir hatten aber das Glück, auch für das leibliche Wohl unserer Jugend in beachtlichem Maße sorgen zu können. Und wenn ich nun auf diese Seite der Schulfürsorge eingehe, dann bekommt der Leser zugleich die Antwort auf die Frage, die sich ihm gewiß schon aufgedrängt hat, woher denn die Schule die Mittel für solch weitgespannte Schulpflege nahm. Die beiden ehemals selbständigen Mittelschulen verfügten aus alter Zeit, da sie die einzigen Schulen der Gemeinde waren, über beachtliche Stiftungen, deren Zinsen zum Teil als Stipendien verteilt wurden, zum weitaus größeren Teil jedoch der Beschaffung von Lehrmitteln und Kleidung für bedürftige Schüler dienten. Nach der Inflation hatte die Gemeinde diese Stiftungen in großzügiger Weise wieder aufgefüllt; als jedoch die schweren Jahre kamen, stellte sie einen Teil der Zinszahlungen in den Schuletat ein. Für den Verlust suchte und fand ich Ersatz, indem ich Gebühren für die Leihbücherei einführte, die so umfangreich war, daß kaum ein Schüler Schulbücher zu kaufen brauchte. So gering die Leihgebühren im einzelnen waren, so ergaben sie doch sehr erhebliche Beträge, die, im Verein mit den Erträgnissen der Stiftungen, eine weitgehende Wohlfahrtspflege ermöglichten. Deren Hauptgebiet war und blieb die Bekleidung bedürftiger Schüler. Chanukka und Purim gaben die Gelegenheit für Bescherungen großen Stils. Schon wochenlang vorher stellten unsere Schulpflegerinnen in diskreter Weise die Bedürfnisse fest; darauf wurde ein Kostenvoranschlag aufgestellt, mit dem die Damen zu den bekannten Großfirmen gingen, wo sie stets auf freundlichstes Entgegenkommen rechnen konnten. Zu guter Letzt bekamen wir, was wir brauchten und zahlten, soviel wir hatten. Dabei blieb immer noch genug für andere Gelegenheiten und Zwecke übrig. Wo immer Schuhe und Kleider im Laufe des Jahres notwendig wurden, es war Geld da. Und wenn irgend ein Fonds erschöpft war, sei es der monatliche Fahrgeldzuschuß der Gemeinde, sei es für Frühstück und warmes Mittagessen, die Casper Arnstein-Stiftung –

unter dieser Flagge segelte unsere gesamte Hilfstätigkeit – half aus. Sie half aus, wenn die Nickelbeiträge für die konzertierenden Künstler etwas beschämend ausgefallen waren, wenn Eltern den unbedingt erforderlichen Beitrag für die Ferienkolonie oder eine Badekur nicht aufbringen konnten, sogar wenn eine spezialärztliche Untersuchung notwendig war, die niemand sonst bezahlen wollte oder konnte. Wenn ein besonders braver und tüchtiger Schüler infolge wirtschaftlicher Not sich gezwungen sah, die Schule vorzeitig zu verlassen, erhielt er eine bescheidene »Erziehungsbeihilfe«, wenn ihm damit geholfen war. Selbstverständlich brauchte kein Schüler von einem Ausflug zurückzustehen, weil er das Fahrgeld nicht aufbringen konnte; und ebenso selbstverständlich, daß bei den eigentlichen Wohlfahrtsmaßnahmen nur die Bedürftigkeit maßgebend war, nicht die Leistung und keine sonstigen Rücksichten. Als ein Junge infolge hinreichend erwiesenem Desinteresse die Schule verlassen mußte, bekam er zum Abschied noch ein paar Schuhe.

So war die Schule wirklich eine wahrhaftige Heimstätte für unsere Schüler, eine Zuflucht vor der Misere draußen, und wenn die ganz schlimmen Tage und Stunden kamen, da die Schule so ganz und gar nebensächlich schien, das heißt der Unterricht, dann habe ich gerade mit Nachdruck darauf bestanden, daß die Schule offen bleibe – als Zufluchtsort; denn nirgend sonst, nicht einmal zu Hause, waren die Kinder besser aufgehoben als hier. Ob sie das aber auch selber gewußt haben? Ein Ehemaliger schreibt aus England: »Ich habe Heimweh nach der Mittelschule.« Eine Ehemalige, ebenfalls dorther: »Wenn ich darüber nachdenke, welch schöne Zeit wir alle noch unter Ihrer lieben Leitung gehabt haben …, denn die Zeit kommt doch sicher nicht wieder.« Und eine andere aus Berlin: »… und ich fühle mich mit Ihrer Schule, in der ich nur ein Jahr war, verwachsener als mit der Schule, in der ich neun Jahre lang war.«

Deutsche Kultur verboten!

Die kulturelle Ausgrenzung der Juden wurde von den Nationalsozialisten bewusst voran getrieben, um eine »rein deutsche Kultur« zu schaffen. Der Besuch von öffentlichen Kultureinrichtungen und -veranstaltungen wurde Juden zwar »erst« 1938 verboten, die jüdischen Kulturschaffenden aber wurden schon bald nach der Machtübernahme aus dem öffentlichen Kulturleben vertrieben. Am 22. September 1933 wurden auf der Basis eines »Reichskulturkammergesetzes« für alle Kulturbereiche Kammern eingerichtet, deren Mitgliedschaft Voraussetzung für eine weitere Berufsausübung war. Obwohl das Gesetz bis 1937 keinen sogenannten Arierparagraphen enthielt, wurde Juden die Aufnahme verweigert und dort, wo noch Juden tätig waren, erzwang staatlicher Druck deren Entfernung. Der Arierparagraph im »Reichsschriftleitergesetz« vom Oktober 1933 kam einem Berufsverbot für jüdische Journalisten gleich. Ausgenommen waren nur jene, die im jüdischen Pressewesen arbeiteten. Viele zum Teil weltberühmte Künstler, Schauspieler, Musiker, Literaten und Regisseure verließen daraufhin Deutschland. Die Mehrzahl aber blieb.

Um ihnen ein Betätigungsfeld zu geben und den deutschen Juden, die zunehmend von sich aus auf den Besuch öffentlicher Konzerte und Theateraufführungen verzichteten, dennoch das Erleben von Kunst und Kultur zu ermöglichen, wurde ein eigener Kulturbetrieb aufgebaut. Der Anfang dafür wurde in Berlin gemacht, wo im Juni 1933 ein jüdischer Kulturbund entstand, der nur vier Monate später bereits weit mehr als 10000 Mitglieder hatte. Im Oktober 1933 führte die Theatergruppe ihre erste Inszenierung auf, Lessings »Nathan der Weise«, etwa zur gleichen Zeit wurden ein Symphonieorchester, eine Oper und ein Kabarett gegründet sowie eine Vortragsreihe organisiert. Nach dem Berliner Vorbild entstanden solche Einrichtungen auch an anderen Orten, so dass im April 1935 in Deutschland insgesamt 36 Kulturbünde mit rund 70000 Mitgliedern tätig waren. Sie schlossen sich am 6. August 1935 zum Reichsverband der jüdischen Kulturbünde zusammen. Ihre Aktivitäten mit eigenen Schauspiel- und Opernensembles, Orchestern, Chören sicherten die Existenz zahlreicher Künstler. Gleichzeitig boten die Kulturbünde den Besuchern einen Freiraum, in dem sie ohne Diskriminierungen Kultur genießen und dadurch auch seelische Kraft für den Alltag schöpfen konnten. Die Arbeit des Kulturbundes blieb möglich bis zur Auflösung im September 1941, kurz vor Beginn der Deportationen der Juden nach Osten.

Die Nationalsozialisten sahen diese Entwicklung nicht ungern, diente dies doch ihrem Bestreben, die Juden auch in ein »Kultur-Ghetto« abzudrängen. Die Bünde unterlagen einer Anmeldepflicht, einer staatlichen Aufsicht und einer inhaltlichen Zensur. Bedingung für die Tolerierung ihrer Aktivitäten war, dass nur jüdische Künstler tätig wurden und nur Juden Zutritt zu den Veranstaltungen erhielten. Im Lauf der Zeit wurde das Repertoire zunehmend eingeschränkt, um – so ein Verordnungstext – »zu verhindern, dass Deutsches durch jüdische Interpretationen entstellt wird«. 1934 wurden Schiller und die Romantiker, 1936 Goethe und die gesamte Klassik und kurz darauf alle nichtjüdischen deutschen Autoren vom Spielplan der Theater gestrichen. Auch das musikalische Repertoire musste sich auf jüdisches Kulturgut beschränken.

Diese Entwicklung bereitete den Kulturbünden große Schwierigkeiten. Sie mussten vor allem auf Werke ostjüdischer Autoren oder Komponisten zurückgreifen, neue Werke anregen oder in Auftrag geben. Die Mehrheit der Besucher, die vom klassischen deutschen Kulturgut geprägt worden war, begegnete dem Angebot mit Unverständnis und oftmals deutlicher Ablehnung. Letztlich aber mussten sie die staatlichen Auflagen akzeptieren, um überhaupt noch Kultur genießen zu können. Zunehmend setzte sich das Publikum jedoch inhaltlich mit dem Neuen auseinander. Entgegen der nationalsozialistischen Intentionen trug das jüdische Kulturwesen, zu dem auch die Produkte der noch arbeitenden jüdischen Presse und Verlage gehörten, zum Entstehen eines neuen jüdischen Bewusstseins und einer jüdischen Identität bei.

Fritz Goldberg

Endlich ging es nicht mehr

Ich nahm an der Generalprobe eines unserer Verlagswerke an der Berliner Volksbühne teil. Im Parkett saßen etwa 30 Menschen, doch war ich der einzige Zivilist. Alle anderen, vom neueingesetzten Intendanten bis zum letzten Mitglied seines Stabes, trugen Parteiuniform. Der Schluß des Stückes wurde wieder und wieder probiert, eine wirksame Lösung aber nicht gefunden. Schließlich wandte sich der Intendant und S.A.-Sturmführer an mich. Mein Vorschlag war nicht etwa eine Offenbarung, sondern entsprang nur meiner längeren Theatererfahrung. Der Bühnenleiter dagegen – und das war typisch – hatte überhaupt keine Berufspraxis. Das neue Amt verdankte er nicht etwa beruflichem Können, sondern er wurde wie so viele Dilettanten damals eingesetzt, weil er der Partei eine genügende Frist angehört hatte. Mein Vorschlag jedenfalls wurde von ihm akzeptiert, und niemand sah das Groteske der Situation, daß er von einem Menschen Rat erbat, für dessen völliges Verschwinden aus dem Kulturleben er seit Jahren unerbittlich kämpfte.

Ein junger, nationalsozialistischer Dramatiker hatte mir im Jahre 1932 sein erstes Bühnenwerk eingereicht, ein Kriegsstück, voll von Angriffen auf die Republik und ausklingend in eine Hymne auf den Führerstaat. Ich hatte immer das Prinzip vertreten, mir anvertraute Manuskripte objektiv zu beurteilen, nach rein künstlerischen Maßstäben und unabhängig von der politischen Einstellung des Verfassers. Hier war zweifellos eine dramatische Begabung vorhanden, wenn auch noch anfängerhaft und ungeformt. Ich ließ den Autor kommen, machte aus meiner persönlichen Ablehnung seiner Ideale kein Hehl, erörterte mit ihm die Schwächen seines

Stückes und veranlaßte Änderungen, bei denen er – mein politischer Todfeind – sich gern und willig von mir beraten ließ. Dann empfahl ich dem Verlag die Annahme des Werkes, die auch erfolgte. Nach dem politischen Umbruch war es ein leichtes, die Uraufführung zu placieren, die in einem besonderen Rahmen arrangiert wurde, an einem Festtage für die Kämpfer der neuen Bewegung. Der Autor forderte mich nicht nur auf, der Premiere beizuwohnen, sondern bestürmte mich sogar, mit ihm in seinem Wagen zu fahren und in seiner Loge als sein Gast den Abend zu verleben. Es kostete mich größte Mühe, ihn von diesem Vorhaben abzubringen. Er wollte und wollte nicht einsehen, daß eine derartige Kombination für beide, ihn und mich, nur unerfreuliche Folgen haben könnte.

Solche Erlebnisse waren bezeichnend für die erste Periode des Nationalsozialismus, in der zwischen Prinzip und Person noch scharf unterschieden wurde. Erst in eine spätere Zeit fallen die Gesetze, die solche Unterscheidungen nicht mehr zuließen. Immer häufiger gingen ihnen die sogenannten Einzelaktionen voraus, die den Inhalt künftiger Verordnungen vorwegnahmen. Ich besuchte die Uraufführung eines Films, dessen Star die prominente Schauspielerin Elisabeth Bergner war. Vor dem Kinopalast stand eine Menge von Zivilisten aufmarschiert, auf den ersten Blick als gedrillte Nazis erkennbar. Sie johlten, pfiffen und krakehlten außerhalb und innerhalb des Hauses, pöbelten die Zuschauer an und erzwangen die sofortige Absetzung. Bald darauf wurde das entsprechende Gesetz erlassen, mit folgender typischer Begründung: Bei wiederholten Anlässen habe sich herausgestellt, daß sich das gesunde Volksempfinden »spontan« gegen das Auftreten volksfremder Künstler empöre; schon im Interesse der öffentlichen Ruhe könnten daher Filme, bei denen jüdische Schauspieler beschäftigt seien, nicht mehr zugelassen werden. Die meisten Deutschen lächelten über diese amtliche Bezeichnung »spontan«. Aber es gab auch schon bisher ganz vernünftige Leute, die auf diese Propaganda hereinfielen.

Das war bezeichnend. Man ließ die jüdischen Künstler offiziell noch arbeiten und hinderte sie auf Umwegen an der Ausübung ihres Berufes. Auch ich erhielt meine offizielle Zulassung zu der neugegründeten Reichskulturkammer, die Juden aufnahm, wenn sie Kriegsteilnehmer waren. Ich durfte einen nicht unerheblichen Einschreibe- und Mitgliedsbeitrag entrichten und erhielt dafür eine Knopflochnadel, die dem S.A.-Abzeichen peinlich verwandt wirkte. Eine fühlbare Verschlechterung unserer Situation setzte mit dem Tode des Reichspräsidenten Hindenburg ein. Nun fielen alle bisherigen Hemmungen. Statt der listigen Umwege gab es krasse Endregelungen; auch die Sondervergünstigungen für Frontkämpfer wurden aufgehoben, da es angeblich jüdische Soldaten im Feld überhaupt nicht gegeben hätte. Zwölftausend von ihnen waren nachweisbar für Deutschland gefallen. Auch mich weckte eines Morgens der Postbote mit einem Einschreibebrief der Kulturkammer, die mir meinen Ausschluß verkündete. Ich sei weder politisch noch moralisch geeignet, noch meinem Wesen nach imstande, deutsches Kulturgut zu verwalten. Nadel und Ausweis hatte ich innerhalb weniger Tage abzuliefern. Den schon im voraus entrichteten Mitgliedsbeitrag erhielt ich allerdings nie zurück.

Damit war meiner beruflichen Laufbahn eigentlich ein Ende gesetzt; denn nur Mitglieder der Organisation durften auf kulturellem Gebiete tätig sein. Meine Firma aber versuchte, diese Tatsache zu ignorieren und mich weiter zu halten. Noch fast ein Jahr lang arbeitete ich an alter Stelle. Aber es war nicht mehr das gleiche. Täglich wurde die Möglichkeit zu individueller Betätigung weiter eingeschränkt, immer mehr mußte ich im Hintergrund bleiben. Endlich ging es nicht mehr. Die drohenden Anfragen, ob ich noch immer da sei, häuften sich. Die Kulturkammer selbst bestimmte meinen Nachfolger, den ich noch einzuarbeiten hatte. Er benahm sich mir gegenüber sehr anständig und korrekt, betonte immer wieder, wie peinlich er es empfände, auf diese Weise zu einer Stellung zu gelangen, und versicherte mir als letztes, daß er entschlossen wäre, die Dramaturgie in meinem Geiste weiterzuführen. Wir schieden in bestem Verhältnis. Ich atmete auf, als es so weit war; Druck und Spannung waren unerträglich geworden.

Ludwig Misch

Berufsverbot als Musikkritiker

Der erste Eingriff des Nationalsozialismus in mein Schicksal erfolgte am 1. April 1933. An diesem Tage sagte man mir in der Redaktion des Lokalanzeigers, dessen erster Musikkritiker ich war: »Sie sind ja ein vernünftiger Mensch, Sie sehen, was jetzt vorgeht, Sie begreifen, daß wir Sie nicht halten können.« Ich erhielt eine Abfindung in der Höhe meines Jahreseinkommens vom »Berliner Lokalanzeiger« und von der Radio Wochenschrift »Europa-Stunde«, deren Musikredakteur ich zugleich war. Ich sage »Einkommen«, nicht »Gehalt«, denn ich habe beim Lokalanzeiger nie eine feste Anstellung erhalten, obwohl ich seit Ende 1921 als Musikkritiker tätig war. Weder meinem Lehrer, Professor Wilhelm Klatte, der mich als erster Musikkritiker heranzog, noch mir selbst gelang es, die feste Anstellung zu erhalten. Ich arbeitete regelmäßig, aber immer gegen Honorar. Erst nach dem Tode Professor Klattes, als ich zum ersten Musikkritiker aufrückte, erhielt ich für die gleichzeitig zu übernehmende Arbeit als Musikredakteur ein Spesenfixum. Bei der »Europa-Stunde« dagegen hatte ich ein festes Gehalt.

Ich war zunächst ohne finanzielle Sorgen, wohl aber in Sorge um eine neue Position. Ich glaubte zwar damals, daß die Nazis nicht lange am Ruder bleiben würden, aber ich sah für die nächste Zeit kaum die Möglichkeit, eine neue Existenz aufzubauen. Mich hatte der Schlag der Existenzvernichtung früher als die meisten Juden Deutschlands getroffen. Wir, das heißt meine Frau, meine Schwester und ich, gingen zum C. V., um uns in der neuen Situation Rat zu holen, und zur Jüdischen Gemeinde – vorläufig ohne Ergebnis. Ich hatte eine Besprechung mit mehreren Musikern. Wir planten, ich weiß nicht mehr was, aber es wurde nichts daraus, weil irgendwelche Verfügungen der neuen Regierung unsere Absichten vereitelten. Als die Frage der Auswanderung angeschnitten wurde, sagte Leonid Kreutzer, der russische Jude, der nach dem Ersten Weltkrieg in Berlin eingewandert war: »Wie kann man auswandern? Wo anderwärts kann man Musik machen wie in Berlin?«

Auf den Rat besonders meiner jüngeren Schwester ging ich einige Wochen später nach Paris, um mich über die Möglichkeit einer Existenz dort zu informieren. Der Aufenthalt blieb ergebnislos. Ich machte unzählige Wege, wurde meist freundlich aufgenommen, hörte aber überall, betreffs meiner Berufsmöglichkeiten: »C'est très difficile« – obwohl ich ein Empfehlungsschreiben Furtwänglers, der gleichzeitig mit mir in Paris war, vorweisen konnte. Ich sollte Ravel vorgestellt werden, aber er war nicht in Paris. Nachdem ich, ohne Aussicht, irgendetwas zu erreichen, eine Kostprobe der Emigrantenmisere mitbekommen hatte, kehrte ich nach Berlin zurück mit dem Vorsatz, keine Panik-Entschlüsse zu fassen. Dies erwies sich für die ersten Jahre für mich als richtig.

In Berlin war der Jüdische Kulturbund gegründet worden, es entwickelten sich Hauskonzerte und auch Veranstaltungen jüdischer Künstler für Juden in öffentlichen Konzertsälen. Ich gründete einen eigenen A Capella-Chor, die »Neue Madrigalvereinigung«, später »Jüdische Madrigalvereinigung« genannt. Das war eine anfangs mühevolle Arbeit. Zunächst galt es, Sänger und Sängerinnen zu finden, die gleich mir sich aus reiner Freude an künstlerischer Arbeit beteiligen wollten. Unter diesen mußten die für den Zweck brauchbaren ausgesucht werden, mancher mußte nach einer Anzahl von Proben ausscheiden. Die Chorstimmen schrieb ich selbst aus, und als der kleine Chor konzertreif schien, mußte ich Engagements suchen in den Veranstaltungen der »Freude im

Winter«, des Reichsverbandes Jüdischer Frontsoldaten, bei jüdischen Logen etc. Auch die »Künstlerhilfe« der Jüdischen Gemeinde nahm sich unserer an. Zu den eigenen Konzerten mußten Einladungen verschickt werden, auch Geldspenden mußten für die unvermeidlichen Unkosten wie Saalmiete, Druck der Programme und dergleichen erbeten werden. Da der Chor ausweislich erhaltener Programme im März 1934 zum ersten Mal öffentlich sang, dürften die Proben im Herbst 1933 begonnen haben. Wir hatten abwechslungsreiche Programme. Die Einnahmen aus den Engagements und eigenen Konzerten wurden gleichmäßig unter allen Mitwirkenden verteilt, ausgenommen namhafte Solisten wie Paula Lindberg, Wilhelm Guttmann und andere, die unentgeltlich mitwirkten.

Durch Verfügung der Behörden wurden alle Künstler dem Kulturbund unterstellt, der der Behörde die Programme einzureichen hatte. Dadurch wurde mir kurz vor einem Konzert die Aufführung des großen, allerdings textlich sehr anzüglichen 22. Psalms von Mendelssohn verboten. Das nahm mir die Lust an der Weiterarbeit, ich löste den Chor auf. Dies dürfte Mitte 1936 gewesen sein. Der Entschluß war mir vielleicht nützlich, denn bald danach wurde ich zur Gestapo vorgeladen, um über den Chor verhört zu werden. Da ich sagen konnte, er existiere nicht mehr, blieb ich unbehelligt.

Die Madrigalvereinigung war für mich nur eine Sache der künstlerischen Befriedigung, denn die Einnahmen, die ich wie jedes Mitglied bezog, waren minimal. Eine finanziell einträgliche Beschäftigung verschaffte mir Leo Kreindler, der Chefredakteur des »Gemeindeblatts der Jüdischen Gemeinde« und des »Israelitischen Familienblatts«, indem er mich als Musikkritiker, eine Zeitlang für beide Blätter, später – um etwaige Rivalität zu vermeiden – für das Gemeindeblatt allein einsetzte. Die gleiche Tätigkeit fiel mir bald auch beim »Schild«, dem

Organ des Reichsverbands Jüdischer Frontsoldaten zu.

Im April 1935 wurde ich Musiklehrer der Privaten Jüdischen Waldschule Grunewald. Da ich nicht als Schulmusiklehrer ausgebildet war, wohl aber die staatliche Anerkennung als Privatmusiklehrer besaß, erhielt ich von Schulrat Spanier, Wilmersdorf, die Erlaubnis, die Stellung anzunehmen. Sie sicherte mir zusammen mit der journalistischen Arbeit ein ausreichendes Einkommen. Obwohl ein paar Jungen im Pubertätsalter und ein paar verzogene junge Damen der obersten Klasse, die das »Nebenfach« Musik mißachteten, mir anfänglich etwas Disziplinschwierigkeit machten, fühlte ich mich in meiner neuen Arbeit wohl, und in den Stunden mit den Jüngsten und den Mittelklassen, mit denen ich von Anfang an in bestem Einvernehmen stand, sogar glücklich. Von mir wurde auch ein Schülerorchester gegründet.

Von dem Entsetzen, das die infamen »Nürnberger Gesetze« im Herbst dieses Jahres hervorbrachten, brauche ich nicht zu sprechen. Aber ich haben von persönlichem Ungemach ungefähr aus dieser Zeit zu berichten: Unsere Wohnung in der Künstlerkolonie am Breitenbachplatz wurde uns aus »rassischen Gründen« gekündigt. Als wir die Wohnung verließen, trat eine Flurnachbarin, die wir nur vom Sehen kannten, aus ihrer Tür und sagte zu uns: »Ich schäme mich, Deutsche zu sein.« Nun, man konnte damals auch als Jude noch eine andere Wohnung bekommen.

Ein schlimmerer Schlag traf mich, als ein Schulrat Freitag vom Wilmersdorfer Amt mir aus formalen Gründen mit sofortiger Wirkung die Unterrichtserlaubnis entzog. Diese für mich ruinöse Anordnung konnte nur durch den Kultusminister rückgängig gemacht werden. Ich bat Wilhelm Furtwängler um seine Intervention, die er sofort zusagte und unternahm. Ich weiß den Zeitpunkt, an dem ich meinen Schulunterricht abbrechen mußte, nicht mehr. Ich erinnere mich nur, daß ich unter einer langen Zeit erzwungener Untätigkeit schwer litt, bis ich am 7. 1. 1937 einen Brief von Furtwängler erhielt: »Ich hatte kürzlich Gelegenheit, den Minister persönlich an Ihre Sache zu erinnern ... Er sagte mir, er habe die Sache sofort weitergegeben, und sie würde gegenwärtig geprüft.« Aber erst in einem Schreiben des Stadtpräsidenten vom 24. März wurde mir die günstige Entscheidung mitgeteilt, und am 13. April mußte Herr Freitag die Erlaubnis, weiter zu unterrichten, in meinen Schein eintragen. Inzwischen war ein anderer Musiklehrer für die Lessler-Schule engagiert worden, den man nicht entlassen mochte, aber ich wurde wieder eingestellt, und wir teilten uns kollegial in den Unterricht. Seit Ostern '37 konnte ich dadurch gleichzeitig den Musikunterricht an der Holdheim-Schule der jüdischen Reformgemeinde übernehmen.

Eines Tages wurde ich telephonisch aus der Lessler-Schule zu einer Kulturbund-Tagung unter Vorsitz des Staatskommissars Hinkel beordert, um über Chorwesen zu sprechen. In meiner Stegreifrede sagte ich unter anderem: »Die Juden in Israel sind stolz darauf, Haydns ›Schöpfung‹ aufgeführt zu haben, hier aber fühlt sich jeder Sänger verpflichtet, ein paar primitive jiddische Lieder in sein Programm aufzunehmen.« Meine Worte waren selbstverständlich nicht gegen jüdisches Volksgut als solches gerichtet – ich selbst habe drei ostjüdische Volkslieder kunstmäßig für einen A Capella-Chor bearbeitet und mit meiner Madrigalvereinigung aufgeführt –, sondern gegen Herabsetzung des Niveaus von Konzerten aus »völkischen« Rücksichten. In seiner folgenden Schlußansprache sagte Herr Hinkel unter anderem ungefähr: »Nachdem wir so schöne Worte von Rabbiner Dr. Prinz gehört haben, finden wir hier noch Leute, die die stinkenden Eierschalen der Assimilation an sich tragen.« Diese Worte wurden wörtlich so gesprochen. Dr. Prinz, den ich vorher nicht persönlich kannte, kam auf mich zu mit den Worten: »Damit waren Sie gemeint.« Ich schäme mich dieses Vorwurfs auch heute noch nicht.

Kurt Baumann

Der Kulturbund – Ghetto und Heimat

Eines Morgens fiel mir plötzlich ein, daß das nationalsozialistische Parteiprogramm mehrere Male die Behauptung aufgestellt hatte, daß die Juden in Deutschland einen ökonomischen und kulturellen Fremdkörper darstellten und daher aus dem deutschen Leben ausgeschaltet werden mußten. Der nächste Gedanke war folgerichtig, daß es möglich sein könnte, wenigstens in den großen Städten ein kulturelles Eigenleben der jüdischen Bevölkerung zu organisieren. Meine Idee, einen jüdischen Kulturkreis zu gründen, basierte auf sehr einfachen Zahlen: Zur Zeit lebten etwa 175 000 Juden allein in Berlin, viele andere Großstädte hatten prozentual ähnliche Konzentrationen. Ich rechnete mir aus, daß eine Stadt von 175 000 Einwohnern eigenes Theater, Oper, Sinfonieorchester, Museen, Vorträge, ja sogar eine Hochschule erhalten könne und dies unter den ökonomischen Bedingungen einer Mittelstadt.

Es war mir von vornherein klar, daß es vorläufig noch zweifelhaft war, ob und wie eine behördliche Genehmigung zu erreichen sei, gerade wegen der Ungewißheit, welcher Flügel der Nazis welche Amtspositionen innehatte, und was die Reinheit des Parteiprogramms für die jeweiligen Amtsstuben bedeutete. Es war mir auch bewußt, daß zionistische Kreise ihre Unterstützung nur dann geben würden, wenn wir alle unsere kulturellen Bemühungen in Jiddisch oder Hebräisch ausführen würden. Abgesehen von der Tatsache, daß im großen und ganzen das deutsche Judentum weder Jiddisch noch Hebräisch genügend beherrschte und daß Übersetzungen jiddischer und hebräischer Literatur nur spärlich existierten, waren die Zionisten damals eine Minderheit in der jüdischen Bevölkerung. Von der Mehrheit, die im »Centralverein deutscher Staatsbürger jüdischen Glaubens« zusammengefaßt war, und vom Reichsbund jüdischer Frontsoldaten konnte ich erwarten, daß der Vorschlag eines rein jüdischen Kulturkreises in Deutschland mit dem Ruf beantwortet werden würde: »Wir gehen nicht freiwillig ins Ghetto.«

Auf alle Fälle war mir klar, daß ein bis ins einzelne genau ausgearbeiteter Plan mit Etat, künstlerischem und intellektuellem Personal und Mitgliederorganisation vorliegen müsse, um zu beweisen, daß eine solche Idee verwirklicht werden könnte. Ich setzte mich daher hin und entwarf in ungefähr zwei Wochen einen bis ins kleinste ausgefeilten Plan. Die nächste Überlegung war, wer die Leitung eines solchen Unternehmens übernehmen sollte. Ich war mir bewußt, daß ich mit meinen 26 Jahren weder im deutschen Judentum noch den deutschen Amtsstellen bekannt war oder irgend etwas bedeutete. Es mußte jemand sein, der in künstlerischen Kreisen einen guten und großen Namen hatte und der, wenn möglich, auf beiden Seiten sich so verdient gemacht hatte, daß die deutschen Behörden ihn nicht von vornherein ablehnen konnten:

Es dauerte nur sehr kurze Zeit, bis ich auf den Namen meines Mentors und früheren Intendanten der Städtischen Oper kam: Dr. Kurt Singer. Er war nicht nur ein sehr bekannter Musiker und Organisator, sondern hatte noch einen anderen großen Vorzug. Er war im Ersten Weltkrieg Frontkämpfer gewesen und hatte als Dirigent des Ärztechors in Berlin, in seinen Schriften und auf dem Podium besonders wertvolle Arbeit für das deutsche Volkslied geleistet. Er war daher sogar in deutschnationalen Kreisen sehr bekannt und beliebt, obwohl er selbst liberaler Demokrat, früher wohl Sozialdemokrat war. Ich ging also zu ihm hin, erzählte ihm von der Idee im allgemeinen und bat ihn unter strengster Verschwiegenheit, sich meinen Plan genau anzusehen. Er war sofort sehr interessiert und sagte, daß ihm ähnliche Ideen auch schon durch den Kopf gegangen seien, nur daß er sich keine weiteren Gedanken darüber gemacht habe. Er versprach mir, den Plan genau durchzustudieren. Nach sehr kurzer Zeit rief mich Dr. Singer an und bat mich zu sich. Es begann nun eine intensive tägliche Zusammenarbeit, in der einige Revisionen des Planes vorgenommen wurden. Dr. Singer hatte die Idee mit Begeisterung aufgenommen und sich bereit erklärt, im Falle des Gelingens die entstehende Organisation als Leiter zu vertreten.

Zwei Hauptprobleme waren von Anfang an sichtbar geworden: Wo waren die jüdischen Verwalter und Künstler, die man zu einem Kulturunternehmen brauchte, das beinahe alle Kultursparten der westlichen Zivilisation umfassen sollte, und wie konnte man ihren augenblicklichen Status herausfinden? Wir wußten, daß seit Januar 1933 die jüdischen Künstler aller Gattungen ihre Positionen verloren hatten oder spätestens in ein paar Monaten verlieren würden. Wir wußten auch, daß mindestens eine kleine Anzahl jüdischer Künstler offiziell auf Grund ihrer Eigenschaft als ehemalige Frontsoldaten des Ersten Weltkrieges noch nicht entlassen worden waren. Aber diese offizielle Regel, die von Reichspräsident Hindenburg stammte, war von den Nazis oft übergangen worden, während andere selbstverständlich ihre Verträge aus Stolz gekündigt hatten. Die Listen der verschiedenen Berufsvereinigungen waren leicht erreichbar, jedenfalls in Berlin, aber auch auf gesamtdeutschem Gebiet. Die jüdischen Verwaltungskräfte, zumindest in Berlin, waren erfaßbar durch ein Büro, das die Jüdische Gemeinde Berlin sehr bald nach der Machtübernahme zum Zwecke der Betreuung eingerichtet hatte.

Das zweite Problem war die Frage, wie umfassend die neue Organisation sein sollte, und vor allem, welche

Stellen zuständig waren, die einen solchen Plan zu prüfen und eventuell zu genehmigen hatten. Dr. Singer und ich kamen zu der Überzeugung, daß man langsam vorgehen müsse und eine solche Organisation zunächst auf Berlin beschränken sollte. Es war von vornherein klar, daß, wenn es gelingen sollte, in Berlin eine solche Kulturorganisation aufzubauen, weitere große Städte folgen würden.

Da unser Plan vorsah, als Kernstück der neuen Organisation ein Theater zu gründen, war es unerläßlich, daß wir einen der bekanntesten Männer des deutschen Theaterlebens brauchten. Es gab viele berühmte Namen, aber einer der besten, an den wir sofort dachten, war Julius Bab. Merkwürdigerweise war auch er ein entfernter Verwandter von mir, ein Onkel zweiten Grades von meiner Mutters Seite her. Ich kannte ihn seit meiner Kindheit, er war mir von früh an einer der wichtigsten Berater in meiner Theaterausbildung und frühen Karriere gewesen. Ich werde nie vergessen, wie er reagierte, als ich ihn anrief und ihm vorschlug, als einer der Leiter der neuen Organisation mit uns zu arbeiten. Er sagte in seiner berühmten hohen Stimme, die so vielen jüdischen Menschen aus Deutschland aus seinen Vorlesungen an der Humboldt-, Lessing- und Volkshochschule bekannt war: »Dürfen wir denn das?«

Es ist uns später vorgeworfen worden, daß wir den Kulturbund nur gegründet hätten, um ein paar jüdischen Künstlern Arbeit und Brot zu geben; das ist nur halbrichtig. Natürlich waren wir darauf bedacht, den Hunderten von jüdischen Künstlern, die gerade fristlos entlassen waren, zu ermöglichen, bis zu ihrer Auswanderung ein bescheidenes Einkommen zu haben, aber sehr viel wichtiger war es uns damals, dem jüdischen Publikum in Deutschland, das in der Vorfront des deutschen Kulturlebens gestanden hatte, eine Heimat zu bieten, so lange es noch möglich war.

Schon nach relativ kurzer Zeit schien es, daß die Verhandlungen im preußischen Innenministerium günstig vorangingen. Ein besonderes Hindernis schien zu sein, daß die Gegenseite immer noch befürchtete, daß »arisches« Publikum aus dem deutschen Kulturleben abgezogen werden könnte und die ganze Sache sich als ein jüdischer Trick erweisen werde, um die nationalsozialistische Kulturerziehung des deutschen Volkes zu unterbinden.

Im Mai war es dann so weit. Man würde uns erlauben, ein altes Theater zu mieten und einen Verein zu gründen, in dem ausschließlich jüdische Künstler und Geistesarbeiter für ausschließlich jüdisches Publikum Veranstaltungen aller Arten geben konnten. Die Mitglieder mußten durch Lichtbildausweis gekennzeichnet sein und nur durch Abonnement die Möglichkeit haben, hineinzukommen. Ein Abendbesuch von der Straße her, sogar für Mitglieder, war verboten. Einzelplätze durften an der Abendkasse nicht erhältlich sein. Dafür wurde uns versprochen, daß man Polizeischutz haben werde und daß keine nationalsozialistischen Verbände die Mitglieder des Vereins bei der An- und Abfahrt und bei den Vorstellungen stören würden. Selbstverständlich mußten zuvor alle Texte, Musik und Ausstellungsgegenstände von einer Kontrollbehörde des Innenministeriums genehmigt werden. Es ist hier zu bemerken, daß uns »nahegelegt« wurde, Kulturgut, das als besonders deutsch galt, möglichst zu vermeiden.

Es war uns schon klar geworden, daß wir eine mögliche Genehmigung zunächst einmal damit erkaufen mußten, daß wir nur unter strikter behördlicher Kontrolle arbeiteten. Der größte Preis war aber, daß die Nazis uns als eines ihrer stärksten Propagandamittel ausnutzen würden, wann immer etwa harsche antijüdische Maßnahmen im Ausland große Erregung auslösen würden.

Wir gingen tatsächlich ins Ghetto, aber wir brachten dem jüdischen Publikum wenigstens für einige Zeit eine Kulturstätte mit Darbietungen, die sie gewohnt waren, und in einer Umgebung, die sie vor Unannehmlichkeiten aller Art schützte. Die großen jüdischen Künstler von internationaler Bedeutung, vor allem die Musiker, waren sofort nach der Machtübernahme ausgewandert; sie hatten keine Schwierigkeiten, im Ausland Arbeit und Brot zu finden. Aber es gab in Berlin zunächst Hunderte von hochbegabten und wohltrainierten Künstlern und Geistesarbeitern, die nicht so leicht auswandern konnten, weil sie draußen nicht genug bekannt waren, und die in Deutschland keine Arbeit mehr bekamen. In dem entstehenden Vertrag zwischen uns und der preußischen Regierung war es von deutscher Seite klargemacht worden, daß Vorstandsmitglieder der Jüdischen Gemeinde Berlin in unserem entstehenden Aufsichtsrat vertreten sein müßten, um dem Verein einen offiziellen Status zu verleihen.

So begannen nun unsere Verhandlungen mit der Jüdischen Gemeinde Berlin, die sich als schwieriger herausstellten als die mit den Nazibehörden. Wie ich schon angedeutet habe, mußte erst der Kampf innerhalb der Gemeinde zwischen zionistischen und nichtzionistischen Kräften ausgetragen werden, bis endlich beide Flügel sich geeinigt hatten und bereit waren, Vertreter in unseren Aufsichtsrat zu entsenden. Was uns Dr. Singer vorausgesagt hatte, trat nun ein. Der Vorgesetzte, in dessen Dezernat Hans Hinkel arbeitete, schlug Ministerpräsident Göring vor, Herrn Hinkel mit einem neuen Dezernat als Leiter und Aufsichtsbeamter für jüdische Kulturbelange in Preußen zu ernennen. Von den internen Verhandlungen im preußischen Innenministerium haben wir offiziell nie etwas erfahren, aber Mitte Mai 1933 teilte Herr Hinkel Dr. Singer mit, daß dem Vertrag nichts mehr im Wege stehe, daß er – Hinkel – von

Göring zum Leiter ernannt sei, und daß er, Dr. Singer, mit seinem Kopf für die reibungslose Ausführung der im Vertrag enthaltenen Bedingungen haftbar sei. Es war nur noch nötig, sich bei Minister Göring vorzustellen und seinen »Segen« zu erhalten. Das geschah dann auch; Göring versuchte leutselig und jovial zu sein und sagte ungefähr: »Wenn Ihr alles richtig macht und Herrn Hinkel pariert, dann wird alles gut gehen, wenn Ihr über die Stränge schlagt, dann knallt's, Ihr wißt das ja.« Am 20. Mai 1933 war es schließlich so weit. Es wurde ein Vertrag unterschrieben, der vom »Kulturbund deutscher Juden« und seinem Vorstand und dem neuen Ministerialdirektor im preußischen Innenministerium, Hans Hinkel, unterzeichnet wurde. Hermann Göring zeichnete nur mit seinen Initialen.

Ein für unsere Seite einschneidendes Problem, von dem wir nicht wußten, wie es sich lösen würde, war der Widerhall, den diese Gründung in der jüdischen Gemeinde Berlins und auch in den radikalen nationalsozialistischen Organisationen haben würde. Herr Hinkel hatte während der Verhandlungen immer angedeutet, daß er Schwierigkeiten erwarte, die damit zusammenhingen, daß mehrere extreme nationalsozialistische Gruppen unsere neue Organisation deswegen bekämpfen würden, weil trotz des Parteiprogrammes die ausschließliche Kontrolle über jüdische Kulturbelange von mehreren anderen Behörden und Parteistellen verlangt wurde. Aber Hinkel hatte immer Dr. Singer beruhigt, daß das seine Sache wäre und man nichts zu fürchten habe. Wir wurden natürlich über die innerparteilichen Kämpfe nicht informiert, aber wir wußten genug, um uns vorstellen zu können, wie der Kampf zwischen der Gestapo und einigen Kreisen des Reichspropagandaministeriums, der radikalen Presse und sogar einiger Gruppen von Hinkels eigenem »Kampfbund für deutsche Kultur« um Einfluß auf und Kontrolle über unseren neuen Verein hin- und herwogte. Das hat eigentlich niemals aufgehört bis zur Auflösung des Kulturbundes 1941. Aber Hinkel hat sich immer durchgesetzt. Er war und blieb die einzige Kontrollbehörde, die wir je gehabt haben; wir haben nie mit anderen Partei- und Amtsstellen etwas zu tun gehabt. Ich werde später berichten, was für Versuche gemacht worden sind, Herrn Hinkel diese Kontrolle aus den Händen zu schlagen. Es ist wichtig, hier festzustellen, daß im Vertrag vorgesehen war, daß Hinkel in seiner Begleitung jede Person, die er wünschte, in unsere Veranstaltungen mitbringen konnte. Da wir uns bereit erklärt hatten, vollständig abgetrennt von der deutschen Öffentlichkeit zu arbeiten, war natürlich kein Wort von der neuen Gründung in die deutsche Öffentlichkeit gedrungen. Auf unsere Bitte erlaubte Herr Hinkel schließlich, daß eine kurze Mitteilung in den wichtigsten Berliner Zeitungen erscheinen würde, damit das jüdische Publikum wußte, daß die neue Organisation behördlich genehmigt sei.

Auch mit diesem Zugeständnis konnten wir noch nicht wissen, wie die jüdische Bevölkerung Berlins reagieren würde, wenn sie in jüdischen und deutschen Veröffentlichungen über die Gründung lesen würde. Es konnte ja sein, daß viele Menschen es für möglich hielten, daß die ganze Sache eine List der Nazis war mit dem Ziel, größere Ansammlungen von Juden entweder zu stören oder zu verhaften. Außerdem wußten wir, daß es eine ganze Reihe gab, die nicht in ein kulturelles Ghetto gehen wollten und daher nicht Mitglieder werden würden. Es muß hier noch darauf hingewiesen werden, daß ein Verbot zum Besuch deutscher Kulturveranstaltungen für Juden noch nicht bestand und nach Hinkels wiederholten Aussagen auch für lange Zeit nicht zu erwarten war; das kam erst nach der Kristallnacht 1938. Man kann sich leicht vorstellen, wie schwer es für eine Familie ist, jahrzehntelange Abonnements für die Philharmonie, andere Konzerte, Theater und Oper aufzugeben, wenn kein Verbot vorliegt, selbst wenn man ab und zu neben einen uniformierten S.A.- oder S.S.-Mann zu sitzen kommt und eventuelle Bemerkungen negativer Art zu hören bekommt. Es würde sehr darauf ankommen, wie die jüdische Presse Berlins die nun einsetzende große Mitgliederwerbung unterstützen würde.

Dr. Singers große Wohnung wurde nun zu einem Bienenhaus der Geschäftigkeit. Mindestens 20 Menschen arbeiteten inzwischen in allen Abteilungen, vor allem der Werbeabteilung. Es mußten über den Sommer mehrere große und viele kleine Werbeveranstaltungen in großen Synagogen und kleinen Sälen geplant werden, ein Orchester unter der Leitung von Michael Taube, ein Chor unter Berthold Sander mußte gebildet werden. Die ersten Schauspieler und Sänger mußten angehört werden. Alle Verbände des Bundes, vor allem die Mitglieder des jüdischen Gemeindevorstands, mußten überall öffentlich und privat für unsere Sache werben.

Der Widerhall unter den Juden Berlins war viel größer, als wir es uns je vorgestellt hatten. Die erste große Werbeveranstaltung in der Synagoge Prinzregentenstraße mit Chor, Orchester und Ansprache mitten im Hochsommer versammelte zweieinhalbtausend Menschen. Die Hälfte von ihnen wurden auf der Stelle Mitglieder, und 90 Prozent der anderen wurden es zehn Tage später, nachdem sich herausgestellt hatte, daß keinerlei Störungen geschahen und nur leichter Polizeischutz vorhanden war, wie es für alle kulturellen Veranstaltungen, jüdisch oder nichtjüdisch, üblich war. Weitere Programme waren noch mehr überfüllt als das erste, mit ähnlichen Werberesultaten. Der Spielplan sah vor, daß einen Monat lang ein Schauspiel gespielt wurde und im nächsten Monat eine Oper. Außerdem gab es jeden Monat zwei Konzertprogramme und zwei Vortragsserien. Der Abonnent konnte sich seine Tage selbst aussuchen und hatte Anspruch auf zwei Programme, was immer er wählen wollte.

Herr Hinkel hatte uns versprochen, daß er uns helfen werde, ein Theater zu finden, das genug Nebenräume und Zuschauerraum besitzen würde, um dem Bund als Hauptquartier zu dienen. Er bot uns schließlich das Berliner Theater in der Charlottenstraße an, das zwar alt war, aber doch ziemlich alles hatte, was wir zunächst brauchten. Es ist hier wichtig darauf hinzuweisen, daß es ohne behördlichen Eingriff wahrscheinlich unmöglich gewesen wäre, für eine jüdische Organisation von einem Besitzer ein Grundstück und Gebäude zu mieten. Wir wußten nicht, daß das Theatergebäude auf Grund stand, der langsam absinken und das Theater in einigen Jahren abbruchreif machen würde. Wir haben nie erfahren, ob unsere Aufsichtsbehörde das wußte oder nicht.

Der Mann, der unser erstes Orchester zusammenstellte, Michael Taube, hatte am Ende des Sommers 1933 eine Möglichkeit, nach Palästina auszuwandern. Wir rieten ihm dringend, es zu tun, und halfen ihm aus, so gut wir konnten. Das bedeutete, daß wir einen der wichtigsten Posten des künstlerischen Stabes neu besetzen mußten, einen erstklassigen Dirigenten und Orchester-Erzieher. In Mannheim war gerade ein aufsteigender Stern, der junge Generalmusikdirektor der Mannheimer Oper, Joseph Rosenstock, entlassen worden. Er stellte sich bei uns vor und wurde sofort engagiert. Er hat dem jungen Kunstinstitut unmeßbare Dienste geleistet, in dem er nicht nur sein großes Können als Dirigent einsetzte, sondern auch seine besondere Fähigkeit, Orchestermitglieder und junge Sänger im besten Sinne des Wortes zu »erziehen«. Das Kulturbundorchester wurde in wenigen Jahren eines der besten in Berlin, obwohl es meistens aus jüngeren Leuten bestand, da die international berühmten jüdischen Musiker der Philharmonie und der großen Opernorchester schon ausgewandert waren oder gerade dabei waren. Von der Städtischen Oper Berlin kamen drei weltbekannte Opernsolisten zu uns: mein Großvetter Wilhelm Guttmann, der ausgezeichnete Bariton, Fritzi Jokl, die schon lange Kammersängerin der Bayerischen Staatsoper war und einen der schönsten Koloratursoprane hatte, die ich je gehört habe; die dritte war Lotte Schöne, die mehrere Rollen des Komponisten Richard Strauss kreiert hatte. Ein junger Tenor, der Ungar Feher, der auch schon mehrere lyrische Rollen an der Städtischen Oper gesungen hatte, hat uns jahrelang im lyrischen Tenorfach gedient. Dazu kam ein junger Baß, Walter Olitzki, der eine besonders schöne Stimme hatte und schließlich als Baß-Bariton an die Metropolitan Opera in New York kam. Ebenfalls von der Städtischen Oper kam der erstklassige Baß Gerhard Pechner, der ebenso wie Orlitzki später noch viele Jahre an der Metropolitan Opera gesungen hat. Zu diesen traten eine Reihe junger Leute, die mehr oder weniger Anfänger waren, aber sehr schnell unter Rosenstocks Leitung ins erste Rollenfach aufstiegen.

Als Oberregisseur für Schauspiel und Direktor der Schauspielabteilung holten wir uns den bekannten Schauspieler Fritz Wisten, der eine nichtjüdische Frau hatte. Ich erinnere mich noch einiger Namen des Schauspielensembles: Kurt Katsch, Siegmund Nunberg, Hans Lennart, Franz Brandt, Wolfgang Bernstein, seine Mutter, Frau Bernstein, Leni Steinberg, Gina Petruschka, Camilla Spira, und die berühmte Rosa Valetti. Diese und viele andere bekannte und jüngere Schauspieler haben auf unserer Bühne gestanden und in jüdischen und deutschen Tragödien und Komödien unserem Publikum eine kulturelle Heimat gegeben, so lange es noch möglich war.

Das Theater des Bundes sollte am 1. September 1933 eröffnet werden. Da die Vorbereitung eines Schauspiels etwas weniger Zeit brauchte als die einer Oper, wurde es klar, daß wir mit cinem Schauspiel eröffnen würden. Es ist nie eine Frage gewesen, was gespielt werden sollte. Es gab nur ein Werk, das geeignet war, unsere neue Situation darzustellen. Es hatte ein jüdisches Thema, war ein Teil der deutschen Klassik, und sein Dichter war in Deutschland zu dieser Zeit zwar nicht offiziell verboten, aber kaum mehr aufführbar. Es war Lessings »Nathan der Weise« mit Kurt Katsch als Nathan, Siegmund Nunberg als Pater, Fritz Wisten, der auch die Regie führte, als Derwisch und Lennart als Templer. Es wurde eine feierliche Eröffnung, das Haus war ausverkauft, Herr Hinkel kam mit seinem Stab, es gab keine Störungen, und das Publikum reagierte ergriffen und begeistert.

So begann eine Reihe von kulturellen Ereignissen, die bis ins Jahr 1941 außer von zwei kurzen Unterbrechungen nicht abgerissen ist. In der Blütezeit des Kulturbundes fanden manchmal täglich mehrere Veranstaltungen statt. Vorträge und Ausstellungen wurden gegeben, zusammen mit Konzerten, Schauspiel- und Opernaufführungen; dazu kamen Matineen. Manchmal war das Orchester auf Reisen, ein anderes Mal das Schauspiel oder die Oper unterwegs, und später kam die Kleinkunstbühne Max Ehrlichs und das Jugendtheater Werner Hinzelmanns dazu, die nicht nur in Berlin spielten, sondern auch auf Reisen gingen. Wir spielten an jedem Tag.

Wir machten damals schon eine bewußte Anstrengung, so viel jüdisches Material zu bringen, als nur möglich war, aber es war immer noch unerlaubt, deutsche Literatur und Musik zu benutzen. Es war selbstverständlich, daß wir nie Wagner spielten, auch nicht Richard Strauss, weil sie als Lieblingskomponisten Hitlers galten. Auch Schiller haben wir nie angefaßt, obwohl es uns wahrscheinlich im Anfang noch genehmigt worden wäre. Dafür spielten wir viel ausländische Literatur und Musik. Die Schwierigkeit war, daß in späteren Jahren zeitgenössische ausländische Autoren und Komponisten

Gebühren und damit Devisen kosteten, von denen wir wußten, daß das den Behörden nicht genehm war. Aus denselben Gründen wurde uns lange eine Filmabteilung versagt, die wir uns erst viel später unter ganz anderen Umständen erkämpfen konnten.

Am 1. Oktober 1933 war die Premiere unserer ersten Oper, der »Hochzeit des Figaro« von Mozart. Auch das war wie der »Nathan« ein großer Erfolg.

Die ersten preußischen Städte, in denen jüdische Kreise und Gemeinden den Versuch machten, eigene jüdische Kulturvereine zu gründen, waren in Schlesien. So kam es, daß wir im November unsere erste Tournee nach Breslau, Liegnitz, Gleiwitz und Beuthen mit der Oper versuchten. Hinkels Behörde hatte gegen diese Tournee nicht nur nichts einzuwenden, sondern hatte eine ganze Menge Arbeit damit; denn Sonderwagen der Reichsbahn, Postautobusse und vor allem nichtjüdische Theatersäle mußten besorgt werden und zeitlich genau aufeinander abgestimmt werden. Das alles ging natürlich nur mit der Unterstützung einer preußischen Behörde. Diese geglückte Tournee bestätigte unsere schon lange gehegte Ansicht, daß früher oder später eine ganze Reihe jüdischer Kulturbünde im Reich auf selbständiger Basis zu arbeiten versuchen würden und daß die Frage der Kontrolle in nicht ferner Zeit zu einer Reichsorganisation führen müsse.

Breslau bekam sehr bald eine Genehmigung von Hinkel unter der Bedingung, daß wir in Berlin für einen reibungslosen Ablauf der Veranstaltungen haftbar gemacht wurden. Schon 1934 schickte die Hamburger jüdische Gemeinde Vertreter nach Berlin, um sich zu erkundigen, wie man eine unabhängige oder abhängige Zweigstelle eines jüdischen Kulturbundes in Hamburg einrichten könne. Hamburg hatte eine politische Sonderstellung; es war vorläufig noch offiziell Freie Reichsstadt, und es war die Frage, wie weit Hinkel in Hamburg zuständig sein konnte. Dann kam Rhein-Main; zehn Städte der Rheinprovinz, die zusammen eine stattliche jüdische Bevölkerung hatten. Rhein-Main hatte die Kapazität, ein gutes Orchester aufzustellen, und natürlich die Möglichkeit, bedeutende Vortragsreihen zu veranstalten. Frankfurt am Main teilte uns bald mit, daß die Gründung eines jüdischen Theaters möglich sei, wenn die organisatorischen Probleme zu lösen seien. Die gleiche Situation ergab sich sehr bald in Hamburg. Die Frage der behördlichen Aufsicht für Rhein-Main war einfach zu lösen, da es in Preußen lag. Sehr bald aber kam München dazu; sie wollten eine Genehmigung haben und selbständig oder als unsere Zweigstelle funktionieren. Das war der Moment, in dem Hinkel anfing, ernsthaft an eine Reichsorganisation zu denken. Er schien zu finden, daß die Bestimmungen, die in Berlin und in Preußen erfolgreich gewesen waren, einfach auf das Reich übertragen werden könnten; und so begann er längere Verhandlungen mit uns. Im Grunde war uns eine Reichsorganisation nur recht, nur stiegen damit die Gefahren für Dr. Singer persönlich, da Hinkel mit niemand anderem arbeiten wollte, während wir hingegen fanden, daß die Verantwortung für eine Reichsorganisation für Dr. Singer zu viel werden würde.

Die Verhandlungen zogen sich über 1935 bis in das Jahr 1936 hin. Wir waren uns klargeworden, daß die einzige Stelle für die Überwachung jüdischer Kulturbelange auf Reichsebene nur im Ministerium für Volksaufklärung und Propaganda, also unter Goebbels, möglich war. Wie Herr Hinkel es anstellen würde, von Górings preußischem Innenministerium zu Goebbels Propagandaministerium hinüberzuwechseln, war uns nicht ganz klar. Außerdem waren wir uns dessen bewußt, daß eine Konzentration der jüdischen Kulturarbeit im Reich die Gefahr einer Erstickung der bis jetzt noch möglichen kulturellen Vielfältigkeit darstellte, wenn wir »gleichgeschaltet« würden. Dr. Singer war bereit, die alleinige persönliche Verantwortung auch einer Reichsbehörde gegenüber zu übernehmen, unter der Bedingung, daß nur Hans Hinkel der Leiter einer solchen Aufsichtsbehörde sein würde. Ob Dr. Singers Position in dieser Sache Einfluß gehabt hat oder nicht, wissen wir nicht, und was für Kämpfe zwischen Görings und Goebbels Ministerien ausgefochten worden sind, ist uns auch nie bekannt geworden. Wie dem auch sei, im Frühjahr 1936 war es so weit. Hans Hinkel wurde Reichskulturverwalter, Ministerialdirektor der neuen Abteilung IVA im Ministerium für Volksaufklärung und Propaganda. Auf der anderen Seite riefen wir damals alle jüdischen Kulturverbände und Zweigstellen im Reich zur Gründungsversammlung des »Reichsverbandes Jüdischer Kulturbünde in Deutschland e.V.« ins Brüdervereinshaus Berlin zu einer dreitägigen Tagung.

Auf der Gründungstagung des Reichsverbandes wurde auf Druck der Behörde der Name »Kulturbund deutscher Juden« umgeändert in »Jüdischer Kulturbund Berlin«. Gleichzeitig hatte Hinkel auf derselben Tagung deutlich zu verstehen gegeben, daß wir nun daran gehen sollten, mehr jüdische Thematik in unseren Spielplan aufzunehmen, und daß von nun an die Genehmigung deutscher Autoren strenger gehandhabt werden würde. Wir hatten das schon vorausgesehen und eine Gruppe von erstklassigen Judaisten aufgefordert, als Anfang wenigstens einiges der klassischen jiddischen Literatur zu übersetzen. Es war zwar eine langsame, mühselige Arbeit, aber zwei Stücke und eine Reihe Kleinkunstprogramme waren bereits fertig. Inzwischen waren einige unserer Künstler und Beamten ausgewandert, auch eine immer größer werdende Zahl unseres Publikums. Der Kulturbund Berlin hatte im Frühjahr 1936 mit 20000 Mitgliedern seine Höchstzahl erreicht, und wir waren uns darüber klar, daß diese Zahl schnell absinken würde.

Auch ich dachte mehr und mehr an Auswanderung. Da bat mich Dr. Singer, ein neues Amt zu übernehmen, das des Schutzzensors, offiziell »Lektor« genannt.

Alle Texte, Musik etc., die im jüdischen Kulturkreis aufgeführt oder gezeigt wurden, mußten von der Behörde genehmigt werden. Da dies nun auf Reichsebene vor sich gehen sollte, war es eine absolute Notwendigkeit, daß jemand unsere Programme sozusagen mit nationalsozialistischen Augen las, um möglichst zu verhindern, daß man uns etwas verbieten würde. Dr. Singer bot mir an, diesen Posten im Reichsverband der Jüdischen Kulturbünde zu übernehmen. Ich würde bei der Oper des Kulturbundtheaters bleiben, aber das künstlerische Büro des Kulturbundtheaters abgeben. Die Frage der Zensur wurde von 1936 an schon deshalb kritisch, weil wir mit einem neuen Ministerium zu arbeiten hatten, von dem wir nicht wußten, ob mögliche Fehler von uns mit genügendem Humor erwidert werden würden. Auch hatte uns der Druck Hinkels weniger Möglichkeiten gegeben, deutsches Material zu bringen, vor allem war es ganz unklar, was für deutsches Material erlaubt sein würde und was nicht. Obwohl ich erkannte, daß die Blüte des Kulturbundes vorbei war, wollte ich doch nicht meinen Posten verlassen, vor allem, da bis jetzt Herr Hinkel dafür sorgte, daß keine andere nationalsozialistische Stelle sich einmischte und auch nur einen groben Brief an uns richtete, uns drohte oder gar andere Maßnahmen zu ergreifen wagte.

Die Richtlinien für die jüdischen Kulturbünde sahen oberflächlich sehr einfach aus: Material, das als besonders deutsch galt, vor allem die deutsche Romantik, war mehr oder weniger verboten. Die deutsche Klassik war bis auf Schiller eigentlich bis zuletzt erlaubt. Themen des deutschen Mittelalters und der sogenannten »Heldenzeit« waren von vornherein tabu. Die Sache mit der deutschen Romantik war sehr eigenartig. In der Musik war für lange Zeit die ganze deutsche Romantik erlaubt, vor allem in symphonischer Form, während es mit den Liedern eine Sache des Feingefühls war, welche Liedtexte welcher Autoren vielleicht genehmigt werden würden und welche nicht. Die sogenannten linksgerichteten Autoren der Weimarzeit waren natürlich nicht nur den Deutschen, sondern auch uns von Anfang an verboten. Ich habe schon angedeutet, daß die Frage ausländischer Autoren in keinen Richtlinien je endgültig geregelt worden ist; bis 1936 war die Devisenfrage wahrscheinlich entscheidend.

Selbsthilfe – Selbstbehauptung – Selbstfindung

Obwohl die Repräsentanten des deutschen Judentums wie auch viele Nichtjuden glaubten, Hitler werde sich nicht lange halten können, begannen sie schon früh, ein Netzwerk aus wirtschaftlichen und sozialen Hilfsdiensten aufzubauen, um in Not Geratenen helfen zu können. Zum Teil konnte man dabei auf bereits bestehende Strukturen zurückgreifen, die aufgebaut worden waren, um den nach Deutschland gekommenen Ost-Juden zu helfen, die zumeist den unteren sozialen Schichten angehörten. Dadurch standen schon ausgebildete und erfahrene Sozialarbeiter zur Verfügung. Auf diesem Fundament wurde im März 1933 die Zentralstelle für jüdische Wirtschaftshilfe und am 13. April der Zentralausschuss der Deutschen Juden für Hilfe und Aufbau gegründet, der später der Reichsvertretung der Deutschen Juden eingegliedert wurde. Sie war am 17. September 1933 als erste politische Repräsentanz aller deutschen Juden, der Zionisten wie der Assimilierten, der Orthodoxen wie der Liberalen, entstanden.

Entlassene und arbeitslose Beamte, Angestellte, Rechtsanwälte und Ärzte gehörten zu den ersten, die Rat und Hilfe suchten. Im Lauf der Jahre entstand ein eigener Wirtschaftssektor mit einer jüdischen Arbeitsvermittlung und einem jüdischen Darlehens- und Kreditwesen, das beim Aufbau neuer Existenzen half. Juden arbeiteten bei Juden, produzierten für und kauften bei Juden. Besonders wichtig wurden jedoch die neugeschaffenen Ausbildungs- und Umschulungsprogramme. Ein Handwerk oder einen landwirtschaftlichen Beruf zu erlernen, wurde vor allem für Auswanderungswillige zur Überlebensfrage. Entsprechend Ausgebildete waren für mögliche Aufnahmeländer interessanter als Akademiker oder kaufmännische Angestellte, die das Heer der eigenen Arbeitslosen nur vergrößert hätten. Handwerkliche und landwirtschaftliche Ausbildungen waren besonders wichtig für eine Einwanderung nach Palästina. Die Reichsvertretung finanzierte solche Lehrwerkstätten. Außerdem boten jüdische Betriebe Lehrstellen an und die in erster Linie zionistischen Lehrgüter bildeten Landwirte aus.

Die zunehmende Not brachte die Selbsthilfe bald an den Rand ihrer Leistungsfähigkeit. Die Zahl derer, die auf Wohlfahrt angewiesen waren, stieg stetig, vor allem in kleineren Gemeinden, in denen zuletzt nur noch die Alten und wirtschaftlich Schwachen zurückblieben, während die Jungen und Leistungsfähigen auswanderten oder in die Großstädte zogen. Obwohl Juden bis 1935 Anspruch auf öffentliche Wohlfahrt und Leistungen des Deutschen Winterhilfswerks hatten, wurden sie oft übergangen. An Ausreden dafür herrschte kein Mangel. In einigen Gemeinden lebten damals bereits 84 Prozent der Mitglieder in bitterster Not und waren auf Wohlfahrt angewiesen. Deshalb entstand 1935 das Jüdische Winterhilfswerk, ein besonders bemerkenswertes Beispiel jüdischer Selbsthilfe und Solidarität. Schon die erste Sammlung 1935/36 erbrachte 364 Millionen Reichmark. Kleidung und Kohlen wurden verteilt, aber auch Freikarten für kulturelle Veranstaltungen, an hohen Feiertagen Geschenke für Kinder und sogar Zeitungsabonnements für Alleinstehende. Mit der fortschreitenden Verarmung der Juden und ihrer zunehmenden Auswanderung gingen auch die Spenden zurück und die Selbsthilfe war durch die zielstrebige Enteignung der Juden und ihre Vertreibung letztlich zum Scheitern verurteilt.

Die Reichsvertretung der Deutschen Juden musste eine tragische Rolle spielen. Sie bemühte sich verzweifelt, beim Staat Gehör zu finden, appellierte vergebens an Vernunft und Humanität und suchte auch die Hilfe der Gerichte gegen Übergriffe, Vandalismus und Rechtsverletzungen. Sie traf sich sogar mit Hermann Göring. Die Reichsvertretung setzte zunächst noch auf Selbstbehauptung und Durchhalten in Deutschland; sie ahnte nicht, wie sinnlos diese Anstrengungen waren und dass am Ende der Holocaust stehen sollte. Unter ihren Schutzbefohlenen traf es die assimilierten Juden besonders hart, dass sie zu Ausgestoßenen wurden. Sie hatten sich bisher ihrem Vaterland tief verbunden gefühlt und vor allem als Deutsche empfunden. Ihr Judentum spielte dagegen oftmals gar keine Rolle für sie. Nun als Parias, die nicht mehr Deutsche sein durften, wurde ihnen ihr Jüdischsein schmerzhaft bewusst. Viele zerbrachen an dieser Erkenntnis. Andere aber suchten und fanden eine geistige Heimat im Judentum, das sie neu entdeckten und auf das sie stolz wurden. Das stärkte ihre Widerstandskraft und ihren Überlebenswillen. Die Wiederentdeckung der jüdischen Identität gab Rückhalt und förderte eine Form geistigen Widerstands, die erst aus der nationalsozialistischen Verfolgung heraus entstand.

Alexander Szanto

Die jüdische Wirtschaftshilfe im Kampf gegen Existenzvernichtung

Die »Wirtschaftshilfe« begann ihre Tätigkeit in einem chaotischen Zeitpunkt und unter chaotischen Umständen, da Tausende und Abertausende von Opfern des Nationalsozialismus sich an die Gemeinde wandten, ihre Büroräume von einer Flut von ratlosen und verzweifelten Menschen überschwemmt wurden und niemand sich eine rechte Vorstellung von der Art und Weise machen konnte, wie den über Nacht brotlos gewordenen und in Notlage geratenen Glaubensgenossen eine produktive Fürsorge dargeboten werden konnte. Erfahrungen über eine solche außergewöhnliche Situation standen nicht zur Verfügung, einen vorbereiteten Plan gab es nicht. Es spricht für die Tüchtigkeit und organisatorische Fähigkeit der deutschen Juden, daß es gelang, innerhalb relativ kurzer Zeit Ordnung in das Chaos zu bringen und aus einer aus der Not der Zeit geborenen Institution eine gut arbeitende Organisation zu machen, die ungezählten Glaubensgenossen wirksame Hilfe brachte. Die nötigen finanziellen Mittel wurden ohne große Schwierigkeiten von der Gemeinde, von privaten Spendern und auch von ausländischen Organisationen bereitgestellt; später wurden sie planmäßig in den Etat der Gemeinde und der neugeschaffenen »Reichsvertretung der deutschen Juden« eingestellt. Die Räumlichkeiten wurden von der Gemeinde zur Verfügung gestellt.

In den ersten Monaten, als die Rat- und Hilfesuchenden vom frühen Morgen bis zum Abend das Gebäude förmlich bestürmten, waren die Verhältnisse sehr arg. Es ging zu wie in einem Bienenkorb, in den Zimmern und Korridoren war ein ununterbrochener Schwarm von aufgeregten Menschen, die Treppen waren von ihnen überflutet, oft war es schwierig, von einer Etage in die andere zu gelangen. Mit Grauen erinnere ich mich an den Winter von 1933/34, als wir zu allem Überfluß auch noch die Auswanderungsberatungsstelle des »Hilfsvereins der Deutschen Juden« bei uns beherbergen mußten und die Leute sich Leib an Leib in den Gängen und im Treppenhaus drängten. Es war zunächst schwer, irgendeine Ordnung aufrechtzuerhalten, die Heizung funktionierte schlecht, die Ventilation war im argen, die Luft oft zum Ersticken schlecht. Aber allmählich gelang es, dieser Schwierigkeiten Herr zu werden.

Unter den administrativen Schwierigkeiten war die Lösung der Personalfrage ein besonders wichtiges Problem. Wer sollte alle die unglücklichen Glaubensgenossen betreuen, ihre Nöte und Sorgen anhören, ihnen Rat geben und Hilfe leisten? Der Personalapparat der Gemeinde erwies sich hierfür als unzureichend – nicht nur zahlenmäßig, sondern vor allem, weil er auf die neu erwachsenen Aufgaben nicht eingestellt war. Der Beamtenapparat hatte gut funktioniert, solange es sich um die Bewältigung von kultischen und caritativen Aufgaben handelte, ja man kann sagen, daß die Verwaltung der Wohlfahrtsinstitutionen der Berliner Gemeinde vorbildlich war; aber jetzt waren neue Probleme erwachsen, für die es keine Präzedenzfälle gab. Es tauchten Schwierigkeiten auf, die man mit altgewohnter Routine nicht lösen konnte. Diese Art von Arbeit konnte man nicht mit Leuten bewältigen, die sich an ihren altgewohnten Achtstunden-Tag klammerten und bei denen die notwendige Korrektheit manchmal in überflüssiger Pedanterie ausartete.

Die Berliner »Wirtschaftshilfe« wurde in der zweiten Hälfte des Jahres 1933 organisatorisch in den Rahmen des Berliner Gemeinde-Apparates eingebaut. Damit waren die chaotischen Anfangsmonate überwunden. Von 1934 bis 1940 bildete die »Wirtschaftshilfe« einen ständigen Etatposten im Haushalt der Gemeinde. Die organisatorische Gliederung der Wirtschaftshilfe war zu Anfang in der Weise geplant, daß Unterabteilungen für die einzelnen Wirtschaftszweige beziehungsweise Berufsgruppen arbeiten sollten. Die brotlos gewordenen jüdischen Arbeitnehmer sollten gesondert betreut werden, die vom Boykott betroffenen Kaufleute von einer anderen Abteilung, die aus den Ämtern gejagten Staats- und Gemeindebeamten wiederum von einer anderen Abteilung und so fort. Besondere Unterabteilungen waren für notleidend gewordene Ärzte, Juristen, Techniker, Händler und Hausierer, Studenten usw. gedacht. Es stellte sich aber bald heraus, daß die Aufgabengebiete für die einzelnen Gruppen sich überschnitten, daß gewisse Probleme verschiedenen Gruppen gemeinsam waren und daß vor allem die Vordringlichkeit der Probleme sich von Jahr zu Jahr, manchmal von Monat zu Monat änderte. Um allen Aufgaben schnell und wirksam gerecht werden zu können, wahrte sich die Wirtschaftshilfe während der ganzen Zeit ihres Bestehens eine große Elastizität in ihrer organisatorischen Struktur.

Eine der wichtigsten Unterabteilungen der Wirtschaftshilfe war die »Rechtsauskunft«, später auch »Rechtsschutzstelle« genannt. An sie wandten sich vornehmlich die unzähligen Glaubensgenossen, die durch Willkürmaßnahmen der Nazis, durch den Wirtschaftsboykott und durch Drohungen betroffen waren. Der Standpunkt der verantwortlichen jüdischen Instanzen war zu jener Zeit, daß nach Möglichkeit keine Position im öffentlichen und vor allem im Wirtschaftsleben widerstandslos preisgegeben werden sollte. Diese Taktik erwies sich in zahlreichen Fällen als erfolgreich und rettete vielen Glaubensgenossen wenigstens vorübergehend die Existenz oder bewahrte sie wenigstens vor unnützen Geldverlusten und materiellen Einbußen.

In den Tagen und Wochen nach der »Machtergreifung« und anläßlich des Boykotts vom 1. April 1933 wurden zahlreiche jüdische Arbeitnehmer, kaufmännische Angestellte, Verkäufer und dergleichen von ihren Arbeitsstellen entfernt und ohne Kündigung einfach auf die Straße gesetzt. Hierbei handelten oft die nationalsozialistischen »Betriebszellen« auf eigene Faust, ohne sich um den Willen der Geschäftsleitung zu kümmern oder selbst die Direktiven der Nazi-Parteistellen abzuwarten. In einem Falle war das gesamte jüdische Personal eines Warenhauses, mehrere hundert Mann, von der nationalsozialistischen »Betriebszelle« auf die Straße gesetzt worden, obwohl das Unternehmen in jüdischem Besitz war. Die Chefs konnten gegen das gewaltsame Auftreten der Nazi-Betriebsstelle nichts ausrichten, waren wohl auch viel zu stark eingeschüchtert, um etwas zu versuchen.

In diesem und in sehr vielen ähnlichen Fällen konnte unsere »Rechtsschutzstelle« erfolgreich bei den Behörden und bei oberen Nazi-Parteistellen intervenieren. Die »Betriebszellen« wurden zurückgepfiffen, und die brotlos gewordenen jüdischen Angestellten konnten entweder ihre Arbeit für geraume Zeit fortsetzen oder bekamen die ihnen zustehenden Zahlungen für die gesetzliche Kündigungszeit. Damit waren sie vor unmittelbarer Not geschützt und konnten entweder einen neuen Broterwerb suchen oder ihre Auswanderung vorbereiten. Die Nazis waren damals noch bestrebt, wenigstens den Schein eines Rechtsstaates zu wahren, und wenn sich die »Rechtsschutzstelle« zugunsten eines auf die Straße gesetzten jüdischen Arbeitnehmers an die Arbeitsgerichte wandte, konnte sie in den meisten Fällen durchsetzen, daß dem Betreffenden der Kündigungsschutz gewährt wurde, das heißt, daß er entweder die vertraglich ihm zustehenden Zahlungen oder ein entsprechendes Abfindungsgeld erhielt. Manchmal zeigte es sich, daß die Opfer der nationalsozialistischen Einschüchterung in Panikstimmung ihre Rechtsposition aufgegeben hatten.

In solchen Fällen sorgte das Eingreifen der »Rechtsschutzstelle« dafür, daß die Betreffenden ihre Nerven und ihr Selbstvertrauen wiedergewannen und daß diejenigen Nazi-Stellen, die in eigenmächtiger Willkür weitergegangen waren, als es ihren obersten Partei-Instanzen damals noch in den Kram paßte, in ihre Schranken gewiesen wurden.

Aber nicht nur Arbeitnehmer, auch Selbständige konnten häufig in ihrer wirtschaftlichen Existenz gerettet oder vor allzu großem materiellem Schaden bewahrt werden. Dies galt zum Beispiel für zahlreiche jüdische Markthändler, Hausierer und Angehörige ähnlicher Gewerbe. In den Markthallen hatten viele jüdische Händler am ersten Boykott-Tage unter dem Eindruck der antijüdischen Ausschreitungen panikartig ihre Stände aufgegeben. Die »Rechtsschutzstelle« sorgte dafür, daß sie später ihre Plätze wiedereinnahmen, ihre Warenbestände retten und ihre Tätigkeit noch für eine ganze Weile fortsetzen konnten.

In einzelnen Fällen kam es vor, daß jüdische Geschäftsinhaber von ihrem christlichen Personal aus dem Laden oder aus dem Büro gejagt wurden. Es war in solchen Fällen meist nur eine Minderheit des Personals, eben die nationalsozialistische »Betriebszelle«, die diese terroristischen Aktionen ausübte. Der jüdische Chef erfuhr meist zu seiner größten Verblüffung, daß er bisher »die Schlange am Busen genährt«, das heißt, seine eigenen Feinde beschäftigt hatte, die nunmehr aus der Tarnung heraustraten und ihr wahres Gesicht zeigten.

Es zeigte sich aber damals noch, daß die Durchführung dieser Aktionen über das von der Partei für die erste Etappe vorgeschriebene Ziel hinausgeschossen war. Durch unsere Intervention bzw. Proteste bei den oberen Stellen konnte fast stets erreicht werden, daß die Geschäftsinhaber in ihre Eigentumsrechte wieder eingesetzt wurden. Im Laufe der Zeit wurden allerdings diese Interventionen immer schwieriger. Auch war natürlich in allen solchen Fällen die Atmosphäre im Betrieb so schwer gestört, daß der Chef sich nicht mehr sicher fühlte, und das Ende vom Liede war in der Regel die Liquidierung oder »Arisierung« des Unternehmens. Vielfach konnten auch hierbei die kommerziellen und juristischen Fachleute der Wirtschaftshilfe eingreifen und die Arisierung in einer Weise abwickeln, die das Opfer vor den größten materiellen Verlusten schützte.

Neben der »Rechtsschutzstelle« war es vor allem die »Kaufmännische Beratungsstelle«, die im Rahmen der Wirtschaftshilfe am meisten von den in Not geratenen Glaubensgenossen frequentiert wurde und die ihre Tätigkeit bis zum Jahre 1939 fortsetzte. In dieser Unterabteilung wurde nicht allein Rat erteilt und juristische Hilfe gegeben, sondern es war diejenige Stelle, die durch großzügige Austeilung von Geldmitteln in Form von Krediten die in Schwierigkeiten geratenen jüdischen Kaufleute und Gewerbetreibenden über Wasser zu halten suchte. Es waren vor allem die »kleinen Leute«, die Handwerker, Gewerbetreibenden, Ladeninhaber, denen die »Kaufmännische Beratungsstelle« ihre Hilfe angedeihen ließ. Durch den antijüdischen Boykott waren viele kleine Kaufleute in finanzielle Schwierigkeiten geraten. Kunden waren ausgeblieben, die Geldeinnahmen sanken, die Verpflichtungen an Miet- und Lohnzahlungen mußten gleichwohl eingehalten werden. Zudem wurden Kredite von dritter Stelle gekündigt, Gläubiger drängten auf beschleunigte Zahlung. Wieder in anderen Fällen hatten die betroffenen Glaubensgenossen ihr Geschäft oder ihre Werkstatt schleunigst in eine andere Stadtgegend zu verlegen. Manchmal bestand die Möglichkeit, durch Wechsel der Branche eine Existenz zu retten. Wie immer, wenn eine schwierige Situation entstand, zeigten unsere Glaubensgenossen eine große Geschicklichkeit darin, neue Existenzmöglichkeiten zu finden, umzusatteln, anstelle von verschütteten Erwerbsquellen andere zu eröffnen. Aber für die Überbrückung war in der Regel etwas Kapital notwendig, und hier konnte die »Wirtschaftshilfe« beziehungsweise ihre »Kaufmännische Beratungsstelle« einspringen.

Zwar gab es bereits Stellen, die sich mit Darlehensgewährung an jüdische Kaufleute und Gewerbetreibende befaßten. Da waren vor allem die jüdischen Genossenschaftsbanken, von denen es in Berlin zwei gab: die »Ivria« und den »Jüdischen Kreditverein«. Beide Institutionen gaben aber Kredite nur an ihre Genossenschaftsmitglieder und betrieben ihre Transaktionen auf bankmäßiger Grundlage. Eine andere in Betracht kommende Stelle war die »Jüdische Darlehenskasse«, die auf gemeinnütziger Grundlage wirkte, aber für die von ihr ausgegebenen Kredite Sicherheiten oder Bürgschaften verlangte und bei der Eintreibung der Außenstände ziemlich rigoros verfuhr. Zudem brachte es die ganze Struktur sowohl der Darlehenskasse wie der Genossenschaftsbanken mit sich, daß sie zu umständlich und zeitraubend arbeiteten und daher in Dringlichkeitsfällen oft versagten. Die »Wirtschaftshilfe« arbeitete von Anfang an so elastisch und unbürokratisch, daß sie in allen wirklichen Notfällen – und deren gab es nun Tausende – wirksam eingreifen konnte.

Die »Wirtschaftshilfe« gab ihre Geldbeihilfen zwar auch grundsätzlich in Form von Darlehen, jedoch berechnete sie keine Zinsen und forderte nicht unbedingt Sicherheiten oder Bürgschaften. Jeder Fall wurde individuell bearbeitet, und in vielen Fällen wurde das Geld à fonds perdu gegeben, wenngleich die Formalität des Darlehensvertrages eingehalten wurde. Umso bemerkenswerter war die Tatsache, daß die Rückzahlungen über Erwarten gut waren. Es war nur natürlich, daß im

Katastrophenjahr 1933 noch so gut wie keine Rückzahlungen erfolgten; aber von 1934 an stieg der Prozentsatz der Rückzahlungen ständig bis auf 50 % im Jahre 1935, circa 65 % in 1936 und 75–80 % der Darlehensbeträge in 1937 und Anfang 1938. Von Ende 1938 an sank die Rückzahlungsquote in schroffem Maße, was wiederum nur natürlich war. Die hohe Quote der Rückzahlungen in der Zeitspanne zwischen Mitte 1934 und Mitte 1938 beweist zweierlei: erstens einmal die Redlichkeit unserer Glaubensgenossen, die es als moralische Verpflichtung ansahen, die Hilfe, die ihnen die Gemeinde auf dem Wege über die »Wirtschaftshilfe« hatte zuteil werden lassen, nach bestem Können zurückzuerstatten – und zweitens, daß es in dieser Periode tatsächlich vielen jüdischen Kaufleuten und Gewerbetreibenden wirtschaftlich noch relativ so gut ging, daß sie neben der Deckung ihrer Lebenshaltungskosten auch noch ihre finanziellen Verpflichtungen abdecken konnten.

Die Höhe der gewährten Darlehen war sehr verschieden, da – wie gesagt – jeder Fall individuell bearbeitet wurde. In manchen Fällen waren kleine Beträge, von 50 Mark angefangen, ausreichend; im Durchschnitt aber waren Beträge bis 500 Mark die Regel. Es waren eben die »kleinen Leute«, denen die »Wirtschaftshilfe« ihre Unterstützung angedeihen ließ. In geeigneten Fällen wurden Summen bis zu tausend Mark gewährt; darüber hinausgehende Anträge wurden aber in der Regel entweder an die Jüdische Darlehenskasse oder an eine der beiden Genossenschaftsbanken geleitet. Was die Laufzeit der Darlehen anlangte, so wurde auch diese je nach Lage des Falles individuell verschieden festgesetzt. Meist schwankte sie zwischen ein und eineinhalb Jahren. Im Notfalle wurden Verlängerungsanträge positiv beurteilt.

Wenn die »Wirtschaftshilfe« auch schnell und unbürokratisch arbeitete, so wurden doch die Gelder nicht wahllos und unüberlegt ausgeworfen. Jeder einzelne Fall wurde daraufhin geprüft, ob das gewährte Darlehen auch wirklich seinem Zwecke entsprach, nämlich entweder eine Existenz zu retten oder eine neue zu gründen oder eine bestehende Krisensituation zu überbrücken. Wo es nur irgend möglich war, wurde darauf gesehen, daß der Antragsteller, der ein Darlehen erbat, sich bei seinem Vorhaben nicht auf dieses Darlehen allein stützte, sondern zumindest zu einem kleinen Teil eigene Mittel aufbrachte. Aus den gleichen Erwägungen heraus wurden vielfach an Stelle von Barkrediten sogenannte Warenkredite gegeben. Das bedeutete, daß der betreffende Antragsteller die benötigten Summen für die Anschaffung von Maschinen, Werkzeugen, Waren oder Material nicht in bar ausgezahlt erhielt, sondern daß die »Wirtschaftshilfe« diese Dinge direkt beim Lieferanten bestellte und bezahlte. Auf diese Weise konnte vielfach auch Vorsorge getroffen werden, daß jüdische Lieferanten bevorzugt wurden, und es war somit nicht nur einem, sondern zugleich mehreren Glaubensgenossen geholfen. Das gleiche Prinzip kam zur Anwendung, wenn der Antragsteller für sein Vorhaben Arbeitskräfte benötigte und ihm diese von uns durch die Jüdische Arbeitsvermittlung beschafft wurden.

Das Bestreben, innerhalb des allgemeinen Wirtschaftslebens einen jüdischen Wirtschaftssektor zu bilden, in dem Juden von Juden kauften und für Juden arbeiteten, war in einem so hochkomplizierten Wirtschaftsorganismus, wie Deutschland es darstellte, natürlich nicht durchführbar und wurde übrigens weder von den nationalsozialistischen Regierungsstellen einerseits noch von den jüdischen Organisationen andererseits voll angestrebt. Aber Ansätze hierzu gab es immerhin, und die »Wirtschaftshilfe« förderte diese in manchen Fällen, z. B. indem sie im Zusammenwirken mit dem Jüdischen Handwerkerverein ein Namen- und Adressenverzeichnis von jüdischen Gewerbetreibenden und Handwerkern, nach Branchen geordnet, herausgab und dieses Büchlein allen Glaubensgenossen zugänglich machte. Es wurde damit jeder Jude in Berlin in die Lage versetzt, seine Einkäufe und Bestellungen bei jüdischen Firmen zu tätigen, und von dieser Möglichkeit wurde denn auch in einem stillschweigenden Einvernehmen vielfach Gebrauch gemacht. Aber einen Zwang hierzu auszuüben, war natürlich nicht möglich, und ein solcher wäre auch von den Nazis nicht geduldet worden. Die in wachsendem Maße steigende Arisierung der jüdischen Betriebe zog denn auch dieser Möglichkeit immer engere Grenzen.

Von den vielen Fällen, die die »Kaufmännische Beratungsstelle« der »Wirtschaftshilfe« bearbeitete, möchte ich aus meiner Erinnerung hier einige wenige anführen, die als anschauliche Beispiele zeigen, wie manchen Glaubensgenossen damals geholfen werden konnte. Der jüdische Gastronom X betrieb seit vielen Jahren eine kleine Konditorei, deren Kundschaft vorwiegend aus Christen bestand. Obwohl er persönlich bei den Kunden sehr beliebt war, wagten sich diese seit dem Boykottage kaum mehr in sein Lokal, zumal das Stadtviertel von den Nazis zu einer ihrer Hochburgen gemacht wurde. Gleichzeitig erwuchsen ihm Schwierigkeiten mit den bei ihm beschäftigten christlichen Kellnern, und die Behörden setzten ihm mit allerhand Schikanen zu. Er geriet in Schulden, fand keinen Käufer für sein Lokal und mußte schließen. Auswanderungsmöglichkeiten waren für ihn zu jenem Zeitpunkt nicht vorhanden. Die »Wirtschaftshilfe« verhalf ihm dazu, in einem ganz anderen Stadtteil eine »Eisdiele« zu eröffnen, in der im Sommer Eiswaffeln und dergleichen, in anderen Jahreszeiten Süßigkeiten verkauft wurden. Die Speiseeis-Maschine wurde für ihn von der »Wirtschaftshilfe« bei einem jüdischen Fabrikanten gekauft. Personal brauchte er keines, da seine Familienmitglieder im Laden mithalfen. Natürlich war das Unternehmen weit kleiner als sein voriges, auch hatte es ausgesprochenen Saisoncharakter, aber die Einnahmen waren doch so hoch, daß er mit seiner Familie seinen Lebensstandard aufrechterhalten konnte. Der Betrieb hielt sich bis zum Sommer 1938, zu welcher Zeit die Nazis eine Hetz- und Boykottaktion gegen die jüdischen Eisdielen unternahmen. Aber zu diesem Zeitpunkt ergab sich für ihn endlich eine Chance zur Auswanderung, und er zog mit der ganzen Familie nach Übersee. Sein Darlehen hatte er der »Wirtschaftshilfe« schon vorher bis zum letzten Pfennig zurückgezahlt.

Der jüdische Kaufmann Y war ein tüchtiger Geschäftsreisender in Textilwaren. Da er bei seiner Kundschaft, Juden und Christen, sehr gut eingeführt war, konnte er seine Reisen in der Provinz vorerst erfolgreich fortsetzen; er hatte aber Schwierigkeiten bei der Unterkunft in den kleinen Provinzstädten, wo die Hotels und Gasthöfe immer mehr dazu übergingen, jüdischen Personen Quartier und Verpflegung zu verweigern. Die »Wirtschaftshilfe« verschaffte ihm ein Touren-Auto und später einen Lieferwagen, wodurch es ihm ermöglicht wurde, seine Touren unabhängig vom Eisenbahn-Fahrplan so einzurichten, daß er am Abend regelmäßig in eine größere Stadt gelangte, wo Unterkunftsmöglichkeiten noch verfügbar waren. Als auch dies etwa seit 1937 unmöglich wurde, pflegte er auf der Landstraße in seinem Lieferwagen zu übernachten und sich aus mitgebrachten Konserven usw. zu verpflegen. Das war für ihn gewiß nicht angenehm, aber er konnte auf diese Weise seinen Beruf bis Ende 1938 fortsetzen, zu welchem Zeitpunkt er auswanderte. Auch er zahlte sein Darlehen an die »Wirtschaftshilfe« restlos zurück.

Der Pressephotograph Z wurde als Nichtarier von seiner gutbezahlten Stellung bei einem Zeitungsverlag gekündigt. Die »Wirtschaftshilfe« gab ihm ein Darlehen für die Anschaffung einer eigenen Photoeinrichtung mit hochqualifizierten Geräten und richtete ihm ein eigenes Studio ein, in dem er als technischer Photograph für Industrie- und Reklamezwecke noch mehrere Jahre lang selbständig arbeiten und ein recht gutes Einkommen erzielen konnte. Als bei seiner Auswanderung das Darlehen noch nicht vollkommen abgezahlt war, gab er einen Teil der Photoausrüstung an die »Wirtschaftshilfe« zurück, die diese in ihren Umschulungskursen verwerten konnte.

Zahllos waren die Fälle, in denen jüdische Kaufleute die »Wirtschaftshilfe« in Anspruch nahmen, weil sie Wareneinkäufe, die sie bisher bei arischen Lieferanten auf Kredit getätigt hatten, nunmehr in bar bezahlen mußten und die nötigen flüssigen Mittel nicht aus eigenem aufbringen konnten. Aber ebenso häufig gab es auch Fälle, in denen Personen, die bisher fest angestellt gewesen waren und ihre Stellung verloren hatten, durch die »Wirtschaftshilfe« in die Lage versetzt wurden, als Selbständige in einem verwandten Berufskreis sich eine ausreichende Lebensgrundlage für mehrere Jahre zu verschaffen. War es an sich schon schwierig genug, den durch das Nazi-Regime betroffenen jüdischen Kaufleuten, Handwerkern und Gewerbetreibenden bei der Fortführung ihrer wirtschaftlichen Existenz behilflich zu sein, so gestaltete sich diese Hilfeleistung noch viel schwieriger für die Angehörigen der freien Berufe. Diese wurden vielfach durch die Rassengesetze vom April 1933 von einem Tage auf den anderen brotlos, hatten aber auch meist keine finanziellen Reserven und sahen sich dem Nichts gegenübergestellt.

Den Beamten und Angestellten des öffentlichen Dienstes, die aus ihren Ämtern gejagt wurden, suchte zunächst die Rechtsschutzstelle der »Wirtschaftshilfe« möglichst günstige Abfindungs- oder Pensionierungszahlungen zu sichern. Das gelang in einigen Fällen, in anderen aber nicht.

Schwierige Verhandlungen mit den Behörden wurden auch in der Frage der jüdischen Ärzte geführt. Daß ein großer Teil von diesen seine Tätigkeit zunächst fortführen konnte und daß der Arbeitskreis der jüdischen Mediziner im Laufe der folgenden Jahre nur allmählich und stufenweise eingeengt wurde, ist allerdings wohl darauf zurückzuführen, daß selbst die Nazi-Regierung einen völligen Zusammenbruch des Gesundheitsdienstes in Deutschland befürchtete für den Fall, daß man sofort alle jüdischen Ärzte aus der Praxis entfernen würde. Man konnte die jüdischen Ärzte ganz einfach nicht entbehren, wenigstens nicht sofort. So schuf man denn »Ausnahmen« und bevorzugte Kategorien wie etwa die Teilnehmer des Ersten Weltkrieges usw. und gestattete diesen vorerst die Weiterführung ihrer Tätigkeit. Im Laufe der folgenden Jahre, in dem Maße, in dem genügend Nachwuchs an christlichen Ärzten heranwuchs, wurde dann der Kreis systematisch eingeengt, den jüdischen Ärzten zunächst die Krankenkassenpraxis entzogen, dann ihre Tätigkeit auf ausschließlich jüdische Patienten beschränkt und zum Schluß selbst dies annulliert. Die Ärzte organisierten im übrigen eine Art Selbsthilfe, indem diejenigen, die ihre Praxis noch weiterführen konnten, unter sich Gelder für ihre weniger glücklichen Kollegen sammelten. Es wurden auf diese Weise erkleckliche Summen aufgebracht, die den brotlos gewordenen Ärzten zugute kamen. Außer den regelmäßigen Kontributionen, die die Ärzte nach einem bestimmten Schlüssel aufbrachten, flossen alljährlich bis 1938 erhebliche Beträge aus den Einnahmen des »Ärzteballes« in den Ärztefonds. Das war ein Ball, den die Ärzte in jedem Winter veranstalteten und der das gesellschaftliche Ereignis der Berliner jüdischen Kreise in jenen sonst so lichtlosen Jahren darstellte.

Ebenso wie die Ärzte organisierten auch die jüdischen Zahnärzte ihre Selbsthilfe, desgleichen die jüdischen

Apotheker und die jüdischen Juristen. Die »Wirtschaftshilfe« war bei diesen Aktionen nur insoweit beteiligt, als sie den »Ärztefonds« und den »Juristenfonds« administrativ betreute, das heißt, die Auszahlungen und Dispositionen nach den Anweisungen des Ärztekomitees bzw. des Juristenkomitees ausführte. Freilich bedeutete auch diese rein administrative Funktion noch ein bedeutendes Maß an zusätzlicher Arbeit zu unseren sonstigen Aufgaben.

Den zahlreichen jüdischen Arbeitnehmern, die nach der nationalsozialistischen »Machtergreifung« brotlos wurden, suchte die »Wirtschaftshilfe«, soweit eine sofortige Auswanderung nicht möglich war oder von ihnen nicht gewünscht wurde, vornehmlich durch Vermittlung von neuen Arbeitsstellen behilflich zu sein. Es handelte sich vorwiegend um kaufmännische Angestellte, Bankangestellte, Verkäufer, gewerbliches Personal, Hausangestellte. Als neue Arbeitsstellen kamen natürlich in erster Reihe solche Geschäfte beziehungsweise Firmen in Betracht, deren jüdische Inhaber vorerst ihren Betrieb noch weiterführen konnten. Infolge der zahlreichen »Arisierungen«» wurde die Zahl dieser Firmen von Jahr zu Jahr kleiner; immerhin war sie bis zur Kristallnacht vom November 1938 noch erheblich genug, um einer Anzahl von jüdischem Personal Arbeitsmöglichkeit zu verschaffen.

Zunächst galt es, die jüdischen Geschäftsinhaber zu ermutigen, ihr jüdisches Personal zu behalten oder, wo nur irgend möglich, noch zu vergrößern. In der ersten Panikstimmung hatten nämlich viele jüdische Chefs aus Angst ihren jüdischen Angestellten gekündigt, besonders in solchen Betrieben, in denen nationalsozialistische Betriebszellen vorhanden waren. Eine rühmliche Ausnahme bildete das Berliner Warenhaus N. Israel, das Hunderte von jüdischen und nichtjüdischen Angestellten hatte. Obwohl dieser seit über hundert Jahren bestehende hochangesehene Betrieb, der von einem Juden gegründet worden war und seither stets ein Familienunternehmen blieb, vorbildlich in seinem menschlichen und sozialen Verhalten zu allen seinen Mitarbeitern ohne Unterschied der Konfession war, hatte sich hier schon vor der »Machtergreifung« eine nationalsozialistische Betriebszelle gebildet, die zunächst ein sehr verborgenes Dasein führte. Sie trat jedoch nun hervor und verlangte lärmend, daß alle jüdischen Angestellten entfernt werden sollten. Der Betriebsinhaber Berthold Israel und seine Söhne Herbert und Wilfried weigerten sich entschieden, auch nur einen einzigen Juden zu entlassen. Sie ließen sich auch dann nicht einschüchtern, als sie von höheren Nazistellen mit Verhaftung bedroht wurden. Diese tapfere Haltung, unterstützt durch Intervention unserer Rechtsschutzstelle, verfehlte ihre Wirkung nicht. Die Firma konnte ihr jüdisches Personal behalten, sie prosperierte auch noch jahrelang und ging erst 1939 als letztes großes jüdisches Unternehmen der Reichshauptstadt in »arischen« Besitz über.

Dieses mutige Verhalten wirkte als Beispiel und Vorbild, und in der Tat fühlten sich nun, nachdem die Panikstimmung vom April 1933 überwunden war, viele jüdische Geschäftsinhaber ermuntert, jüdische Angestellte zu beschäftigen. Hier setzte nun die Arbeit der Wirtschaftshilfe ein. Bereits seit einigen Jahren, also noch vor der Machtergreifung, existierte als Institution der Gemeinde eine »Jüdische Arbeitsvermittlung«, die in dem Gebäude der Synagoge Lindenstraße ihre Büroräumlichkeiten hatte und schon damals viel nützliche Arbeit für unsere Glaubensgenossen, besonders in den Zeiten der Wirtschaftskrise, verrichtet hatte. Diese Stelle wurde nun von der »Wirtschaftshilfe« übernommen und fungierte als deren Unterabteilung, aber in wesentlich vergrößertem Maße, bis zum Jahre 1937. Sie konnte vielen Tausenden von erwerbslos gewordenen kaufmännischen und Ladenangestellten, Buchhaltern, Verkäufern, Vertretern, Handwerkern, Hausangestellten usw. neue Stellen verschaffen. Dies wurde ermöglicht, indem man nicht abwartete, bis Angebote von offenen Stellen einlangten, sondern durch persönliche Intervention bei jüdischen Arbeitgebern, schriftlich, mündlich und telephonisch und Tag für Tag auf die Einstellung von jüdischen Arbeitskräften drängte. Der Erfolg zeigte sich besonders bei den weiblichen Stellungsuchenden, von denen in der Regel mehr als die Hälfte in entsprechende Stellen vermittelt werden konnte. Die Vermittlung für männliche Arbeitssuchende war schwieriger, doch konnten auch hier gute Resultate erzielt werden. Vielfach waren außer den Bemühungen bei den jüdischen Geschäftsinhabern auch Verhandlungen mit den nationalsozialistischen Betriebsstellen, mit der »Deutschen Arbeitsfront« und mit anderen Organisationen notwendig, in die sich dann unsere Rechtsschutzstelle einschaltete.

Im Jahre 1937 mußte die »Jüdische Arbeitsvermittlung« ihre Tätigkeit auf Geheiß der Nazi-Behörden einstellen, weil zu dieser Zeit alle Arbeitsvermittlungsstellen in den Händen des Staates zentralisiert wurden. In dieser Periode hatte aber im Rahmen der »Wirtschaftshilfe« eine andere Abteilung, nämlich die »Berufsumschichtung und -ausbildung«, eine überragende Wichtigkeit gewonnen und konnte auch einen Teil der bisherigen Arbeitsvermittlung übernehmen. Sie unterschied sich grundsätzlich von den bisher erwähnten Abteilungen; denn während zum Beispiel die »Kaufmännische Beratungsstelle« und die »Rechtsschutzstelle« vor allem den Interessen derjenigen Glaubensgenossen dienten, die ihre Existenz in Deutschland wenigstens vorübergehend fortzuführen gedachten, war die »Berufsumschichtung« vorwiegend der Vorbereitung zur Auswanderung aus Deutschland gedacht.

Nach dem verhängnisvollen Januar 1933 war die Wahl

eines Berufes, sei es für die Ausübung in Nazi-Deutschland, sei es im Hinblick auf eine geplante Auswanderung, nicht mehr von den eigenen Wünschen und Neigungen, sondern von dem Zwang der Umstände bestimmt. Was die jüdische Jugend betraf, so war sie zunächst einmal vom Besuch deutscher Hochschulen ausgeschlossen. Tausende von bereits aktiven Akademikern sahen sich von einem Tage zum andern ohne Erwerb und ohne Zukunftsaussichten. Die Chancen in Handel, Finanzwesen und Industrie waren eingeengt und wurden von Monat zu Monat geringer. Wer aber an Auswanderung dachte, sah sich vor die Tatsache gestellt, daß die wenigen ausländischen Staaten, die damals überhaupt in Frage kamen, ihre Permits, Affidavits oder Visen nur an gelernte Arbeiter, technische Fachleute oder dergleichen ausgaben. Der Zwang zu einer neuen Berufswahl mit dem Nachdruck auf manueller Arbeit war über Nacht unabweisbar geworden. Die neuen Aufgaben, die sich hieraus ergaben, wurden von der Abteilung »Berufsumschichtung und -ausbildung« übernommen. Im Detail bezog sich die »Berufsausbildung« auf die jungen schulentlassenen Leute, die noch nicht im Erwerbsleben gestanden hatten, die »Berufsumschichtung« auf die Erwachsenen, die bereits einen Beruf gewählt hatten, aber nunmehr umgeschult werden sollten.

Die Fürsorge für die jugendlichen Schulentlassenen war umso dringlicher, als es nach der nationalsozialistischen »Machtübernahme« nur noch für kurze Zeit möglich war, jüdische Knaben oder Mädchen als Lehrlinge in arischen Betrieben unterzubringen. Unsere Abteilung »Berufsausbildung« mußte also für diese Jugendlichen entweder Lehrstellen bei jüdischen Firmen vermitteln, was bei der ständig sich vermindernden Zahl solcher Firmen schwierig war, oder eigene Lehrwerkstätten schaffen. Damit war ein planmäßiges Programm für die Ausbildung jüdischer Jugendlicher in industriellen und landwirtschaftlichen Berufszweigen geschaffen. In gründlicher Aussprache wurden die Neigungen und Fähigkeiten jedes Einzelnen durchgesprochen, die Möglichkeiten für seine Zukunft geprüft und ein Ausbildungsplan festgesetzt. In all den Fällen, in denen für den betreffenden Jugendlichen eine Chance zu einer Auswanderung in ein bestimmtes Land gegeben war, wurde auch in Betracht gezogen, was die wirtschaftlichen und spezifisch beruflichen Gegebenheiten in diesem Lande waren. Zu diesem Zwecke stand die »Berufsausbildung« in ständiger Verbindung mit dem »Hilfsverein der Deutschen Juden«, der die Auswanderungsangelegenheiten behandelte und durch ein Netz von auswärtigen Korrespondenten über die Lage in verschiedenen überseeischen Gebieten ständig orientiert war, sowie mit dem Palästina-Amt, das die Alijah nach Palästina besorgte.

Die »Berufsumschichtung« der Erwachsenen hatte zu Beginn größere Schwierigkeiten zu überwinden als die »Berufsausbildung« der Jugendlichen. Der Hauptgrund hierfür war die Abneigung, die einzelne Nazi-Stellen dem Gedanken eines Einströmens der Juden in Industrie, Handwerk und Landwirtschaft entgegenbrachten. Gerade die Kreise, die früher die Juden als »Parasiten« beschimpft hatten, weil sie sich angeblich vor körperlicher Arbeit scheuten, sträubten sich jetzt gegen den Gedanken, jüdische Arbeiter, jüdische Handwerker, jüdische Landwirte zu sehen. Erst als man sie überzeugte, daß der ganze Umschichtungsprozeß als Vorbereitung für die Auswanderung aus Deutschland gedacht war, gaben sie zögernd und unwillig ihre Zustimmung. Dieselben Kreise hatten dann später wiederum nichts dagegen einzuwenden, daß der verbliebene Rest der Juden als Sklaven unter der Knute der SS in der »Urproduktion« fronte und zu Tode gehetzt wurde.

Die ersten Umschichtungskurse der Berliner Gemeinde waren von der Gestapo verboten und erst nach mühevollen Verhandlungen wieder erlaubt worden. Im Anschluß daran wurde auf höherer Ebene, in Unterhandlungen zwischen der »Reichsvertretung der Deutschen Juden« und den oberen Nazibehörden, versucht, eine generelle Regelung zu finden. Schließlich verfügte das Reichswirtschaftsministerium im Frühjahr 1935, daß Berufsumschichtungskurse zum ausschließlichen Zweck der Auswanderungsvorbereitung zulässig seien. Jedenfalls konnte erst seit Anfang 1935 auf dem Gebiete der Berufsumschichtung der Erwachsenen systematische Arbeit geleistet werden. Was vorher unter Umgehung der behördlichen Vorschriften in dieser Hinsicht getan wurde, war mehr oder weniger einfaches Experimentieren. Es wurden einige kleine handwerkliche Lehrgänge eingerichtet, es wurden Leute zur Umschulung in jüdische Handwerksbetriebe gesteckt oder auf landwirtschaftliche Güter geschickt, die diversen jüdischen Stellen zur Verfügung standen. In dem kleinen Orte Waidmannslust in der Nähe von Berlin wurde ein Umschulungszentrum geschaffen, in dem junge Leute unter ziemlich spartanischen Verhältnissen wohnen und teils landwirtschaftliche, teils handwerkliche Umschulung erhalten sollten. Waidmannslust war ein Experiment und es wurde ein Fehlschlag, weil noch keine geeigneten Fachleute für die Ausbildung vorhanden waren; aber der Grundgedanke, nämlich daß die Umschulung den ganzen Menschen erfassen sollte, nicht nur seine technischen Kenntnisse, sondern auch seine charakterliche Einstellung, und daß sie ihn in eine ganz neue Umgebung, in ein neuartiges Milieu hineinstellen sollte, war so übel nicht. Aus dem Bürobewohner und Schreibtischmenschen einen neuartigen Typ zu gestalten, der an Schraubstock und Werkbank oder in der freien frischen Luft der landwirtschaftlichen Umgebung seinen Mann in der Urproduktion stand, blieb von da an einer der Grundsätze der Berufsumschichtung.

Die »Reichsvertretung der Deutschen Juden« beziehungsweise der in seinem Rahmen arbeitende »Zentralausschuß für Hilfe und Aufbau« arbeitete Richtlinien für die jüdische Berufsumschichtungsarbeit aus, die für das ganze Reichsgebiet Geltung haben sollten. Sie galten in der Theorie auch für die Wirtschaftshilfe in Berlin; praktisch aber waren wir dank der Fachleute und der Geldmittel, die uns zur Verfügung standen, weitgehend unabhängig. Es war vorgesehen, daß die Kosten der Berufsumschichtung und Berufsausbildung zu zwei Dritteln von der Reichsvertretung und zu einem Drittel von den Gemeinden aufgebracht werden sollten. Tatsächlich hat die Berliner Wirtschaftshilfe weit mehr als das von ihr geforderte Drittel beigetragen, und sie war daher auch in der Lage, vorbildliche Lehrwerkstätten zu schaffen, in denen nicht nur Glaubensgenossen aus Berlin, sondern auch solche aus der Provinz zur Ausbildung und Umschichtung aufgenommen wurden. Andererseits wurden die von der Reichsvertretung eingerichteten landwirtschaftlichen Lehrgüter in der Provinz, besonders in der näheren und weiteren Umgebung der Reichshauptstadt, von der Berliner Wirtschaftshilfe insofern unterstützt, als wir die vollen Verpflegungskosten für die aus Berlin dorthin entsandten Glaubensgenossen übernahmen. Viele dieser Lehrgüter wären ohne unsere Beiträge gar nicht lebensfähig gewesen. Der von der »Reichsvertretung« geforderten Kontrolle unserer Arbeit unterwarfen wir uns natürlich bereitwillig. Aber die hie und da entsandten Revisoren fanden nicht nur nichts zu kritisieren, sondern kehrten meist mit wertvollen positiven Erfahrungen zurück, die sie anderen Gemeinden zugute kommen lassen konnten.

Wenn die Arbeitsvermittlung für die erwerbslos gewordenen jüdischen Arbeitnehmer sowie die Berufsausbildung der schulentlassenen jüdischen Jugendlichen in jenen kritischen Jahren schon eine sehr schwierige

Aufgabe war, so galt dies doppelt und dreifach für die Berufsumschichtung der Erwachsenen. Denn auf diesem Gebiete gab es so gut wie keine praktischen Erfahrungen oder Präzedenz-Situationen, die man auf die besondere Lage, in der wir uns befanden, anwenden konnte. Zwar war theoretisch viel über die Notwendigkeit geschrieben worden, Juden in andere Berufszweige zu bringen, in denen sie – sei es im Inland, sei es im Ausland – bessere Existenzchancen erhalten und zugleich das Gesamtbild der jüdischen Berufsschichtung günstig beeinflussen konnten. Aber sowie man an die praktische Durchführung solcher Projekte ging, zeigten sich ernstliche Schwierigkeiten.

Es wurden eine große Zahl von Berufsumschichtungskursen ins Leben gerufen, in denen im Laufe der Jahre 1935 mehrere tausend Personen männlichen und weiblichen Geschlechts eine Ausbildung erfuhren. Die Wirtschaftshilfe errichtete vor allem drei große eigene Lehrwerkstätten, nämlich eine Werkstätte für Baugewerbe, eine andere für metallverarbeitende Industrie und eine dritte für Holzverarbeitung. Die Ausbildung in diesen gemeindeeigenen Lehrwerkstätten erfolgte unter der Anweisung von Fachmännern unter Benutzung neuzeitlicher Maschinen und Geräte, wobei die größtmögliche Sorgfalt angewendet wurde, um wirklich branchenmäßige Kenntnisse zu vermitteln. Die »Umschichtler« – wir nannten sie so, weil es etwas eigentümlich gewesen wäre, für Leute im Alter zwischen 20 und 40 Jahren die Bezeichnung »Lehrlinge« oder »Schüler« anzuwenden – arbeiteten acht Stunden täglich; die Gesamtdauer der Kurse betrug je nachdem neun bis zwölf Monate; die Einteilung der Arbeit erfolgte ungefähr nach den Normen, wie sie in einem entsprechenden Fabrikbetrieb üblich waren. Die Kosten dieser Lehrlinge waren erheblich.

Natürlich wurden nun aber nicht alle Umschichtungskurse in eigenen Lehrwerkstätten durchgeführt. Im Textilfach zum Beispiel erwies es sich als rationeller und praktischer, anstatt zahlreiche Nähmaschinen anzuschaffen, die »Umschichtler« in bestehende jüdische Betriebe als Lehrlinge einzuweisen. Natürlich wurde der Unterricht aber hier von uns kontrolliert und finanziell entsprechend vergütet. Auf diese Weise konnten eine ganze Anzahl von männlichen und noch mehr weiblichen Schneidern, Zuschneidern, Büglern, Nähern und Wäschenähern ausgebildet werden. Die Ausbildungszeit in diesen Textilkursen war in der Regel erheblich kürzer als in den oben genannten eigenen Lehrwerkstätten. Von weiteren Umschichtungskursen, die im Laufe der genannten Jahre durchgeführt wurden, seien genannt: Photographie, Buchbinderei, Automechanik, Keramik, Chemische Industrie, Schaufensterdekoration, Kindergärtnerei, Krankenpflege, Kosmetik, Modezeichnen, Diät- und Massenküche, Weberei, Lederverarbeitung, Uhrmacherei, Putzwarenherstellung und andere mehr.

Von mindestens ebenso großer, wenn nicht größerer Bedeutung als die industrielle und handwerkliche Umschichtung war die landwirtschaftliche Ausbildung. Auf diesem Gebiete waren die jüdischen Organisationen allerdings in der glücklichen Lage, die »Umschichtler« in bereits seit Jahren bestehende jüdische landwirtschaftliche Güter einweisen zu können, wo sie unter fachmännischer Leitung eine gründliche Ausbildung auf den verschiedenen Gebieten des Ackerbaues, der Viehzucht und der Gartenwirtschaft erhielten. Hier handelte es sich um eine Umschichtung, die sich nicht auf die berufliche Ausbildung beschränkte, sondern die ganze Persönlichkeit des betreffenden Menschen erfaßte. Losgelöst aus dem bisher gewohnten städtischen Milieu, getrennt vom engen Kreis der Familie und den Nachbarn, in einer ländlichen Umgebung, unter ganz anderen Arbeitsbedingungen und Wohnverhältnissen lebend, hatte der »Umschichtler« auf einem agrarischen Lehrgut eine

Chance, sich für ein ganz neues Leben, eine völlig geänderte Existenz innerlich und äußerlich vorzubereiten. Es waren in der Regel die jüngeren Jahrgänge, die sich für die landwirtschaftliche Umschichtung anmeldeten, während Leute über 25 und 30 Jahren eher eine handwerkliche Umschichtungsmöglichkeit in Anspruch nahmen. Die obere Altersgrenze für die Berufsumschichtung betrug im allgemeinen 35 Jahre, doch wurde dies nicht als eine starre Regel angesehen. In der Praxis zeigte sich, daß in vielen Fällen auch Männer bis zu 40 Jahren einen Umschichtungskurs erfolgreich absolvieren konnten, und bei den weiblichen Umschichtlern konnten auch Frauen bis zu 50 Jahren in gewissen Zweigen der Heimarbeit sowie als Näherinnen, Wäschenäherinnen, Köchinnen ausgebildet werden. Verschiedentlich habe ich von Kursusleitern, die es aus ihrer täglichen Erfahrung zweifellos wissen mußten, die Meinung gehört, daß »Umschichtler« im Alter zwischen 25 und 35 Jahren mit größerem Ernst und Eifer an die neue Arbeit herangingen als die ganz jungen Jahrgänge, und daß sie manchmal auch bessere Resultate erzielten.

Als ich im Dezember 1939 meinen Posten infolge meiner Ausweisung aus Deutschland verlassen mußte, bestätigte mir der Generalsekretär der Gemeinde in meinem Zeugnis unter anderem, es sei mein Verdienst gewesen, daß in all den Jahren meiner Tätigkeit niemals Stockungen in der Arbeit der Wirtschaftshilfe eingetreten seien oder Beanstandungen zu erheben gewesen wären.

Luise Stein

Vom deutschen »Mädel« zur überzeugten Zionistin

Wir waren eine gänzlich assimilierte moderne jüdische Familie. Mein Vater war in seinem Verhalten, seinem Fühlen und seinem Denken so sehr in die deutsche Kultur assimiliert, daß er niemals gesagt hätte, er sei ein Jude oder ein deutscher Jude, sondern nur, er sei ein Deutscher und ein glühender Patriot. Er wurde während des Krieges Unteroffizier und erhielt das Eiserne Kreuz, das er mit Stolz aufbewahrte. Sein Vaterland war sein erster Gedanke und erst der zweite seine Familie. Wir waren in unserer Gemeinde von Juden wie Christen gleichermaßen geachtet, aber wir waren an keinerlei Vereinsaktivitäten beteiligt und waren besonders wenig daran interessiert, ein jüdisches Leben zu fördern. Nur in den Ferien nahmen wir an Gottesdiensten in der Synagoge teil – und das war das Geringste, was wir taten, um uns mit den Juden zu identifizieren und so zu leben, wie man es von uns erwartete. Es war das Äußerste, das wir tun konnten, ohne uns gegenüber unseren christlichen Nachbarn verdächtig zu machen.

Meine früheren Schulfreunde waren alle Christen, was der Einstellung meiner Eltern den Juden gegenüber entsprach. Ich fühle im Rückblick, daß sie eingebildete deutsche Juden waren, von denen die New Yorker Juden mit einer gewissen Berechtigung sagen, daß sie eine Lektion von Hitler nötig hatten. Und dennoch, zu viele ihrer Ansichten sind auf mich übergegangen, als daß ich sie dafür verurteilen könnte. Mein Vater besonders wollte keinen Umgang mit den russischen oder polnischen Juden, weil er durch diese Kontakte aufgefallen wäre und weil er ihr Benehmen ablehnte. Sie sprachen mit ihren Händen. Sie hatten einen jiddischen Akzent, der für ein

»deutsches Ohr« unerträglich klang. Sie nahmen es weniger genau mit ihren Manieren und ihrer Kleidung. Aber sie hatten ein Herz aus Gold. Das mag in Amerika zählen, aber nicht im aristokratischen Deutschland. Sogar ich schämte mich, wenn einer dieser Juden mich kurz auf der Straße ansprach und wenn ich dabei von einem meiner zurückhaltenderen jüdischen oder christlichen Freunde gesehen wurde.

Jüdische Mädchen in unserer Stadt pflegten meist Umgang mit christlichen Jungen. Es gab einen gewissen Stolz dabei, und wir Mädchen glaubten, daß wir es einer besseren Integration in die deutsche Kultur wegen taten. Sogar als Hitler 1933 die Regierung übernahm, gab es keine Veränderung im Verhalten der Mädchen. Ich fühlte, wenn eines von uns Mädchen diskriminiert wurde, geschah dies nicht wegen ihrer Religion, sondern weil ihr Benehmen für jemanden anstößig sein könnte. Wir waren zu wohlerzogen, um uns von Dingen, für die wir persönlich nicht verantwortlich waren, beeinflussen zu lassen.

Am April 1935 verließ ich die Höhere Schule oder, wie sie genannt wurde, die »Mädchenoberrealschule« mit der Absicht, Sprachen zu studieren, als mich die erste Erfahrung mit dem Nationalsozialismus persönlich traf. Ich nahm an, wie in jedem Jahr einen Buchpreis für die besten Abschlußnoten in der Klasse zu erhalten. Das mußte offiziell auf der alljährlichen Schulabschlußfeier vor einem Publikum, bestehend aus Eltern, Bürgern der Gemeinde und Lehrern, bekanntgegeben werden. Zunächst einmal war die Halle ganz anders als in den früheren Jahren geschmückt: Ein großes Hitlerbild stand in der Mitte und überall rundherum Naziflaggen mit den Hakenkreuzen. Und dann wurde nicht »Deutschland, Deutschland über alles« zuerst gesungen, wie ich es mit all meiner kindlichen Naivität erwartet hatte, sondern das Horst-Wessel-Lied »Die Fahne hoch«.

Endlich wurden die Namen der herausragenden Schüler aufgerufen. Ich lächelte meinen Eltern, die die Stirne runzelten, aufmunternd zu, daß sie nun hören würden, ihre Tochter erhielte den dritten, vielleicht den zweiten oder sogar den ersten Preis. Aber alle Namen wurden verlesen und meiner war nicht dabei. Eine Freundin bemerkte, daß in ihrem Buch zwei Namensschildchen übereinander steckten und als sie das eine davon wegzog, sah sie meinen Namen auf dem darunterliegenden. Meine Mitschülerinnen waren fast empörter als ich und stellten Nachforschungen an. Der Professor, so sagten sie, sei ganz bleich geworden und soll dann gesagt oder richtiger, gestottert haben: »Ich weiß nicht, was geschehen ist. Das hängt vom Direktor ab.« Am nächsten Morgen verkündeten die Schlagzeilen der Zeitung: Jüdische Jungen und Mädchen in öffentlichen Schulen erhalten keinen Preis mehr. Alle meine Klassenkameradinnen warfen dem Direktor vor, ein Feigling zu sein, der sein Mäntelchen nach dem Winde hänge. Ein oder zwei Direktoren eines Gymnasiums und einer Mädchengrundschule hatten ihren jüdischen Schülern nämlich noch ihre Preise zuerkannt.

Mein Vater war vom Aufstieg des Nationalsozialismus nicht so schockiert wie viele andere Juden. Als mein Bruder einmal einige Neuigkeiten über seine Freunde mitgebracht hatte, die in kommunistische Clubs eintreten wollten, war mein Vater wütend geworden. Er befürchtete wirklich, daß wir Kommunisten werden könnten, und hatte oft gesagt, er würde den Nationalsozialismus bevorzugen, wenn man zwischen den beiden Übeln wählen müßte.

Meine Freundin Emmy lud mich zu unserer üblichen Gruppenwanderung rund um den Bodensee ein, wo wir über die Natur und das menschliche Wesen zu philosophieren pflegten. Und es war dieser starke deutsche Charakterzug in mir, diese Liebe zur Natur, eine Sentimentalität und eine romantische Empfindung für die Ideale von Schiller und Goethe, die mich zu einem geistig verbundenen Mitglied dieses idealistischen jugendlichen Wander- und Singkreises machten. Dort erörterten wir nie politische Themen, sondern wir erfreuten uns einfach an den Wundern der Natur und wanderten von Ort zu Ort. Meine Freundin rückte im Gras an mich heran und flüsterte in mein Ohr: »Du bist wundervoll, du bist ein Teil von uns wie jeder andere.« Obwohl ich das als sehr gut empfand, spürte ich, daß sie sich auch bewußt war, daß ich nicht mehr zu ihnen gehörte. Später bat sie mich wieder, an unserer üblichen Wanderung teilzunehmen. Jetzt gab es kein Verstecken mehr: »Nein, danke, ich kann nicht mehr mit euch kommen.« Weshalb nicht? Wir sind eine neu zusammengesetzte nette Gruppe, und die anderen wissen doch nichts, weil du nicht jüdisch aussiehst. Bitte komm' doch mit!« Sie wußte nicht, daß sie mich verletzte. Aber dieses »sie wissen doch nichts« ließ mich entscheiden, nicht mitzumachen. Ich bin seitdem niemals mehr mit ihnen gewandert.

Inzwischen hatten sich die jüdischen Jungen und Mädchen unserer Stadt in einer Gruppe eng zusammengeschlossen, weil es keinen Ort mehr gab, wohin sie gehen konnten. Sie bildeten »Arbeitsgemeinschaften«. Und an was arbeiteten sie? An der Wiedergeburt unseres Judentums durch das Studium der Bibel und unserer Geschichte, um Tröstung und einen einsehbaren Grund für all das zu finden, was geschah. Zuerst diskutierten wir, ob wir etwas verbrochen hätten und ob das die Ursache unseres Schicksals sei und wir uns rechtfertigen und verbessern könnten. Von da aus ergaben sich schrittweise die zionistischen Ideen, daß wir nämlich eine nationale Heimstatt haben sollten, wohin diejenigen, die verfolgt würden, gehen könnten, anstatt alleine herumirren zu müssen.

Ich kam ziemlich oft zu diesem Treffen, da ich mich dort ein wenig geschützt fühlte, aber ich war nie aktiv. Ich mußte mich noch zwingen, dorthin zu gehen, weil die vollständig jüdische Atmosphäre dort für mich noch zu fremd war. Da gab es einige Jungen, die Jiddisch sprachen, was sich für ein »deutsches Ohr« schrecklich anhörte. Die anderen nahmen diese als wertvolle Mitglieder in ihre Gruppe auf, aber ich konnte mich mit ihrer Sprache und ihren Manieren nicht anfreunden.

Bald wurde die Gruppe zu einem Schmelztiegel aus eingebildeten deutschen, aus russischen, polnischen, palästinensischen, reichen, armen, lauten, »kultivierten« und sonstigen jüdischen Jugendlichen aus Konstanz. Sie verlor ihren ursprünglichen allgemeinen jüdischen Charakter und entwickelte sich zu einer zionistischen Gruppe, was mich am Anfang abstieß. Aber die anderen überzeugten mich schließlich von der Notwendigkeit einer nationalen Heimstatt für jene Unglücklichen, die nicht länger in jenen Ländern bleiben konnten, über die sie zerstreut waren. Ich wurde eingetragenes Mitglied der Zionistischen Bewegung von Deutschland. Das war zuviel für meinen Vater. Wir sprachen wochenlang nicht miteinander. Wie viele andere Juden war er entschiedener Antizionist, hatte zu den »Frontkämpfern« gehört, die für Deutschland gekämpft hatten und in Deutschland bis zu ihrem Tod bleiben wollten. Er wurde wütend, wenn jemand ihn fragte, ob er nicht das palästinensische Blut seiner Vorfahren in seinen Adern fühle. Er pflegte dann die Familienbibel herauszuholen, um »schwarz auf weiß« zu beweisen, daß unsere Vorfahren in Deutschland schon vor dem Dreißigjährigen Krieg um 1600 gelebt hätten. Nur weil Hitler sage, er sei kein Deutscher, bedeute dies noch lange nicht, daß er keiner sei. Vater wurde noch wütender, wenn er Leute in der Gemeinde sagen hörte: »Er wird es noch lernen und vielleicht einmal zu uns gehören.« Er tat es nie, selbst jetzt nicht.

Es war unzweifelhaft ein Erfolg eines Teils der jüdischen Jugend, zusammenzufinden. Vorher hatten wir 19 Jahre in derselben Stadt gelebt, ohne das Verlangen zu spüren, uns kennenzulernen. Aber die Verfolgung, die Einsicht in unser Schicksal und das Leiden, das 1934 einsetzte, brachte uns zusammen.

Ich sprach ziemlich gut Englisch und die ganze jüdische Gemeinde kam zu mir gelaufen und bat mich, ihr Englischunterricht zu geben im Hinblick auf ihre angestrebte Emigration nach England, Amerika, Südafrika, Palästina, Kanada oder sogar Australien. Der allgemeine Trend war, je weiter weg von Europa, desto besser. Für mehr als ein Jahr gab ich über 70 Männern, Frauen und Kindern, Alten und Jungen Englischunterricht. So lernte ich die ganze Gemeinde kennen und war sehr überrascht, wieviel wertvolle Menschen unter ihnen waren und wie sehr die gemeinsame Verfolgungszeit sie vereinte. Polnische, russische und deutsche Juden saßen am gleichen Tisch und sprachen mir englische Worte nach. Die kleinen kulturellen Unterschiede wie Akzente oder ein lebhafteres Benehmen schien die meisten nicht zu stören angesichts der feindseligen Außenwelt.

Der Anfang vom Ende: die Reichspogromnacht

Die Reichspogromnacht vom 9. auf den 10. November 1938, im Nazi-Jargon wegen der vielen Glasscherben zynisch »Reichskristallnacht« genannt, leitete eine neue Phase der Judenverfolgung im Dritten Reich ein. Hier wurde demonstriert, dass die bürgerlichen Rechte für Juden nicht mehr galten. Die Nationalsozialisten sahen sich nach dem »Anschluss« Österreichs und der durch das Münchener Abkommen abgedeckten Okkupation des Sudentenlandes innen- wie außenpolitisch offensichtlich in einer so sicheren Position, dass keinerlei Rücksichten mehr genommen wurden. Die Reichspogromnacht zeigte auch, dass das Regime sehr weit gehen konnte, ohne auf größere Proteste der nichtjüdischen Bevölkerung zu stoßen.

Anlass des Pogroms war ein Attentat des siebzehnjährigen jüdischen Polen Hershel Grynszpan am 7. November 1938 auf den deutschen Gesandtschaftsrat in Paris, Ernst vom Rath, der zwei Tage später seinen Verletzungen erlag. Als Motiv für die Tat gab Grynszpan die Ausweisung seiner in Hannover lebenden Eltern nach Polen an. Sie waren am 28. Oktober 1938 mit 17 000 in Deutschland ansässigen polnischen Juden verhaftet und in das Niemandsland zwischen Polen und Deutschland deportiert worden. Zuvor hatte die Regierung in Warschau ein Dekret erlassen, alle im Ausland lebenden Polen auszubürgern, wenn sie ihre Pässe nicht in Polen mit einem Sondervermerk ausstatten ließen. Die von den Deutschen an die Grenze verbrachten Juden durften jedoch zunächst nicht einreisen, weil die polnische Regierung beschlossen hatte, polnischen Juden die Rückkehr aus Gebieten unter deutscher Herrschaft nicht mehr zu gestatten. Deshalb irrten die Deportierten tagelang im Niemandsland umher.

Als das Attentat in Deutschland bekannt wurde, begannen bereits am 7. und 8. November örtliche Parteigliederungen mit ersten antijüdischen Gewalttaten, den »wilden Aktionen«. Als am 9. November die Todesnachricht aus Paris eintraf, gab unmittelbar danach Reichspropagandaminister Joseph Goebbels in einer Rede in München das Signal zum landesweiten Losschlagen. Er berief sich dabei auf ein Gespräch mit dem Führer. Auf seinen Vorschlag, so Goebbels, habe Hitler entschieden, falls sich antijüdische Ausschreitungen spontan über das ganze Reich ausdehnten, sollten sie nicht behindert werden. Diese Aussage wurde als Aufforderung zum Handeln verstanden. Die SS und die Polizei waren nicht unterrichtet worden. Die SA dagegen sandte ihre Verbände aus. Noch am gleichen Abend ging eine Welle bis dahin nicht vorstellbarer Gewalt und blinder Zerstörungswut durch Deutschland. Mit wenigen Ausnahmen wurden alle Synagogen in Brand gesetzt und jüdische Geschäfte und Wohnungen verwüstet und geplündert. Juden wurden aus ihren Wohnungen gezerrt oder auf der Straße aufgegriffen, misshandelt, in Konzentrationslager gebracht und getötet. Insgesamt wurden rund 100 Juden ermordet und etwa 30 000 Männer in Konzentrationslager verschleppt. Hunderte von ihnen kamen dort um. Obwohl die Exzesse offiziell am 10. November gestoppt wurden, gingen sie mancherorts noch tagelang weiter.

Die Opfer waren den Gewalttaten schutzlos ausgeliefert. Polizei und Feuerwehr schauten meist weg oder sahen tatenlos zu. Wenn sie helfen wollten, wurden sie daran gehindert. Auch die meisten nichtjüdischen Mitbürger halfen oder protestierten nicht. Selbst wenn einige entsetzt waren über das, was geschah, wagten nur wenige offen Protest zu äußern oder den Verfolgten direkte Hilfe zu leisten. Ein nicht geringer Anteil sah mit Interesse und manchmal mit Schadenfreude, ja gelegentlich sogar Begeisterung zu und begrüßte den Terror ausdrücklich. Nichtjüdische Deutsche beteiligten sich auch aktiv an der Verwüstung und Plünderung jüdischer Geschäfte und Wohnungen. Die SA hatte dazu ausdrücklich ermuntert. Die Juden dagegen mussten für die entstandenen Schäden selbst aufkommen und sogar die Kosten für den Abbruch noch nicht gänzlich abgebrannter Synagogen übernehmen. Außerdem wurde der jüdischen Gemeinschaft unter dem Vorwand einer Wiedergutmachung für den Mord an einem deutschen Diplomaten eine »Sühneleistung« von einer Milliarde Reichsmark auferlegt. Auch die Versicherungssummen, die den Juden infolge der Schäden zustanden, wurden beschlagnahmt. Verfahren, die im Zusammenhang mit der Reichspogromnacht eingeleitet worden waren, stellten die Parteigerichte und die ordentlichen Gerichte ein, obwohl bei diesem Pogrom viele Taten verübt wurden, die im Sinne des Strafgesetzbuches Verbrechen waren.

Umstritten ist bis heute, ob die Ausschreitungen improvisiert oder geplant waren. Goebbels als Initiator wurde jedoch schon unmittelbar nach der Pogromnacht von anderen Nazigrößen kritisiert. Heinrich Himmler, Reichsführer SS und Chef der Polizei, erklärte, der Befehl zum Losschlagen komme von der Reichspropagandaleitung und Hitler habe seinem Eindruck nach von den Vorgängen nichts gewusst. Goebbels habe die Aktion aus Machtstreben gestartet. Reichswirtschaftsminister Walter Funk sorgte sich um das Ansehen im Ausland und warf Goebbels vor, Volksgut mutwillig vernichtet zu haben. Hermann Göring beklagte sich bei Hitler über das »unverantwortliche Handeln von Goebbels und dessen Folgen für die Wirtschaft«. Hitler distanzierte sich nicht von Goebbels, stimmte aber zu, dass sich derartige Vorfälle nicht wiederholen dürften.

Auf einer von Göring einberufenen Konferenz, an der u. a. mehrere Minister, hohe Beamte des Auswärtigen Amtes und der Polizei teilnahmen, wurde beschlossen, gegen Juden künftig nur noch auf »gesetzlichem Wege« vorzugehen, da »derartige Aktionen« nicht unter Kontrolle zu halten seien und dem Ansehen Deutschlands schadeten.

Die scharfen Reaktionen der ausländischen Presse auf die Ausschreitungen beeindruckten die Nationalsozialisten zunächst nicht. Als US-Präsident Roosevelt aus Protest den amerikanischen Botschafter aus Berlin zurückrief und seine Empörung öffentlich äußerte, wurde der deutsche Gesandte in den USA wegen der »amerikanischen Einmischung in innere deutsche Angelegenheiten« ebenfalls zurückgerufen. Aus den USA berichtete Botschafter Hans Dieckhoff, »anständige nationale Kreise, die durchaus antikommunistisch und zum großen Teil antisemitisch eingestellt sind«, begännen sich von Deutschland abzuwenden. »In dieser allgemeinen Hassstimmung hat auch der Gedanke des Boykotts gegen deutsche Waren wieder neuen Auftrieb erhalten, und an wirtschaftliche Verhandlungen ist augenblicklich nicht zu denken.« Da sich der Bokottbewegung zahlreiche Händler und Importeure anschlossen, kam es zu umfangreichen Vertragskündigen, die die Wirtschaft empfindlich trafen. Im Dezember 1938 hatten eine Reihe von Firmen 20 bis 30 Prozent ihres Exportgeschäftes eingebüßt.

Max Moses Polke

Der Hölle entkommen

Als ich mit meiner Frau am 9. November spät abends aus Berlin zurückkehrte, war in den Breslauer Hauptstraßen, die wir auf dem Nachhauseweg passieren mußten, nichts von kochender Volksseele oder dergleichen zu bemerken. Am nächsten Morgen aber kam mein zweiter Sohn kurz nach 8 Uhr aus der Schule zurück und teilte mit, man habe die Kinder nach Hause geschickt, weil in der Nacht sämtliche Fensterscheiben der Schule eingeschlagen worden waren. Auch habe er auf dem Nachhauseweg gesehen, daß die jüdischen Geschäfte, an denen er vorbeigekommen war, demoliert worden seien. Auch habe man ihm erzählt, daß die große neue Synagoge in Flammen stehe.

Meine Frau versuchte, in ihrem Schuhgeschäft anzuläuten. Es meldete sich niemand. Sofort begab ich mich dorthin. Unterwegs konnte ich schon sehen, wie truppenweise zum Teil mir bekannte Juden von Polizisten abgeführt wurden oder auf Polizeiautos an mir vorüberfuhren. Auch stellte ich fest, daß sämtliche jüdischen Geschäfte, an denen ich vorbeikam, schwer demoliert worden waren. Den gleichen Zustand fand ich natürlich bei dem Geschäft meiner Frau vor. Ich begab mich sofort zu der Einbruchs- und Glasversicherung, deren Geschäftsräume sich in der Nähe befanden und meldete den Schaden an, damit diese nicht später sagen könnten, der Schaden sei zu spät gemeldet worden. Von dem unweit gelegenen Hauptbahnhof versuchte ich dann, meine Frau in der Wohnung anzuläuten. Es meldete sich niemand. Die Leitung mußte unterbrochen sein.

Nunmehr wußte ich, was los war, und ich beschloß, nicht mehr nach Hause zurückzukehren und nach Berlin zu fahren. Genügend Geldmittel hatte ich bei mir, um notfalls auch noch weiter zu fahren und eine Zeitlang irgendwo unbekannt zu leben. Der nächste Zug nach Berlin ging 10.25 Uhr. Die anderthalb Stunden bis dahin auf dem Hauptbahnhof zu bleiben, erschien mir nicht ratsam. Ich begab mich daher nochmals in die Stadt, nachdem ich mich mit einem Bekannten, dem ich für alle Fälle noch einiges mitteilen wollte, an einem bestimmten Punkte in einer wenig von Juden bewohnten Gegend telefonisch verabredet hatte.

Unterwegs jedoch ereilte mich mein Geschick. Auf der Tauentzienstraße unmittelbar vor dem Amerikanischen Konsulat erkannte mich ein Mann, den ich vor Jahren einmal wegen Widerstands gegen die Staatsgewalt verteidigt hatte. Er hetzte einen neben ihm befindlichen Menschen auf mich, der mich sofort anpöbelte, begleitet von anderen Radaubrüdern. Vergeblich versuchte ich die Leute durch Hinweis darauf zu beschwichtigen, daß ich ihnen doch nichts getan hätte, im Gegenteil sei hier ein Mann, der durch mich in schwerer Lage unterstützt worden war. Den Anpöbeleien folgten bald körperliche Mißhandlungen. Blutend versuchte ich, mich in einen Hausflur zu retten. Aber der davor stehende Portier stieß mich zurück. Das alles waren Zivilisten – Polizei, SS und SA waren weit und breit nicht zu sehen.

Ich weiß nicht, was mir tatsächlich noch geschehen wäre, wenn sich nicht ein baumstarker Mensch, etwa der Typ eines Möbelpackers, meiner angenommen, mich unter dem Arm gefaßt und zu den Umstehenden gesagt hätte: »Hört jetzt auf, der Jude hat genug Keile bekommen.« Zu mir allerdings sagte mein Retter: »Wenn Sie nicht jetzt mit mir aufs Polizeipräsidium gehen, dann kommen Sie nicht lebendig davon.« Ich leistete keinen Widerstand, und mein Begleiter brachte mich in das in der Nähe befindliche Polizeipräsidium, vorbei an der brennenden neuen Synagoge. Ihre große Kuppel lag schräg. Flammen schossen aus dem Innern heraus. Ich mußte an die Zerstörung des Tempels in Jerusalem denken. Im Polizeipräsidium wurde ich zunächst einmal einem Polizeiarzt vorgeführt mit den Worten: »Da ist mal wieder einer einem anderen auf die Hand gefallen.« Der Polizeiarzt wandte blutstillende Mittel an und trug meinen Namen und die Art der Verletzungen sorgfältig in ein Buch ein. Preußische Ordnung bleibt preußische Ordnung.

Nunmehr kam ich in einen Hof des Polizeipräsidiums, wo schon viele Juden standen, darunter auch Bekannte von mir. Sie erkannten mich nicht wieder, da mein Gesicht völlig angeschwollen und entstellt war. Meine Lippen waren so verdickt, daß ich kaum sprechen konnte. Ich stellte fest, daß vier untere und ein oberer Vorderzahn stark gelockert waren. Alle Augenblicke kamen neue Transporte mit aufgegriffenen Juden an. Ich traf immer mehr Bekannte. So standen und standen wir. Die einzige Abwechslung war, daß man uns Taschenfeuerzeuge, Messer und Scheren abnahm. Die Wertsachen dagegen beließ man uns.

Das lange Stehen wurde immer unerträglicher, zumal die meisten, frühmorgens aus ihren Wohnungen heraus verhaftet, seitdem noch nichts gegessen hatten. Da erschien etwa nachmittags um 5 Uhr ein alter Polizeiwachtmeister und teilte folgendes mit: »Es gibt jetzt etwas zu essen, worin weder Fleisch noch Fett enthalten ist. Auch die rituell lebenden Juden können also ruhig essen.« In der Tat gab es aus Eßnäpfen eine recht schmackhafte Kartoffelsuppe mit gut gekochten Kartoffeln. Sowohl ich wie andere hatten den Eindruck, daß sie mit frischer Butter zubereitet war. Außerdem erhielt jeder ein großes Stück frisches Brot, das ich mir wohlweislich aufhob, denn mir war bekannt, daß der Aufenthalt bei der Polizei mit einer sehr gründlichen Hungerkur beginnt. Aus diesem Grunde hatte ich schon seit Monaten in ständiger Furcht vor plötzlicher Verhaftung in meiner Wohnung stets griffbereit ein großes Paket Dauerkeks stehen gehabt, um es im Falle der Abholung noch schnell einstecken zu können. Nun befanden sich diese Verhaftungskekse, wie sie von meinen Kindern immer genannt wurden, wohlbehalten in meiner Wohnung. Während wir in den Höfen des Polizeipräsidiums herumstanden, hörten wir dreimal Detonationen von Sprengungen. Sie galten der benachbarten Synagoge, deren Zerstörung durch Feuer den Nazis offenbar zu lange dauerte. Der Staub von den Explosionen flog uns ins Gesicht.

Um halb acht Uhr abends wurden wir aus den kleinen Höfen in den großen Hof des Polizeipräsidiums geführt und in Reih und Glied angestellt. Einige schwer Kriegsverletzte wurden nach Hause geschickt, die übrigen in Gruppen zu zehn Mann herausgeführt und zunächst vor der schauerlich verwüsteten Synagoge aufgestellt, von der nur noch rauchgeschwärzte Teile der Umfassungsmauern vorhanden waren. Dann ging es die Breslauer Tauentzienstraße entlang zum Güterbahnhof. Die Opfer der Aktion vom 13. Juni 1938 hatte man dorthin auf Lastautos transportiert, wir mußten zu Fuß laufen. An jeder Seite jeder Reihe ging ein SS-Mann mit schußbereitem Karabiner unter dem Arm. Die Straßen waren abgesperrt, aber von Menschen umsäumt, die man mit Nazijargon als Untermenschen bezeichnen muß. Es handelte sich offenbar um bestellte Individuen, die es an gemeinsten Beschimpfungen nicht fehlen ließen, von denen »Juda verrecke« im Chor noch das mildeste war. Die SS-Leute mußten uns vor Tätlichkeiten schützen. Sie trieben uns andererseits mit Kolbenstößen zur Eile an und nahmen auf Kranke und Schwache nicht die geringste Rücksicht.

Am Güterbahnhof wurden wir – etwa 1000 Mann – zu unserem Erstaunen nicht in Viehwagen verladen, sondern in einem Personenzuge untergebracht. In jedem Doppelabteil saßen 19 Mann und ein Polizeiwachtmeister mit schußbereitem Gewehr. Darüber, daß jeder Fluchtversuch sofort mit Erschießen bestraft wird, waren wir schon im Polizeipräsidium vor dem Abtransport belehrt worden. Um 9 Uhr abends setzte sich der Zug langsam in Bewegung.

Den ersten Teil bis Liegnitz fuhr ich dieselbe Strecke zurück; die ich knappe 24 Stunden vorher mit meiner Frau in einem schönen D-Zug zurückgelegt hatte. Es verbot uns niemand zu sprechen, aber wir redeten nur wenig. Dabei benahmen sich die Wachmannschaften anständig, erlaubten uns zu rauchen, einige von ihnen nahmen auch Mitteilungen zur Weitergabe an die Angehörigen entgegen. Auf den Stationen, auf denen der Zug hielt, durften wir auch, ohne das Abteil zu verlassen, Einkäufe machen. Aber der Zug war natürlich bei den Gastwirtschaften nicht angemeldet, so daß es nur wenigen gelang, etwas zu ergattern. Bald merkte ich an den Stationen, wohin es ging, und früh um 9 Uhr kamen wir in Weimar an, mir von meiner Schulzeit her geläufig als der Inbegriff deutscher Kultur – der Ort, in dem Goethe seine unsterblichen Werke geschrieben hat, jetzt bekannter geworden als Eisenbahnstation des auf keiner Karte verzeichneten, aber doch in der ganzen Welt bekannten Buchenwald.

Ich weiß nicht, wie lange wir im Tunnel des Bahnhofes warten mußten, das Gesicht der Wand zugekehrt. Alle Augenblicke hörte man Schreie von Menschen, die wahllos mißhandelt wurden. Wehe dem Unglücklichen der es gewagt hätte, sich umzudrehen. Endlich wurden wir in verdeckte Lastautos verladen, und nach etwa einstündiger Fahrt waren wir in Buchenwald, wo wir mit Kolbenstößen aus den Lastautos herausgetrieben wurden.

Es erschienen junge SS-Leute, die uns gleich durch wahllose Schläge auf den Kopf in Empfang nahmen.

Dann mußten wir im Laufschritt durchs Tor hineingehen. Auf dem Wege stellten uns wieder andere das Bein, so daß man hinfiel und durch Schläge auf den Rücken zum sofortigen Weiterrennen ermuntert wurde. Ich habe als Erinnerung an diesen Empfang eine Verstauchung des rechten Ringfingers und eine Verletzung der Kniescheibe davongetragen, die mir noch lange zu schaffen machten. Auf dem großen Platz des Lagers wurden wir aufgestellt und mußten nun stundenlang stehen. Das berühmte Abscheren der Haare und, soweit vorhanden, der Bärte war schon eine Annehmlichkeit, weil man sich während dieser Zeremonie wenigstens setzen konnte. Es war ein zum Teil merkwürdiger Anblick, gute Bekannte in dem geschorenen Zustand wieder zu erblicken. Als ich den Breslauer Oberkantor ohne seinen schönen langen Bart sah, mußte ich trotz der traurigen Situation lachen. Denn er pflegte sich beim Reden immer durch den Bart zu streichen und griff nun in die Luft.

Wir standen bis zum Abend in Reih und Glied, immer wieder ergänzt durch Neuankömmlinge. Dabei lernte ich auch gleich die sogenannten Kapos kennen; das sind ältere Häftlinge, die eine Art Vorgesetztenrang innehaben. Unser Kapo trat immer wieder an uns heran und brüllte laut: »Werdet ihr endlich ordentlich in Reih und Glied stehen und Vordermann nehmen!«

Gleichzeitig sagte er leise: »Es ist alles halb so schlimm, benehmt Euch nur vernünftig, dann werdet ihr die Sache auch überstehen.« Die ersten Worte waren für die herumspazierenden SS-Leute, die letzten für uns bestimmt. Auf Anraten eines Leidensgenossen, der schon einmal in Buchenwald gewesen, aber durch meine Tätigkeit befreit und jetzt wieder hingekommen war, befreundete ich mich bald mit dem Kapo durch Hingabe von 10 Mark an. Es war herausgeworfenes Geld, denn am nächsten Tag bekam ich den Kapo nicht mehr zu sehen. Überhaupt waren noch am meisten gefaßt diejenigen, die das zweite Mal nach Buchenwald kamen. Sie wußten offenbar, daß man auch von dort wieder herauskommt.

Von dem sonstigen Lager waren wir durch einen Stacheldrahtzaun getrennt. Wir erhielten auch besondere Unterkunftsräume. Sie bestanden aus fünf Baracken, notdürftig aus Holz zusammengeschlagen, jede, wie ich genau berechnet habe, 10 Meter breit, 5 Meter hoch und 50 Meter lang. In einem solchen Verließ mußten 2000 Menschen übernachten. Das war nur dadurch möglich, daß die Bettstellen eigentlich Regale waren, immer fünf übereinander, durch schmale Gänge voneinander getrennt, so daß sich kaum zwei Menschen aneinander vorbei zwängen konnten. Mein Nebenmann, der Regierungsrat a.D. Mandowsky, erklärte: »So viele Verstöße gegen sämtliche feuer- und sicherheitspolizeilichen Vorschriften auf einem Haufen habe ich noch nie gesehen.« Von einer Erhöhung für die Kopflage, geschweige denn von einer Decke konnte nicht die Rede sein.

Am Abend des 11. November versuchte ich auch in dieser traurigen Umgebung, den Beginn des Sabbats irgendwie zu begehen, indem ich mit einem anderen Bekannten aus Breslau, Dr. Georg Daniel Fränkel, gemeinsam die für den Freitag bestimmten Gebete sagte. Wir hatten gerade angefangen, als wir durch ein Geschrei unterbrochen wurden. Ein SS-Mann war durch die Baracke gegangen und hatte willkürlich einen Häftling geschlagen. Dieser war töricht genug, hierüber unter Hinweis auf seine Frontkämpfereigenschaft zu lamentieren. Sofort erschien ein zweiter SS-Mann, und beide mißhandelten den Unglücklichen mit Holzknüppeln. Wir hörten ihn rufen: »Schießen Sie mich doch lieber gleich tot.« Die Antwort lautete: »Das könnte dir Judenschwein so passen, du spürst nichts und den Staat kostet es noch Geld.« Wir hörten dann, wie weiter auf ihn eingeschlagen wurde, bis er keinen Laut mehr von sich gab. Er wurde dann fortgetragen. Am nächsten Morgen hieß es, er sei gestorben, da er sich in einem Tobsuchtsanfall das Messer durch die Pulsader gestoßen habe. Ein junger Mensch in meiner Nähe rief: »Die Messer sind uns doch alle abgenommen worden.« Glücklicherweise hat diese Äußerung niemand gehört. Aber wiederum bezeichnend: Der Lagerleitung bereitete es große Kopfschmerzen, daß sie die genauen Personalien des Verstorbenen nicht hatte. Immer wieder wurde gefragt, wer »den Vogel« gekannt habe.

Am Morgen des zweiten Tages mußten wir wiederum in Reih und Glied antreten und standen länger als acht Stunden, ohne irgendwie beschäftigt zu werden. Wer es nicht durchgemacht hat, weiß nicht, was ein solches Stehen für körperliche und seelische Qual bedeutet. Zwischendurch erschien der Lagerkommandant, griff sich einen heraus und sagte zu ihm: »Du Judenschwein hast unseren Volksgenossen vom Rath ermordet und wirst jetzt dafür bestraft werden.« Der Angeredete beteuerte seine Unschuld. Aber der Lagerkommandant sagte: »Bei euch Juden heißt es doch immer, daß ganz Israel füreinander bürgt, also bürg du jetzt für den Grünspan!« Nach diesen Worten steckte er den Revolver wieder ein und freute sich über die seelischen Qualen, die er seinem Opfer bereitet hat. Auch sonst war dieser Tag durch willkürliche Schläge, wen es gerade traf, ausgefüllt. Wir mußten auch mitansehen, wie mehrere Leute, die schon länger im Lager waren, darunter zwei Kapos, die berühmten 25 Schläge mit schweren Peitschen auf das entblößte Gesäß erhielten.

Zu Mittag bekamen wir erstmalig etwas zu essen. Die Verpflegung war nicht schlecht. Wir aßen gierig, obwohl wir aus Näpfen wie die Tiere essen mußten, ohne Löffel oder Messer und Gabel. Der benutzte Napf wurde dann dem nächsten übergeben, ohne daß eine Reinigung erfolgte. Aber wer achtete auf so etwas! Das Essen enthielt sogar Fleisch, von was für Tieren, war nicht festzustellen. Einige behaupteten Walfischbraten. Es schmeckte jedenfalls recht gut. Auch die frömmsten Rabbiner unter uns erklärten, daß wir die Vorschriften über den Sabbat und die Speisegesetze nicht nur verletzen dürften, sondern es sogar mußten. Dies ist bekanntlich nur bei größter Lebensgefahr geboten.

Am Morgen des dritten Tages begann wieder das Stehen in Reih und Glied, jeweils zehn Mann hintereinander. Es gab Kaffee. Jeder Mann der vordersten Reihe erhielt eine Schüssel, von der er einen Schluck trinken durfte und sie dann nach hinten weitergeben mußte, also immer je zehn Mann eine Schüssel. Der letzte hat nicht mehr viel in der Schüssel vorgefunden. Ich hatte das Glück, an diesem Tage in der zweiten Reihe zu stehen. Die Schüssel enthielt noch ziemlich viel, und ich war den willkürlichen Mißhandlungen nicht so ausgesetzt wie die Leute in der ersten Reihe.

Mittags erschien der Lagerkommandant und befahl, daß alle sich hinsetzen. Das erschien uns als eine Erleichterung. Aber bald merkten wir, daß das Sitzen auf den Schottersteinen nichts weniger als eine Annehmlichkeit war. Niemand durfte sich rühren, auch nicht, um seine Notdurft zu verrichten. Man mußte dieses Geschäft an Ort und Stelle erledigen und die Spuren dann unter Zuhilfenahme der Nachbarn durch Bedeckung mit Sand und Schottersteinen verwischen. Ein Häftling wagte es, aufzustehen und an die Seite zu gehen. Sofort stürzte sich der Lagerkommandant auf ihn und hielt ihm den Revolver an die Stirn, nur um ihn wieder einzustecken, nachdem er sich an der Angst seines Opfers genügend geweidet hatte.

Dabei begannen an diesem Tage die entsetzlichen Durchfälle, von denen in vielen Berichten die Rede ist. Ich habe gelesen, daß in den schmackhaften Essen vom 12. November Rizinusöl enthalten gewesen sein soll. Ich halte das nicht für richtig, glaube vielmehr, daß die dauernde Angst als Ursache der Darmerkrankungen anzusehen ist. Ich selbst hatte in diesen Tagen im Gegenteil Verstopfung, die mir drei Tage lang den Besuch der Latrine ersparte. Das war mir sehr angenehm. Denn es gehörte ein Entschluß dazu, sich dorthin zu begeben. Die Latrine bestand nämlich aus einem sehr langen, etwa drei Meter tiefen Loch, an dessen Rand Balken befestigt waren, um sich darauf zu setzen. Es kam mehrere Male vor, daß Gefährten in das Loch hineinfielen. Sie konnten vielfach nicht herausgeholt werden und fanden einen schrecklichen Tod.

Die Stimmung brachte auch viele zum Selbstmord, indem sie sich dem elektrisch geladenen Zaun näherten, der um das Lager gezogen war. Dies fahrlässig zu tun, war ausgeschlossen. Denn vor dem Zaun war ein mehrere Meter breites Drahtverhau, über den man mit ziemlicher Geschicklichkeit hinüberklettern mußte. Wir bildeten später aus unserem Kreise Wachen, die jeden am Arm packten, der den Weg in die Richtung des Drahtverhaus einschlug. So konnten wir durch gütliches Zureden, manchmal auch durch Gewalt, viele vom Tode erretten.

Vom vierten Tag ab wurde die Behandlung offensichtlich besser. Wir brauchten nicht mehr in Reih und Glied anzutreten, sondern konnten uns in dem engen, uns zur Verfügung stehenden Raum ergehen oder auch hinsetzen, soweit das möglich war. Beschimpfungen und Mißhandlungen hörten auf. Wir führten dies auf den Einfluß des Auslandes zurück, das ja unterdessen von den Ereignissen des 10. November Kenntnis erhalten haben mußte. Allerdings waren wir hierbei auf Vermutungen angewiesen, denn wir waren völlig von der Außenwelt abgeschnitten.

Verpflegung bekamen wir hin und wieder, sie war niemals schlecht. Doch mußte man sehr lange warten. Einer machte die Bemerkung, er habe bisher bei seiner Frau

Krach geschlagen, wenn der Frühstückskaffee fünf Minuten zu spät auf den Tisch kam. Jetzt werde er sagen: »Ich habe gelernt, auch zwölf Stunden zu warten.«

Furchtbar war der Wassermangel. An Reinigung konnte niemand denken. Wechseln der Wäsche war ausgeschlossen. Ohne Hemdkragen und mit immer struppiger werdenden Bärten liefen wir herum. Die am schlimmsten aussahen, wurden für den »Stürmer« photographiert. Noch schlimmer war der Mangel an Trinkwasser. Des Morgens gab es manchmal in einem besonderen Raume, der sogenannten Waschküche, etwas Wasser zu trinken. Man mußte eine Stunde und länger warten, bis man an der Reihe war, einen Schluck Wasser zu erhalten. Gerade wenn man sich durchgewartet hatte, war mitunter der Wasservorrat zu Ende. Ich habe für dieses Warten den Ausdruck »Brunnenpromenade« erfunden! Die Bezeichnung fand bald im ganzen Lager Verbreitung.

In dieser Waschküche waren auch, elend untergebracht, die Schwerkranken, viele psychisch Erkrankte, insbesondere Tobsuchtsanfälle. Man mußte diese Unglücklichen vor den Blicken der SS-Leute schützen. Denn ein Tobsuchtsanfall galt als Auflehnung und wurde mit dem Revolver bestraft. Schlimm dran waren auch diejenigen, die die Lagerkost nicht vertragen konnten, insbesondere Diabetiker und andere, die Diät leben mußten. Die gingen fast sämtlich zugrunde. Wir konnten jeden Tag 10–15 Bahren zählen, auf welchen die Toten hinausgetragen wurden.

Die Wünsche der Lagerleitung wurden uns durch Lautsprecher mitgeteilt, mit denen der Lagerplatz und jede Baracke versehen war. Die Einleitung lautete jedesmal: »Der Judenhaufen mal herhören.« Durch diese Anlage hätte man uns auch Radio-Nachrichten zukommen lassen können. Aber außer dem Gesetz über die Vermögensabgabe der Juden und einer Rede, die Goebbels in Reichenberg hielt, wurde uns nichts zugänglich gemacht. Unsere Lage glich etwa der von Bergleuten, die durch die Katastrophe im Schacht eingeschlossen sind und nun auf Hilfe von außen warten müssen.

Immer mehr suchten wir uns mit unserem Schicksal abzufinden. Der bereits erwähnte Regierungsrat Mandowsky hatte im Augenblick seiner Verhaftung noch ein Taschenschach eingesteckt, das uns gute Dienste leistete. In den Baracken veranstalteten wir auch in der Woche und am Sonnabend Gottesdienste. Kantoren hatten wir zur Genüge. Schließlich fingen sogar die Rabbiner an zu predigen. Niemand störte uns bei dieser Betätigung. Immer aber lastete über uns die bange Sorge, was aus uns werden soll; die Beschäftigungslosigkeit trug dazu bei, uns auf schlimme Gedanken kommen zu lassen.

Hin und wieder hatten wir auch Gelegenheit zu Einkäufen, die Preise waren horrend. Für eine Flasche Selterswasser mußten wir eine Mark bezahlen. Zigaretten kosteten das Fünffache des Ladenpreises. Für ein Paar Socken, die nach Ansicht der Fachleute einen Verkaufswert von 60 Pfennigen besaßen, zahlte ich 2,50 Reichsmark. Einmal wurde uns ein nicht mehr ganz neuer »Völkischer Beobachter« für zehn Mark angeboten, aber niemand kaufte ihn. Ich hatte bei meiner Verhaftung zufällig gerade 450 Reichsmark bei mir gehabt. So konnte ich vielen Bekannten mit Darlehen aushelfen.

Unterdessen waren daheim die Frauen für uns unermüdlich tätig. Auch meine Frau erledigte die zu unserer Übersiedlung nach Palästina noch notwendigen Formalitäten durch eine Reise nach Berlin und einen Telegrammwechsel mit Jerusalem. Am 19. November konnte sie daraufhin von der Breslauer Gestapo die Zusage erhalten, daß meine Entlassung angeordnet werden würde. Aber erst am 25. November war ich unter denen, die durch Lautsprecher ans kleine Tor befohlen wurden. Eine Unsumme von Formalitäten fand noch statt.

Hierzu gehörte auch das Rasieren und eine medizinische Untersuchung, die sich jedoch nur darauf erstreckte, ob noch Spuren irgendwelcher körperlicher Mißhandlung wahrnehmbar seien. Ich weiß wirklich nicht mehr, wieviele Erklärungen ich unterzeichnen mußte und welchen Inhalt sie hatten. Bei Aushändigung des Entlassungsscheines sollte jeder noch einen Beitrag fürs deutsche Winterhilfswerk zahlen. Ich hörte nur noch, wie mir einer, als ich eine Mark gab, nachrief: »Du bist Rechtsanwalt und gibst nicht mehr, Scheißkerl.« Ich habe das als Lob und Anerkennung empfunden.

Ein SS-Mann führte uns hundert, die wir an diesem Tage zur Entlassung kamen, aus dem Lager heraus und begleitete uns noch ein Stück Weg. Plötzlich war er verschwunden. Ich war wieder ein freier Mensch und empfand die Nachmittagssonne eines schönen Novembertages, die auf die liebliche Thüringer Landschaft herunterschien. Nach kurzer Wanderung kamen wir in ein einsames Dorfwirtshaus; ich habe nicht feststellen können, wie der Ort hieß. Aus einer Wegetafel war nur zu entnehmen, daß wir 10 km von Weimar entfernt waren.

In dem Wirtshaus schien man schon auf uns gewartet zu haben. Es gab guten Kaffee und ausgezeichnete Butterbrote, schon fertig zubereitet. Wir waren über die Höflichkeit des Wirtes nicht wenig erstaunt, der uns auch fragte, ob die Herren einen Autobus nach Weimar wünschten. Nach kurzer Zeit kamen mehrere sehr anständige Autobusse an. Wir waren auch neugierig, wie die Bevölkerung jetzt zu den Juden steht. Einer von uns kaufte Schokolade und gab sie auf der Straße spielenden Kindern, die mit Begeisterung annahmen. Einige SA-Leute schauten zu und hatten nicht das Geringste dagegen einzuwenden.

Die Fahrt im D-Zug von Weimar nach Leipzig benutzte ich, um mich im Toilettenraum endlich wieder einmal zu waschen. Nach Aufenthalt in Leipzig, wo ich meine Toilette etwas verbesserte, kam ich am Morgen des 27. November 1938 wieder zu Hause an. Den ersten Tag war ich voll damit beschäftigt, die mir übertragenen Grüße an Frauen von Leidensgefährten auszurichten und ihnen mitzuteilen, wie sie die alsbaldige Rückkehr der Ehegatten erreichen könnten.

Am nächsten Tage mußte ich mich bei der Gestapo früh um acht Uhr melden und traf dort eine große Zahl von Leidensgefährten aus Buchenwald. Ich fürchtete, daß das stundenlange Stehen schon wieder beginnen würde, aber wir wurden in einen Unterrichtssaal geführt, wo wir uns setzen konnten. Dort bekamen wir einen Lehrvortrag über unsere Pflicht zur alsbaldigen Auswanderung. Wiederum mußten wir ein Schriftstück unterzeichnen. Das ging aber in so gemütlicher Form vor sich, daß ich Zeit hatte, mir eine Abschrift dieses Schriftstückes herzustellen. Es trägt das Aktenzeichen B/Nr. Abt. II B 5 und lautet wie folgt: »Mir wurde heute eröffnet, daß ich vorerst aus der Schutzhaft entlassen werde. Ich bin darauf hingewiesen worden, daß ich mit lebenslänglicher Unterbringung in einem Konzentrationslager zu rechnen habe, falls ich nicht umgehend mit allen zur Verfügung stehenden Mitteln meine und meiner Familie Auswanderung betreibe.«

Wir mußten uns dann alle paar Tage wieder bei der Gestapo melden, wurden wieder in den Schulsaal geführt und mußten unsere Schularbeiten vorzeigen, d. h. angeben, was wir in der Zwischenzeit zu unserer Auswanderung getan haben. Da ja bei mir alles schon ziemlich weit vorbereitet war, waren meine »Lehrer« mit mir zufrieden. Allerdings gab es noch eine Unsumme von Formalitäten bei verschiedenen Behörden, insbesondere dem Finanzamt und der Devisenstelle zu erledigen. Aber hier zeigte sich die Gestapo als Helfer. In den Unterrichtsstunden wurde uns nämlich eingeschärft, allen Behörden, die etwa keine Zeit hätten, zu sagen, die Gestapo sei bereit, Hilfsbeamte hinzuschicken. In der Tat bewirkte der Hinweis auf die Gestapo immer, daß Angelegenheiten in einem Bruchteil der Zeit erledigt wurden, die sonst hierzu notwendig war.

Es war natürlich nicht gerade erfreulich, was ich zu Hause vorfand. Meine Frau hatte den Rest ihrer Ware zu einem Schleuderpreis an einen Schuhhändler verkaufen müssen. Nach den unterdessen ergangenen Gesetzen bekam sie die zertrümmerte Fensterscheibe nicht nur von der Versicherung nicht ersetzt, sondern mußte sie sogar für eigenes Geld herstellen lassen. Die Judenvermögensabgabe, also 20 Prozent des Vermögens, bereitete uns große Schwierigkeiten, nachdem schon vorher unsere Mittel knapp ausgereicht hatten, um den Gegenwert des für Palästina erforderlichen Vorzeigegeldes aufzubringen. Aber auch diese Schwierigkeiten wurden schließlich überwunden, und am Dienstag, dem 13. Dezember 1938, vormittags, 10.15 Uhr, erhielt ich beim Englischen Generalkonsul in Berlin das begehrte Palästina-Zertifikat.

Die Vorfälle vom 10. November teilte ich auch meiner Unfallversicherung mit. Sie erklärte sich anstandslos bereit, die zur Reparatur meiner Zähne notwendigen Kosten zu vergüten. Der Beamte bat mich, von der Angelegenheit möglichst wenig Aufhebens zu machen. Allerdings konnte die Zahnbehandlung in Deutschland nur zu einem Teile durchgeführt werden. Denn am 18. Dezember 1938 verließen wir Deutschland für immer. Meine 75jährige Mutter mußte ich allein in Breslau zurücklassen.

Arthur Samuel

Weiteres Unheil nach der Entlassung

Nach einigen Stunden, mitten in der Nacht, wurden wir wieder alle nach oben kommandiert. Wieder erhielten wir die abgenommenen Sachen zurück, lautlose Stille. Wehe dem, der einen Laut von sich gab. Wir wurden wieder verladen. Wieder standen Autos vor der Tür. Wohin ging dieses Mal die Fahrt? In den nahen Wald, »auf der Flucht erschossen« ging es uns durch den Kopf. Kurz vor dem Walde drehten die Wagen der Stadt zu. Niemand sprach ein Wort. Wir landeten vor dem Gefängnis, dessen Tore weit offen waren, so daß die Autos ungehemmt mit ihren Opfern schnell hineinfahren konnten. Im Nu waren sie entleert, um neue Opfer zu holen. Im Gefängnis waren wir zunächst etwas beruhigt, denn die Furcht vor dem KZ war groß und leider allzu berechtigt. Jetzt kam zum dritten Mal der Befehl, alles abzugeben. Wir wurden in Einzelzellen eingesperrt. Die Art, wie es geschah, war schlimmer als das Faktum selbst.

Wen sehe ich dort als Gefangenenwärter? Einen alten Schulkameraden von der Volksschule. Josef Wald! Ich hoffe. Was konnte ich erwarten? Nur ein klein wenig Menschlichkeit. Ich wollte und konnte den Glauben an das Gute im Menschen nicht verlieren. Ich sehe seine Pistole und seinen Gummiknüppel, Insignien, die so gar nicht zu ihm passen. War er doch auf der Schule immer ein großer Feigling, und wie oft mußte ich ihn auf dem Schulhof heraushauen, wenn alle auf ihm, der wenig Sympathie genoß, herumhackten. Jetzt war die Reihe an ihm, Gutes mit Gutem zu vergelten. Natürlich kann er nicht, das sagte ich mir, in Gegenwart des anderen Aufsehers ein Wort oder auch nur einen Blick wagen, einen auch nur ganz flüchtigen Blick. Ich hatte so sehnsüchtig darauf gewartet nach all diesen Rohheiten. Endlich wurde ich aufgerufen: »Der Gefangene Samuel, Zelle 68!« Jetzt wurde ich von meinem Schulkameraden abgeführt. Ich war auf der Treppe mit ihm ganz allein, niemand konnte es hören, wenn er leise ein Wort zu mir sagte, und keiner konnte unsere verstohlenen Blicke sehen. Was geschah? Gar nichts. Vergebens suchten meine Blicke die seinen, er schaute weg. Wir waren allzu schnell an der Tür zur Zelle. Kein Wort. Nur eine Geste, die soviel sagte wie: hierherein. Ich ging zögernd, wie ein gequältes Tier, in den gräßlichen Käfig, und dann schlug mein Schulfreund aus vergangenen Zeiten, Josef Wald aus der Kreuzstraße, mit Hakenkreuzzeichen am Arm die eiserne Tür hinter mir ins Schloß, so furchtbar laut ins Schloß, daß ich mich, an die Wand gelehnt, erst erholen mußte.

Am nächsten Mittag gegen 3 Uhr mußten wir vor die Zelle treten. Wie sahen die armen Menschen nach diesem einen Tag aus! Unendlich traurige übernächtigte Augen in hohlen, bläulichen Augenhöhlen, gelbfahle, unrasierte Gesichter fast nur älterer Leute. Ein Ausdruck von Trotz und Verachtung, Ergebenheit in das Schicksal lag auf allen Gesichtern. Nie sah ich soviel menschliche Größe im Ausdruck eines Gesichtes wie an diesem Tag im Gefängnis. Die meisten dieser reifen und ergrauten Männer hatten die Schrecken des Krieges als Soldaten in der deutschen Armee erlebt. Sie standen nicht nur an der Front ihren Mann. Ich bin stolz auf alle meine Bonner, die kein Zeichen von Schwäche oder Kleinmut zeigten in einer Stunde, die beherrscht wurde von den Ungewißheiten. Leben? Sterben?

Das Warten zog sich lange hin. Gegen Abend erhielten wir unsere Gefangenenpapiertüten mit unseren Utensilien wie Hosenträger, Kragen, Geld zurück. »Anziehen«, lautete der Befehl. Wir hofften! Wir dachten, dies alles soll gewiß nur ein Schreckmittel sein, man will uns nur sagen, so geschieht es allen Juden, die nicht begriffen haben, daß das Dritte Reich angebrochen ist. Seht zu, daß ihr so schnell wie möglich Deutschland verlasset, sonst seid ihr vernichtet! Die Überlegungen des Regimes verfehlten ihre Wirkung nicht. Wir hofften heute, bald sind wir wieder bei Frau und Kind. Wieder bei der Familie sein! Das Anziehen ging so schnell wie bei einem Kinde, dem man eine herrliche Versprechung macht. Aber die Hoffnung wurde enttäuscht. Wir wurden wieder verschickt. Draußen standen wieder die bekannten grünen Autos, und wieder stiegen gebückte, über Nacht gealterte Gestalten in die offenen Wagen, gottergeben. Wohin? Ins Zuchthaus nach Rheinbach, ins KZ nach Dachau oder Oranienburg? Ich kann das Schicksal der armen abtransportierten Brüder nicht verfolgen, es trennt sich hier von dem meinen. Die Tatsache, daß ich der Vorsitzende der Jüdischen Gemeinde war, wurde in diesem Moment der Anlaß für den Vorzug, jetzt entlassen zu werden.

Herr S., der Held der Gestapo in Bonn, brauchte mich! Die Synagoge und das Gemeindehaus waren vollkommen durch Feuer vernichtet. Die großen hohen steinernen Säulen und Pfeiler, die das Dach der Synagoge trugen, waren durch das Feuer wie Glas zersprungen, so daß das gewaltige Dach, das die Flammen nicht erreichen konnten, noch ziemlich unversehrt, eine große Gefahr für jeden bedeutete, der sich dem Tempel näherte. Herr S. brauchte mich: Ich erhielt den Befehl, die Synagoge ordnungsgemäß abreißen zu lassen, die Kosten hatte die Gemeinde selbst zu tragen. Der Abriß kostete RM 8000,–. Da Herr S. es verboten hatte, das Abrißmaterial wie Steine und Balken zu verwenden, war der Preis höher als üblich. Die Steine durften nur als Unterlage für Wegbauten benutzt werden. Die Steine der Synagoge waren Judensteine und deshalb für jeden »anständigen Zweck« unbrauchbar.

Der deutsche arische Bauunternehmer durfte nicht ohne weiteres einen Auftrag vom Juden zum Abriß der Synagoge annehmen. Er mußte sich erst die Erlaubnis bei Herrn S. holen. Das Grundstück, auf dem die Synagoge stand, war Eigentum der Gemeinde. Um das nötige Geld für den Abriß zu erhalten, mußten wir unsere Bauplätze am Rhein und den Bauplatz der anderen Synagoge verkaufen. Ich mußte das Geld für den Abriß der Synagoge aufbringen. Dem Bonner Agenten bot ich zu einem Spottpreis die Grundstücke an. Keiner wagte es, das verlockende Geschäft mit den Juden zu machen, aus Furcht, bei den Nazis in Verruf zu kommen. Schließlich ging ich zur Stadtbehörde zum Bauamt, das ja letzten Endes für die baulichen Belange der Stadt zuständig war. Ich trug einem erfahrenen Assessor die Sache vor. Ich wurde wieder bestellt. Sodann wurde die Angelegenheit mit dem Bürgermeister besprochen. Ich wurde mit der Stadt einig. Es fehlte nur noch die Genehmigung der Nazis, des Herrn S. Diese wurde erst verweigert, dann gegeben, und nach Abänderungen ging unsere Rechnung so auf, daß wir von dem großen Wert nichts übrigbehielten, den die Grundstücke darstellten.

Nach zwei Wochen waren die Scherben entfernt, die schadhaften Fassaden waren mit weißen Brettern verdeckt. Man hatte den Brand fast schon vergessen. Wenigstens äußerlich, und es war ja auch zu natürlich, da es ja immer neue Aufregungen nicht nur für die Juden gab, auch für die Christen, für die Arier, ja für die Nazis selbst. Denn so recht sicher fühlte sich eben niemand. Diese Unsicherheit schuf eine ganz natürliche Basis, einen herrlichen Nährboden, auf dem die furchtbare Saat sich ausbreiten konnte. Ich erinnere mich eines hohen Gerichtsbeamten, einer aus der alten Zeit! In normalen Zeiten hätte er mich nicht so ohne weiteres auf der Straße angesprochen. Er war trotz seiner »reaktionären Gesinnung« noch im Amt bei den Nazis. Er drückte mir kurz die Hand und flüsterte im Vorübergehen: »Na Doktor, was sagen Sie zu dem Gedächtnis der Leute, ist es nicht erstaunlich kurz? Spricht noch jemand vom Synagogenbrand?«

Es war zwei Tage nach meiner Verhaftung. Wir berieten über den Abbruch der Synagoge. Jede Sitzung, die wir abhielten, mußte Herrn S. mitgeteilt werden. Ohne Erlaubnis durften Juden keine Versammlungen abhalten. Es wäre ein politisches Verbrechen gewesen. Während wir beraten, ruft Herr S. oft an. Er kontrolliert, ob das stimmt mit der Sitzung. Wer anwesend sei usw. Auf der Heimfahrt blieb mein Auto, das ich selbst steuerte, durch ein Versagen des Vergasers auf dem Wege von der Stadt zu meinem ländlichen Wohnsitz mitten auf der Landstraße stehen. Es war eine Winternacht, kalter Regen und Sturm. Ich konnte mein Auto nicht in Gang bringen. Ich war allein, 20 Minuten von meinem Hause entfernt. Ich lasse das Auto an der Straßenseite stehen und gehe zu Fuß nach Hause, um meiner Frau Nachricht zu geben. Wußte ich doch, wie sehr sie sich ängstigte seit jener Schreckensnacht. Wir überlegten, was sollen wir tun, das Auto bis zum Morgen stehenlassen? Das wäre das Vernünftigste gewesen, wenn wir nicht hätten fürchten müssen, daß, falls ein anderes Auto auf meines in der Dunkelheit auffahren könnte, der jüdische Besitzer bestraft worden wäre, der fahrlässigerweise seinen Wagen draußen in der Nacht stehen gelassen hatte. Meine Frau läßt mich nicht allein den Weg zum Auto zurückgehen. Wir wollten Hilfe holen, um das Auto abschleppen zu lassen. Es regnete und stürmte. Wir gingen auf eine Wirtschaft zu, die noch Licht hatte. Sie lag frei an der Landstraße. Es war 12 Uhr nachts. Wir sahen 6-8 jüngere Burschen und 2 Männer mittleren Alters. Ich bestellte Bier und Likör und fragte den Wirt, der mich nicht kannte und recht höflich war, wie und ob er uns helfen könne. Ich bat ihn, eine Autohilfestelle anzurufen. Man erkannte uns nicht als Juden in dieser fremden Wirtschaft. Der Wirt erkundigte sich, wo der Wagen stünde, wie er aussehe, welche Marke. Er klingelt telefonisch die Hilfsstelle an und fragt nach meinem Namen.

Im selben Augenblick, wo die Burschen und Männer meinen Namen hören, wissen sie, daß ich der Dr. Samuel aus Bonn bin. Jetzt ändert sich sofort die Stimmung im Raum. Der Wirt bedauert, er könne keine Hilfe bekommen. Wir fühlten, daß sich etwas gegen uns zusammenbraute, wußten aber noch nicht so recht, was geschehen würde. Wir verließen sehr bald und in Unruhe die Wirtschaft und eilten im Regenwetter zu unserem Wagen. Was aber war dort geschehen! Ich traute meinen Augen nicht. Das Auto war zertrümmert. Keine Menschenseele zu sehen. Wir wußten sofort den Zusammenhang. Die Burschen waren sofort mit einem anderen Auto uns zuvorgekommen und hatten den Wagen zertrümmert. Ich war sehr besorgt um meine Frau, da ich auf der einsamen Landstraße Schlimmeres befürchten mußte.

Während wir draußen auf der jetzt unheimlichen Landstraße einen Augenblick verweilten, kam ein großer Lastwagen vorbei. Der Fahrer sieht die Scherben auf der Straße, er glaubt, ein schweres Unglück sei geschehen. Er hält an und fragt nach der Ursache. Ich erzählte nichts von dem wahren Sachverhalt, mußte ich doch fürchten, daß er auch Nationalsozialist sei. Der Mann war hilfsbereit, und er machte sich an dem Motor zu schaffen.

Doch im Augenblick, wo er helfend eingreift, kommen aus der Dunkelheit des Feldes plötzlich die Burschen, die wir in der Wirtschaft sahen. Sie flüsterten dem fremden Fahrer etwas ins Ohr. Der setzte sich auf seinen Wagen, fährt fort, und wir sind wieder hilflos und allein, allem ausgesetzt, was diese verhetzten jungen Menschen im Schilde führten. Wir eilten sofort zurück nach der Stadt. Das nächste Telefon war in 15 Minuten zu erreichen. Die Polizei anzurufen, wagten wir nicht. Wir riefen einen arischen Patienten an, der berufsmäßig Hilfe in Autounfällen leistete. Nach einer Stunde kam er glücklich an. Wir erzählten ihm den Vorgang und baten ihn, uns abzuschleppen.

Wir fuhren an die Unglücksstelle. Er schlang ein Seil um die Vorderachse, da tauchten schon wieder die Burschen aus der Dunkelheit des Feldes auf. Sie hindern den Mann, uns zu helfen. Wir wären Juden, er dürfe uns keine Hilfe leisten. Täte er es doch, so schlügen sie ihm den Wagen entzwei und außerdem brächten sie ihn in den »Westdeutschen Beobachter« als Judenfreund. Unser Helfer machte Einwände. Er war ein großer breiter Mann und ließ sich auch nicht so leicht einschüchtern. Es sei gefährlich, das Auto in der Dunkelheit stehenzulassen, er lehne jede Verantwortung ab. Dann wollte man ihm erlauben, mein Auto nur bis an einen nahen Hang zu fahren, wo es herunterrollen könne. Der Hauderer startete und fuhr los. Sein Auto machte einen Höllenlärm. Ich hatte ebenfalls den Kontrollschlüssel eingesteckt, meine Hoffnung erfüllte sich, der Motor meines Wagens sprang an. Die Burschen hatten die Autolichter meines Wagens zertrümmert, so sahen sie nicht, daß ich in der Dunkelheit entwischte. Doch welch eine Fahrt in diesem Auto, ohne Scheiben bei solchem Wetter. Ich wagte es aber doch nicht, nach Hause zu fahren, weil ich mit einer Verfolgung rechnete. Meine Kinder waren zu Hause, nur von unserem Hunde bewacht. Ich dachte, fährst du jetzt nach Hause, sie können Haus und Hof anzünden und die Kinder erschrecken. So fuhr ich in die entgegengesetzte Richtung, um sie irrezuführen, dann nach Bonn und setzte dort das Auto ab, nahm mir eine Mietdroschke und fuhr nach Hause. Es war jetzt 5 Uhr morgens.

Siegfried Neumann

Mißglückte Flucht, zerstörtes Heim

Neben uns standen unsere christlichen Portierleute und unsere Hausangestellte. Besorgt beobachteten wir den Funkenflug. Mit seinem der Straße entgegengesetzten Ende grenzt der sehr tiefe Synagogenplatz an die Schuppen einer Dachpappenfabrik. Auf dem Dach dieser Schuppen standen einige SS- und Feuerwehrleute, löschten aber nicht. Plötzlich kam mit langen Schritten ein SS-Mann zu uns auf den Hof, den Revolver in der Hand. Mit den Worten: »Da ist ja der Jude«, trat er auf mich zu und drängte mich vor den Augen von Frau und Kindern in die hintere Ecke des Hofes. Ich hatte das Gefühl, daß er mich hier etwas außer Sicht der auf der Straße stehenden Menschenmassen – unsere Grundstückseinzäunung deckte nicht gegen Sicht – abknallen wollte. Im Bruchteil von einer Sekunde lief ich hinter unser Haus und sprang über den etwa anderthalb Meter hohen Drahtzaun, der hier den Hofraum von unserem Garten trennt. Die Nacht war durch Mondschein und das Flammenmeer des Tempels sehr hell. Aber an dieser Stelle war durch den Hausschatten, Bäume und Sträucher etwas mehr Dunkelheit. Ich rechnete damit, daß er mir einige Kugeln nachsenden würde, und blieb daher fest an den Erdboden gedrückt einige Sekunden liegen. Er schoß nicht. Ich überlegte einen Augenblick, geradeaus zu kriechen oder zu laufen und dann über unsern seitlichen Zaun in den sehr großen Nachbargarten zu klettern. Dazu hätte ich aber ein sehr hell daliegendes Stück unseres Gartens durchqueren müssen und ein deutlich sichtbares Ziel geboten. Daher entschloß ich mich – all das geschah innerhalb von Sekunden –, nach links um unser Haus herumzulaufen, so daß der SS-Mann vom Hof aus gar nicht auf mich schießen konnte. Ich wollte so um das Haus herum auf die Straße flüchten und mich in die Menschenmenge hinein retten.

Als ich vom Garten unmittelbar neben der Straßenpforte über den Zaun sprang, der dort den Garten von unserem Hof trennt, wurde ich von drei Personen, darunter einem SA-Mann, gepackt und auf die Straße geschleppt. Mit dem Ruf »Schmeißt den Juden ins Feuer!«, schleifte man mich auf den Bürgersteig vor der die Straße Kopf an Kopf füllenden Menschenmenge, die in völligem Schweigen verharrte, und an dem einzigen vorhandenen Polizisten vorbei zum Eingang des Synagogenplatzes, eine Strecke von etwa 30 Metern. Dabei wurde mir wiederholt auf den Kopf und ins Gesicht getreten. Vor dem Eingang des lichterloh flammenden Tempels stellte man mich noch einmal auf die Beine. Jetzt kam der SS-Mann hinzu, der vorher auf unser Grundstück eingedrungen war und der offenbar die Aktion leitete. Er fuhr mich an: »Du weißt ja wohl, weshalb das alles ist: wegen Herrschel Grünspan.« Ich: »Was können wir dafür, wenn einer im Ausland wahnsinnig wird. Unsere Religion verabscheut jede Gewalttat und überhaupt den Mord.« Er: »Auf einmal.« Da kam mir ein Gedanke. Ich öffnete meinen Mantel und zeigte auf die Abzeichen des Eisernen Kreuzes und des Ehrenkreuzes für Frontkämpfer, die ich an meinem Jackett trug.

Ich sagte: »Übrigens bin ich Kriegsfreiwilliger und Frontkämpfer und habe das Eiserne Kreuz.« Er: »Na, das ist Ihr Glück. Versuchen Sie, ob Sie sich über die Mauer retten können. Dann werden Sie ja wohl noch einen Funken von Deutschtum in sich haben.« Damit wies er auf die etwa drei Meter hohe glatte Ziegelmauer, die den Synagogenplatz von meinem eigenen Grundstück trennte.

Zur Straße ließ man mich nicht mehr durch. Ich warf den Wintermantel ab und versuchte das Unmögliche. Da die Mauer dem Fuß keinerlei Tritt bot, gelang es mir natürlich nicht. Ich eilte über den taghell von den Flammen erleuchteten Synagogenplatz auf die entgegengesetzte Seite, die nur durch einen Bretterzaun von dem Villengrundstück getrennt war, in dem wir bis November 1935 gewohnt hatten. Alles spielte sich in Sicht der auf der Straße versammelten Menschenmenge ab, da auch der Synagogenplatz einen gegen Sicht offenen Straßenzaun hatte. An dem erwähnten Bretterzaun war aus Brettern die Sukko, eine für die religiösen Gebräuche des Laubhüttenfestes bestimmte Bude, errichtet. Hinter dieser überkletterte ich den Bretterzaun und befand mich nun auf dem Grundstück, auf dem wir sieben Jahre gewohnt hatten. Ich überlegte, ob ich weiter über das dann anschließende Schulgrundstück der Mädchen-Volksschule in Richtung auf den Güterbahnhof fliehen und mich dann vielleicht über den sich dahinter erstreckenden Bahnkörper unter Umgehung der Sperre in irgendeinen Zug flüchten sollte. Dann hätte ich aber den weiten Schulhof, der bei der hellen Nacht keine Deckung gegen Sicht bot, überqueren müssen. Außerdem waren mir die Einfriedungsverhältnisse auf der anderen Seite des Schulgrundstücks nicht bekannt. Da ich wußte, daß der auf der Rückseite der von uns früher bewohnten Villa befindliche Kellereingang stets offen zu sein pflegte, lief ich in halb gebückter Stellung darauf zu. Er war offen.

Zum Glück war auch die innere Kellertür, die zugleich den Eingang zur Portierwohnung bildete, unverschlossen. Dahinter befindet sich ein dunkler Gang, von dem die Türen zu den Wohnräumen des Portiers und zu den Kellern führen. Ich öffnete die Tür zur Küche. Sie war leer. Da in der Küchentür kein Schlüssel steckte, konnte ich sie nicht von innen abschließen. Ich stellte einige Möbel vor die Tür, um mir etwas Aufschub zu sichern, falls man mich weiter verfolgte. Ich öffnete leise das Küchenfenster, das an der Rückwand des Hauses lag, so daß ich es nur aufzustoßen brauchte, um hinauszuspringen, falls man durch die Tür in die Küche dringen sollte. Ich selbst hockte auf dem Boden in kauernder Stellung, um nicht etwa durch das Fenster gesehen zu werden, das ja zu ebener Erde lag. Ich bewegte meine Füße in den Schuhen, um gelenkig und sprungbereit zu bleiben. Denn sollte man in die Küche eindringen, würden mir nur Sekunden zur Flucht durch das Fenster bleiben. Wie ein verfolgter Verbrecher kam ich mir vor. Und das einzige Verbrechen bestand doch nur darin, Jude zu sein.

Mein Mißtrauen in die Rettungserlaubnis der SS erwies sich nur zu schnell als berechtigt. Plötzlich sah ich durch das Fenster einen SS-Mann den Gang auf dem Hof des Grundstücks patrouillieren. Man hatte meine Flucht in den Keller wohl doch nicht beobachten können. Denn er suchte offenbar auch nach Spuren in Richtung auf das anschließende Schulgrundstück. Da hörte ich Schritte schwerer Stiefel auf dem Kellergang vor der Tür. Nur diese unverschlossene Tür trennte mich von der suchenden SS. Hinter dem Haus stand auch ein SS-Mann. Der Versuch einer Flucht durch das Fenster hätte bei der hellen Nacht unter diesen Umständen wenig Chancen geboten. Ich betete, wenn sie nur die Küchentür nicht öffnen würden. Mein Gebet wurde erhört. Ich hörte die Stimme des Hauswirtes auf dem Gange: »Sie sehen, hier ist doch niemand.« Ich atmete auf, als ich die Schritte verhallen hörte. Jetzt fühlte ich mich gerettet.

Bald darauf hörte ich die Portierfrau kommen, die uns ja aus der langjährigen Mietzeit genau kannte und mit deren kleinem Jungen mein Töchterchen noch täglich zu spielen pflegte. Sie öffnete die Küchentür. Ich flüsterte ihr gleich zu, um Gottes willen ruhig zu sein. Ich fürchtete, sie könnte vor Schreck einen Schrei ausstoßen. Sie sagte nur: »Um Gottes Willen, Herr Doktor, wie sehen Sie bloß aus. Ich werde Ihnen erst mal das Blut abwaschen.« Ich hatte in der Erregung bis dahin gar nicht bemerkt, daß mein Kopf und mein Gesicht von den Tritten mit den Stiefeln ganz voll Blut waren. Aber als sie versuchte, es abzuwaschen, begannen die Wunden erst wieder richtig zu bluten. Sie gab mir einen Schluck Wasser und führte mich dann in die Wohnstube, die sie von innen abschloß. Jetzt hörte ich, daß man den Hauswirt, übrigens Arier, aber als Deutschnationaler bei der Partei nicht beliebt, verhaftet habe. Die Frau Oberstleutnant, unser Mietsnachfolger in der Obergeschoßwohnung, mit denen wir noch auf Grußfuß standen, hätte alles mitangesehen und sitze da und weine. Der Herr Oberstleutnant sei halbbekleidet auf die Straße geeilt und hätte nur gesagt: »Was ist denn hier los?« Da habe die SS gleich geantwortet: »Scheren Sie sich in Ihre Wohnung.« Als vom Hause her ein ähnlicher Ausruf, was denn da los sei, gefallen wäre, habe die SS gleich zweimal nach dem Fenster geschossen. Der Sohn vom Oberstleutnant sei nur durch rasches Ducken einer Kugel entgangen. Die Feuerwehr habe nicht löschen dürfen. Schließlich sei ein Reichswehroffizier in Uniform erschienen und habe ihr strikt befohlen zu löschen. Da erst habe die Feuerwehr eingegriffen. Jetzt, nachdem ich mich selbst außer momentaner Gefahr fühlte, hatte ich Sorge um meine Frau, als ich von den beiden Schüssen hörte. Denn sie mußte ja denken, daß diese mir gegolten hatten und ich tot sei. Da ihr Herz nicht das beste war, hatte ich die schlimmsten Befürchtungen, ob und wie sie die Aufregungen dieser Nacht überstanden habe. Vorläufig konnte ich mich aber noch nicht hervorwagen.

Die Portierfrau lugte zuweilen hinter der Fenstergardine hervor. Noch immer war die SS draußen. Die Nacht wollte und wollte kein Ende nehmen. Endlich dämmerte es. Das schwarze SS-Auto war abgefahren. Wir schickten zunächst den siebenjährigen Jungen der Portierfrau nach meiner Wohnung, um meiner Frau mitzuteilen, daß ich lebe. Er kam zurück und sagte, daß die

Straße jetzt leer sei. Jetzt lief ich rasch nach Hause. Meine Frau saß im Herrenzimmer bei heruntergelassenen Jalousien mit den Kindern. Eine Verwandte von ihr war noch gekommen. Jetzt erfuhr ich, daß im Laufe der Nacht alle Männer unserer Gemeinde von der Polizei in Schutzhaft genommen waren. Der Polizeihauptmann, nicht mehr der früher erwähnte, sondern ein aus der SA hervorgegangener Nazi, sei dagewesen, um mich auch zu holen, und er sei sehr aufgeregt gewesen, als man mich nicht finden konnte. Meine Frau hatte ihm gesagt, ich sei erschossen, sie habe die Schüsse gehört. Er hatte aber strikt verneint, daß ich erschossen sei. Ich fragte meine Frau, ob sie nicht inzwischen einen Koffer gepackt habe, daß wir gleich nach Berlin fahren könnten. Sie erwiderte, der Hauptmann habe ausdrücklich davor gewarnt. Die Aktion sei im ganzen Reich. Wir sollten sofort anrufen, wenn ich da sei, damit er mich auch in Schutzhaft nehmen könne. Nur so könne er mich schützen. Begäben wir uns allein auf die Straße, könne er für nichts einstehen. Meine Frau habe versprochen, sofort bei der Polizei anzurufen, wenn ich da sei. Ich mußte einsehen, daß ich mit meinem ganz blutigen Gesicht nicht weit gekommen wäre.

Wir riefen die Polizei an. Der Beamte am Apparat sagte: »Der Hauptmann ist noch nicht da. Wollen Sie verreisen?« Das war ein Wink. Nach einiger Zeit erschien der Hauptmann mit einem Polizeibeamten. »Haben Sie irgendwelche Waffen im Hause?« Ich verneinte wahrheitsgemäß. Er fragte nicht weiter. »Sie sehen ja toll aus.« Ich sagte, das sei nur äußerlich. »Wo haben Sie denn die Nacht über gesteckt?« Ich erwiderte: »Ich bitte, darüber schweigen zu dürfen.« Er fragte nicht weiter. Er sagte nur: »In diesem Zustande kann ich Sie nicht durch die Stadt fahren«, und gab dem Polizeibeamten Anweisung, mich zunächst zum Verbinden nach dem Krankenhaus fahren zu lassen. Der Krankenwärter im Krankenhaus, der mich verband, kannte mich. Vorher hatte ich auf dem Flur den Polizeibeamten gefragt, ob uns die Polizei wirklich vor der SS schützen würde. Er sagte, in der Hand der Polizei seien wir vor der SS sicher. Der Arzt im Verbandsraum fragte mich, ob ich innerlich irgendwelche Beschwerden habe. Ich hätte das nur zu bejahen brauchen, so wäre ich im Krankenhaus geblieben. Aber ich bildete mir ein, die SS würde mich eventuell noch aus dem Krankenhaus herausholen. So verneinte ich die Frage des Arztes und kam in Polizeihaft. Da wir damals alle noch nicht wußten, was uns bevorstand und wirklich an die »Schutzhaft« glaubten, fiel mir, so merkwürdig es klingt, ein Stein vom Herzen, als sich die Zellentüre hinter mir schloß und ich mit den männlichen Mitgliedern unserer Gemeinde – es waren ja zugleich auch alles persönliche Bekannte – zusammen war. Sie sagten, sie hätten nicht mehr gehofft, mich lebend wiederzusehen.

In den Abendstunden wurde zum Abmarsch angetreten. Die begleitenden Polizeibeamten luden in unserer Gegenwart scharf. Einer der älteren Beamten hatte Tränen in den Augen, als er sich von uns verabschiedete. Drei von uns, darunter auch ich – alle drei Frontkämpfer – fuhren auf ausdrückliche Weisung des Hauptmanns in dessen Personenwagen mit ihm zusammen, die anderen in großen Omnibussen. Als wir auf die Straße traten, um die Wagen zu besteigen, stand dort ein Menschenhaufen, der antisemitische Schimpfworte und Drohungen ausstieß, offenbar bestellte Arbeit, denn man hörte dasselbe nachher auch aus anderen Orten erzählen. Dann ging es nach Oranienburg.

[Aus Umfangsgründen müssen wir auf die Wiedergabe der mehrwöchigen Hafterlebnisse, die denen von Max Moses Polke gleichen, verzichten. Der Bericht setzt, etwas unvermittelt, mit der Entlassung aus dem KZ wieder ein. Die Herausgeber]

Ich eilte, zum Bahnhof zu kommen, um möglichst schnell Berlin zu erreichen. Endlich um sieben fuhr der Vorortszug ab. Als ich im Bahnhof Friedrichstraße die Rolltreppe zum anderen Bahnsteig hochfahren wollte, flüsterte es hinter mir: »Sie kommen von Oranienburg?« Schon die Gestapo?, erschrak ich. Da sprach er schon weiter: »Vom jüdischen Hilfsverein. Brauchen Sie etwas?« Ich dankte. Manche hatten nicht einmal das Fahrgeld zum Nachhausefahren. Ich fuhr zunächst zu meinem Bruder, der schon früher entlassen war. Meine Frau hatte gerade an diesem Tage Berlin verlassen. Ich meldete mich telephonisch.

Ich wollte ohnehin erst am nächsten Tag heimfahren. Meine Frau empfing mich am nächsten Vormittag am Bahnhof. Oft hatte ich im KZ nicht mehr damit gerechnet, diesen Augenblick noch erleben zu dürfen. »Ich müßte erst mal nach Hause, den Anzug wechseln.« Der, den ich anhatte, sah von der Desinfektion aus wie ein Korkenzieher. »Laß sein«, begütigte meine Frau, »ich wohne mit den Kindern bei Muttern. Ich erzähle dir alles später. Die Hauptsache, daß du wieder da bist.« »Dann nehmen wir eine Taxe und fahren zuerst zur Polizei, wo ich mich zurückmelden muß.« »Uns Juden fährt hier keine Taxe mehr«, erwiderte meine Frau. Aber die Straßenbahn, die Neustadt und Altstadt verbindet, nahm uns noch mit. Wie fremd empfand ich diese Stadt, in der ich 15 Jahre als Anwalt gewirkt, meine Existenz und meine Familie begründet hatte. Mich fror, aber es war nicht von der Kälte. Die Menschen sahen mich an, als ob eine Leiche begonnen hätte zu wandeln. Unterwegs erzählte mir meine Frau, daß sie gestern gerade das Haus verkauft habe und für unsere Familie die Fahrkarten nach Shanghai zum Ende März gelöst habe. Mir war alles recht, nur nicht länger in einem Lande bleiben, in dem wir nur noch Freiwild waren für jedermann. Ich meldete mich auf der Polizei. Wir beantragten auch gleich unsere

Pässe auf Grund der Schiffsbuchung, die meine Frau bei sich hatte. Dann begaben wir uns in die Wohnung meiner Schwiegermutter.

Meine Frau brachte mir allmählich bei, daß unser Haus demoliert, unsere Einrichtung zerstört und alles gestohlen sei. Ich besaß nur noch einen Sommeranzug, den meine Frau mitgenommen hatte. Nicht einmal ein Nachthemd hatte ich mehr. Meine Schwiegermutter war froh, daß ich wieder gesund zurück war. Der armen Frau hatte das Finanzamt für Judenabgabe und Reichsfluchtsteuer alles, sogar Schmuck und Möbel gepfändet. Sie konnte sich ja nicht wehren, da ihr Sohn, der allein alles Geschäftliche genau kannte, noch immer im KZ saß. Ich erfuhr, daß der Hauswirt der Nachbarvilla, der nach Behauptung des Lageradjutanten tot war, mich anrufen wollte. Er wollte den Synagogenplatz kaufen. Ich gehörte zum Vorstand der jüdischen Gemeinde. Der Adjutant hatte also gelogen, um mir die falschen Angaben zu erleichtern. Auch der Oberstleutnant war längst auf freiem Fuß. Mir fiel eine Zentnerlast von der Seele. Ich brauchte also keine eidliche Aussage mehr befürchten. Die Kinder konnten ihre Freude nicht so zeigen. Die Kleine hatte sogar eine gewisse Scheu. Später sagte sie mir, weil ich solch einen kahlgeschorenen Kopf hatte. Sie fragte nur immer: »Papa, wann fahren wir nach Berlin?«

Nachmittags gingen wir zu unserer Villa. Die Haustür war mit Brettern vernagelt, die Jalousien heruntergelassen. Wir gingen durch den Kelleraufgang hinein. Die beiden Türen zu den beiden Büroräumen waren aus der Füllung gehackt. Die Regale waren umgestürzt. Bücher und Akten lagen in wirren Haufen durcheinander. Von den vier großen Büroschreibmaschinen waren drei zerhackt, eine gestohlen. Den Geldschrank hatte man versucht zu erbrechen, aber es nicht ganz geschafft. Ich konnte durchfassen und den Kassenbestand aus der Kassette herauslangen. So hatten wir wenigstens etwas

Bargeld. Die Fensterscheiben waren überall eingeschlagen. Die Bilder, alles Originale, waren heruntergerissen und größtenteils eingerissen. Im Salon hingen die roten Seidenvorhänge von der hohen Fensterfront des Wintergartens in Fetzen herunter. Die kostbaren Zitronenholzmöbel mit Handmalerei waren zerschlagen, meine Geige gestohlen. Vom Flügel war nur der Deckel zertrümmert. Man hatte offenbar darauf gespielt und ihn daher leben gelassen. Teppiche und Brücken waren noch da. Im Herrenzimmer lagen die Scheiben des Bücherschrankes zertrümmert. Die Bücher lagen auf dem Fußboden herum. Alle anderen Möbel waren zerschlagen. Nur die Couch und die Sessel waren lediglich mit Tinte beschmiert. Hier hatte man sich wohl niedergelassen und unseren Vorrat an Zigarren, Zigaretten und Weinen vertilgt. Wir fanden noch die abgebrochene Schippe eines großen Spatens, mit dem offenbar das Zertrümmern besorgt worden war. Meine beiden Photoapparate, darunter ein sehr wertvoller stereoskopischer Aufnahmeapparat mit zwei Zeiss-Tessarlinsen, waren gestohlen. Das Eßzimmer lag voll mit Scherben von Kristall und Porzellan. Die Vitrine hatte man mitsamt dem Inhalt einfach umgestürzt. Zwei große Leuchter aus Meissner Porzellan, die vier Jahreszeiten darstellend, alter Familienbesitz von seiten meiner Frau, waren zerschlagen. Die zehn Stühle und die beiden Eßzimmersessel waren so zerstört, daß sie überhaupt nicht mehr reparabel waren. So lag unsere kostbare Einrichtung, von der jedes Zimmer etliche tausend Mark gekostet hatte, in Trümmern. Von Küchengeräten war nichts mehr zu finden. In den Schlafräumen war ebenso alles zerbrochen und umgeworfen, bis auf die Bettstellen. Unsere ganze Wäsche und Kleidung, selbst die Schulmappen und Spielsachen der Kinder gestohlen. Nur meinen Frack ohne Hose hatte man zurückgelassen. Drei Tage lang hat man, sogar am helllichten Tage, unser Haus ausgeräubert.

Unser Portier erzählte, er habe bei der Polizei angerufen, sei aber noch obendrein angeschnauzt worden. In den WC-Räumen lagen zum Teil noch Steine. Meine Frau erzählte, daß achtjährige Schuljungen unter Führung von Lehrern das Haus mit Steinen und anderen Wurfgeschossen bombardiert hätten. Auf ihren Anruf sei dann doch die Polizei erschienen und mit dem Gummiknüppel eingeschritten. Schließlich habe sie der frühere langjährige Chauffeur meines Schwiegervaters mit den Kindern unter dem Schutze der Polizei durch den die Straßen füllenden Pöbel aus dem Hause geholt, da keine Taxe fahren wollte. Mein Bürofräulein und unsere Hausangestellte hatten noch angefangen, vor der Plünderung einen Teil der Sachen zu retten. Aber die Polizei verbot das, da erst alles durchsucht werden müsse. Ich räumte zunächst im Büro auf, um die Akten herauszusuchen, die ich nach Berlin mitnehmen mußte, da sie noch abzuwickeln waren. Unter den Aktenhaufen lag die Haustüre.

Das Haus, um das sich viele Interessenten rissen, mußte meine Frau an einen Kollegen verkaufen, der SA-Führer war. Wie er sagte, sähe es auch der Herr Polizeihauptmann gern, wenn er das Haus bekäme. Er bekam es dann auch 9000 Mark billiger, als die anderen boten. Angeblich hätte es sonst das Arbeitsamt für die Hälfte bekommen. Der jüdische Verkäufer hatte ja nur zu unterschreiben. Außerdem wäre ich bei einer Weigerung meiner Frau wohl nicht so leicht aus dem KZ gekommen. Ich regelte nun schnell auf dem Finanzamt die erste Rate der Judenabgabe, um den hohen Säumniszuschlag zu vermeiden. Nach drei Tagen war ich mit den Akten soweit, daß wir nach Berlin in eine jüdische Pension ziehen konnten, in der meine Frau schon vorher in der Zwischenzeit gewohnt hatte. Übrigens hatte man die Villa meiner Schwiegermutter anzünden wollen, »um die Weiber aus der Judenburg auszuräuchern«. Die Hitlerjugend kam auch schon mit Trommeln anmarschiert. Aber der große Hund im Garten wirkte abschreckend. Man wollte auch noch bei den ärmeren Juden alles zerstören. Aber da soll die Reichswehr mit Einschreiten gedroht haben, falls die Polizei nicht endlich Ordnung schaffe. Da gab es endlich einige Tage – nachdem die Aktion von Herrn Goebbels bereits offiziell abgeblasen war – auch in unserer Stadt Ruhe.

In Berlin bezogen wir nun mit unserem Töchterchen ein kleines Zimmer in der erwähnten Pension. Unser Junge blieb bei meiner Schwiegermutter. Nach einigen Tagen kamen auch die Kisten mit den herausgesuchten Akten an. Ich mußte nun von hier aus noch meine Praxis abwickeln. Außerdem galt es, unsere Familie erst wieder mit Kleidung und Wäsche zu versehen. Die Devisenstelle gab die beantragte Summe alsbald frei. Aber unser Vermögen bestand nur noch in Wertpapieren, die ja seit den Novembergesetzen jüdisches Depot waren. Es mußte daher noch eine Genehmigung der Wertpapierstelle hinzukommen, damit die Bank überhaupt Wertpapiere veräußern konnte. Nach längerer Zeit bekamen wir den Bescheid, daß wir vorher die Rechnungen von den Einkäufen vorlegen müßten. Auf diese Weise waren wir gezwungen, möglichst bei den großen Firmen alles auf einer Stelle zu kaufen. Dann mußten wir uns die Rechnung geben und die Ware liegenlassen, bis nach einigen Wochen die Wertpapierstelle den Verkauf von Wertpapieren in entsprechender Höhe bewilligt hatte. Dann erst konnte die Bank das Geld überweisen, und wir erhielten die Ware.

Der Abschied von Deutschland

Die Vorgänge am 9. November 1938 und die Ereignisse in den darauf folgenden Tagen waren für viele der noch etwa 360000 in Deutschland lebenden Juden Anlass, ihre Emigration vorzubereiten. Sie mussten sich eingestehen, dass die Überzeugung, der Nazi-Spuk könne nicht ewig dauern, Wunschdenken gewesen war. Auch der Glaube vieler, es werde trotz allem eine Basis für ein erträgliches Zusammenleben von Juden und Nichtjuden geben, war gebrochen. Der Terror der Reichpogromnacht hatte die Verbundenheit der zutiefst deutsch empfindenden Juden mit ihrem Vaterland erschüttert.

Auszuwandern war für sie bisher keine Alternative gewesen. Der erste Terror unmittelbar nach dem 30. Januar 1933 hatte etwa 3000 Juden vor allem ins benachbarte Ausland getrieben. Nachdem sich die Lage beruhigt zu haben schien, kamen etliche wieder zurück. Erst die Nürnberger Rassegesetze hatten erneut eine größere Fluchtwelle zur Folge.

Über die Auswanderung hatte es unter den Repräsentanten des deutschen Judentums in der Vergangenheit heftige Auseinandersetzungen gegeben. Für die Zionisten gab es keinerlei Zweifel, dass die Übersiedlung nach Palästina die einzige Lösung sei. Darauf hatten sie sich bewusst vorbereitet, Sprachkurse eingerichtet sowie landwirtschaftliche und handwerkliche Ausbildungsprogramme aufgebaut. Von 1933 bis 1936 waren fast 30000 Personen nach Palästina gekommen. Der Reichsbund Jüdischer Frontsoldaten dagegen plädierte dafür, in Deutschland zu bleiben und durchzuhalten. Die Reichsvertretung wiederum war nicht grundsätzlich gegen eine Auswanderung. Sie wollte vor allem eine chaotische

Massenflucht verhindern. Die Auswanderung sollte nach und nach in geordneten Bahnen erfolgen. Wer Deutschland verlassen wollte, konnte sich auf die Unterstützung der jüdischen Selbsthilfeorgansationen verlassen. Der Hilfsverein der Deutschen Juden hatte 400 Korrespondenten in aller Welt, die Informationen über die Lebensbedingungen, Berufsaussichten, die politische Lage und die Einreise- und Devisenbestimmungen in Ländern sammelten, die als neue Heimat in Frage kamen. Der Hilfsverein unterstützte von 1933 bis 1939 mehr als über 90 000 jüdische Emigranten. Für die Auswanderung nach Palästina dagegen war das Palästina-Amt in Berlin zuständig, das noch bis zum Beginn der Deportationen der Juden in den Osten im Jahr 1941 weiterarbeiten durfte.

Die Auswanderungswilligen mussten erfahren, dass sie längst nicht überall willkommen waren. Die meisten Zielländer schlossen ihre Grenzen für Flüchtinge aus Deutschland im Laufe der Jahre zunehmend mit der Begründung, sie könnten keine Emigranten mehr verkraften. Typisch dafür war der Satz aus der Schweiz »Das Boot ist voll!«. Eine Reihe von Ländern führten Quoten für Emigranten ein. Das galt auch für Palästina, wobei die britische Mandatsmacht die geltenden Quoten noch reduzierte. Viele Länder nahmen nur ausgewählte Emigranten auf und waren besonders interessiert an Flüchtlingen, die einen bestimmten Bildungsgrad oder eine Ausbildung hatten, die im Zufluchtsland gerade benötigt wurde. Die Suche nach einem Exil war dann einfacher, wenn der Flüchtling eine bestimmte Geldsumme oder andere Werte vorweisen konnte, die nicht nur den eigenen Neubeginn erleichterten, sondern auch der wirtschaftlichen Entwicklung im Exilland zu Gute kamen. Für die Einreise in die USA war zudem ein sogenanntes Affidavit notwendig. Das war die Bürgschaft eines Amerikaners, der sich verpflichten musste, für jene Unkosten aufzukommen, die in den USA möglicherweise durch materielle Not oder Krankheit des Emigranten entstehen würden. Damit wollte man verhindern, dass Flüchtlinge in einer solchen Situation dem amerikanischen Staat zur Last fielen. Großbritannien allerdings liberalisierte nach der Reichspogromnacht seine strenge Einwanderungspolitik etwas und wurde zur Zufluchtsstätte für über 10000 jüdische Kinder, die durch die sogenannten Kindertransporte unbegleitet auf die Insel kamen. Schließlich war das unter internationaler Verwaltung stehende Schanghai die einzige Zuflucht, für die man kein Visum, kein Zertifikat, kein Vorzeigegeld und keine bestimmte Ausbildung brauchte. Die chinesische Großstadt wurde so für etwa 17000 deutsche Juden zum Überlebensort, den man auf zumeist abenteuerlichen Wegen erreichte. Die oft langwierige Suche nach einem Zufluchtsland führte, nachdem die Deportationen begonnen hatten, in manchen Fällen sogar dazu, dass Einreisegenehmigungen aus dem Ausland erst eintrafen, wenn die Verfolgten bereits in die Vernichtungslager abtransportiert worden waren.

Aus der Vertreibung der Juden schlug das Deutsche Reich gigantisches Kapital. Nach staatlichen Richtlinien durften Flüchtlinge nur wenig von ihrem bisherigen Besitz mitnehmen, der zudem gezielt durch Abgaben und die schon 1934 eingeführte und seitdem ständig erhöhte »Reichsfluchtsteuer« verringert wurde. Außerdem sahen sie sich gezwungen, Dinge, die sie nicht mitnehmen konnten oder durften, zu einem fast immer lächerlichen Preis an den Staat oder an nichtjüdische Deutsche zu verkaufen. Die Bemühungen um die Emigration glichen einem quälenden und zermürbenden bürokratischen Hindernislauf, der durch immer neue und immer andere Vorschriften stetig länger und schwieriger wurde.

»Aralk«

In Freiheit!

An diesem denkwürdigen Tag des 10. November sind wir wie Freiwild gehetzt worden. Nachdem die Gestapo immer wieder zu meiner Freundin kam, um zu inspizieren, flohen wir das vierte Mal durch die Gartentüre auf die Straße. Da unser Aussehen kein spezifisch jüdisches war, sahen wir mit der Zeit unsere größte Sicherheit mitten unter der Menge. Am Bahnhof suchte ich nun auf irgendeine Weise zu meiner alten Mutter zu gelangen. Ich hoffte immer, daß sie von all diesen Dingen verschont bliebe. Sie lebte mit einem alten Onkel zusammen, und ich erreichte sie am Telefon, sie antwortete mir mit ganz verstörter Stimme. Ich drehe mich aus der öffentlichen Telefonzelle heraus – und was sehe ich? Zwei Zivilisten verhaften einen Juden, der zufällig in der offenen Bahnhofshalle neben meinem Mann gestanden hatte. Ich dachte, nun verhaften sie auch gleich meinen Mann, und mit der Geistesgegenwart, die Not mit sich bringt, spreche ich meinen Mann auf englisch an, und zwar übermäßig laut und bestimmt. Wir verschwinden eiligst in der Menge. Meine Kleine, höchst erstaunt, eilt uns hinterdrein. Wir drei rasen zu einer Taxihaltestelle und nennen alle drei in unserer Aufregung drei verschiedene Richtungen. Der biedere alte Chauffeur meint in der größten Seelenruhe: »Wißt Leutl', i koa mit einem bestimmten Körperteil nur nach einer Stelle hinfahr'n.« Trotz unserer großen Erregung konnten wir uns des Lachens nicht erwehren, und das war gut so. Wir fanden uns wieder. Wir fuhren nun zu meiner Mutter, um da nach dem Rechten zu sehen. Als unser Auto in die Straße einbiegt, in der meine Mutter wohnt, was bekomme ich zu sehen? Die Geheime Staatspolizei verfrachtet meinen alten Onkel in ihren Wagen. Ich traute meinen Augen nicht und eilte zu meiner Mutter. Meinen Mann habe ich aus Vorsicht im Wagen belassen. Im Hause bietet sich mir ein trauriges Bild. Die alte Frau war elend und krank von den Aufregungen, und wir blieben dann alle bei ihr. Die Nacht war, wie man sich vorstellen kann, eine Qual.

Zwischenzeitlich erfuhren wir durch unsere Anna, daß bereits zweimal in unserem Hause Durchsuchung war. Sie fahndeten nach meinem Mann und nach meinem älteren Sohn. Unsere Anna rettete meinen Mann vor der Verhaftung, ob im Unverstand oder aus einer gewissen Schläue heraus, das ist mir nie klar geworden. Nachdem sie, die Gestapo nämlich, wieder zur Durchsuchung in die Wohnung kam und fragte, ob mein Mann nicht da sei, gab sie die richtige Auskunft, daß sie uns zum Abendbrot zurückerwarte. Spät am Abend erschienen abermals drei Herren, und nun fragt die Gute, um was es sich denn eigentlich drehe, was sie denn von ihrem Herrn wollten. Da erklärten ihr die SS-Leute folgendes: Wir hätten innerhalb von 24 Stunden München und Bayern zu verlassen, da für die Sicherheit in keiner Form mehr Gewähr geleistet werden könne. Da Anna sich das nicht alles merken konnte, bat sie die Männer, ihr das doch schriftlich zu geben. Und sie bekam folgenden Zettel ausgehändigt, den wir heute noch in Händen haben: »Die National-Sozialistische Partei fordert Sie hiermit auf, innerhalb 24 Stunden die Stadt München und Bayern zu verlassen, da für Ihre Sicherheit keine Gewähr geleistet wird.«

Ich glaube, nicht betonen zu müssen, daß bei uns diese Botschaft eine gewisse Bestürzung hervorrief. Überdies hatten sie dem Mädchen bittere Vorwürfe gemacht, daß sie überhaupt bei Juden tätig sei und daß sie eingesperrt gehöre. Die Getreue weinte natürlich sehr und war aufgeregt. Am anderen Morgen dann, in der größten Unsicherheit, was mit uns geschehen werde, eile ich mit meiner Kleinen nach Hause, um die nötigsten Vorbereitungen zu treffen. 24 Stücke an kleinem und großem Handgepäck rafften wir in der kurzen Zeit zusammen, so daß ich heute noch darüber staune, wie das möglich war. Wir schlichen wie zwei Verbrecher aus unserem Hause, und unsere Anna brachte mit einem bestellten Auto die Gepäckstücke an die nächste Ecke. Wir fuhren dann, um meine Mutter und meinen Mann abzuholen. Mein Mann hatte in der Zwischenzeit für einen Wagen gesorgt, der uns nun weiterbeförderte.

Mein Mann dirigierte den Chauffeur, während wir Frauen vom Gepäck eingeengt saßen. Nach einer knappen Stunde waren wir in Augsburg angelangt, um einen Kriegskameraden, einen guten Freund meines Mannes, aufzusuchen. Er berichtete uns, daß die gleiche Sache auch bei ihnen passiert sei und daß allgemein eine sehr gespannte Stimmung herrsche. Er gab uns einen Schlüssel zu seinen Privaträumen, wo wir bleiben sollten, bis er uns holte. Der Freund war Hotelbesitzer, hier würden wir ungestört abwarten können, bis er klarer sehe, wie er uns weiterhelfen könnte. Die Mutter war von der raschen Fahrt ziemlich erschöpft, und wir überlegten, ob wir dieses großzügige Angebot ihretwegen annehmen sollten. So stark hier Nächstenliebe sprach und treue Freundschaft, wir wollten und durften den guten Mann nicht unseretwegen in Gefahr bringen.

Also weiter fliehen, aber wohin? Doch die Zeit drängte, und langes Überlegen gab es nicht. Der Wagen mit den vielen Gepäckstücken fuhr durch die winkeligen Gassen. In schnellem Tempo ging es Ulm entgegen. Wir wollten schnell die Grenze Bayerns passieren und noch vor Dunkelheit in Stuttgart eintreffen.

Als wir auf der Autobahn dahinrasten, sahen wir große Transportwagen vollbesetzt mit SS und Häftlingen. Es überlief uns eiskalt. Wir wußten, hier war eine

Aktion im Gange, die das ganze Land erfaßte. Wir alle beobachteten angespannt jedes Auto, das uns begegnete oder uns folgte. Plötzlich entdeckten mein Mann und ich zur gleichen Zeit ein kleines, uns sehr bekanntes Polizeiauto, es raste unserem schweren Mercedes hinterdrein. Wir beide wechselten nur eine Sekunde unsere Blicke und verstanden sogleich, was das bedeuten könnte. Mein Mann gab jetzt den Befehl zu einem 120 Kilometer-Tempo. Es wurde eine irrsinnige Fahrt, meine Mutter fiel in Ohnmacht, meine Kleine flehte die Großmutter an, doch aufzuwachen und sich zu beruhigen. Ich selbst saß wie erstarrt, mit den Blicken nur das uns verfolgende Auto beobachtend. Unser braver Chauffeur, wohl ahnend, daß hier Dinge vorgingen, die nicht gewöhnlich und gebräuchlich zu nennen waren, sprach kein Wort. Er fuhr den Wagen so sicher, so gut, daß ich als Selbstfahrerin alle Hochachtung vor ihm hatte. Diese teuflische Fahrt, während der ich dachte, lieber tot als mit der ganzen Familie gefangengenommen zu werden, werde ich nie im Leben vergessen. Diese Fahrt voller Angst und Zittern, wie wird sie enden? Der viel leichtere Wagen der Polizei scheint unserem Tempo nicht standhalten zu können. Und siehe da, an einer der Autobahn-Kreuzungen biegt er ab. Wir wollten zuerst unseren Augen nicht trauen, erst ganz allmählich finden wir die Sprache wieder. In der steten Angst, daß wir von Station zu Station per Telefon verfolgt werden, rasen wir weiter. Endlich sind wir über die Grenze. Erschöpft und gleichzeitig wie befreit beginnen wir in ein langsameres Tempo überzugehen.

Abseits der Hauptstraße fanden wir einen schmalen Weg, an dem das erste Mal Rast gemacht wurde. Nach dieser unheimlichen Fahrt fanden wir die Ruhe, uns um die Mutter zu kümmern, welche leichenblaß in ihrem Polster lag. Wir sprachen nicht über die Angst, die uns befallen hatte, wir sprachen nicht über die Gefahr, in der wir uns noch immer befanden, wir sprachen nur davon, wie wir am raschesten vor Einbruch der Nacht ein Dach über unseren Kopf bekommen und vor allen Dingen die Mutter in ein Bett bringen könnten, um sie vor weiteren Erschöpfungen zu beschützen. Unserem Entschluß, nach Stuttgart zu kommen, blieben wir treu. Wir wollten die Verwandten erreichen. Der letzte Teil der Fahrt ging in der gleichen Angst weiter. Anhaltend kamen uns die Transporte entgegen, und wir wußten, daß sie in den Konzentrationslagern endeten. Nachdem wir schon fünf lange Jahre die Anfeindungen des Dritten Reiches ertragen hatten, waren wir mit den Methoden vertraut. Wenn ich glaubte, dies sei der Höhepunkt unserer Erlebnisse, so täuschte ich mich, sie wurden noch weit übertroffen.

Die Verwandten erreichten wir leider in den gleichen Kalamitäten. Bei der einen Cousine hatte man den Mann bereits geholt, und die andere Cousine, eine Witwe, nahm uns als ungern gesehene Gäste auf. Sie war an und für sich eine sehr unselbständige und willensschwache Frau, und wir auf der Flucht waren eine große Belastung, vor allem mit unserer 74jährigen kranken Mutter. Die Cousine machte klar, daß sie es viel lieber sehen würde, wenn mein Mann sich freiwillig der National-Sozialistischen Partei stellen würde, weil alle anderen Juden auch inhaftiert seien.

Am fünften Tag unseres Aufenthaltes dort begann in Stuttgart eine Wiederholung der Judenaktion, um, wie es hieß, die Juden zu erfassen, welcher sie das erste Mal nicht habhaft werden konnten. Auch durchsuchten sie die Wohnung meiner Cousine, und mein Mann flüchtete über die Gartenmauer, bis sie wieder fort waren.

Als draußen alles wieder einigermaßen im Lot zu sein schien, war der Kampf mit meiner Cousine zu bestehen. Da sie absolut darauf bestand, mein Mann solle sich freiwillig in die Höhle des Löwen begeben, blieb uns nichts anderes übrig, als Schluß mit diesem grausamen Spiel zu machen. Ich suchte nun eine Möglichkeit, ihn und die Kleine weiterzuverfrachten. Eine Schwester in Frankfurt erklärte sich bereit, die beiden bis auf weiteres aufzunehmen. Ich mußte mich entschließen, mich von ihnen zu trennen, der Mutter wegen. Ich konnte die Frau in ihrem Zustand nicht alleine lassen, da man ja nicht wußte, wie die Dinge sich weiterentwickelten. Die Nachricht in Händen, daß die beiden bei der Tante in Frankfurt gut angekommen seien, ging ich daran, die Rückkehr meiner Mutter nach München vorzubereiten. Es war uns von den verschiedensten Seiten zugeflüstert worden, die Ausweisung der Juden aus Bayern sei zurückgezogen worden, und so wagte ich die Reise nach Hause. Tatsächlich war es bei den Ausweisungen so, daß es eines jener Gesetze war, die von dem einen Teil der Partei ausgingen, während der andere gar nichts davon wußte. Das erlebten wir wiederholt. Und wenn ich dann versuchte, bei den zuständigen Stellen zu erfahren, wie sich dies oder jenes verhält, erhielt ich wieder eine entgegengesetzte Auskunft. Es war oft für uns riesig schwer, gesetzmäßig zu handeln.

So brachte ich die Mutter nach München und übergab sie der Obhut meiner treuen Anna. Ich selbst wollte aus Rücksicht auf meinen Mann noch nicht in Erscheinung treten. Inzwischen war es ja da und dort bekannt, daß wir ausgewiesen waren. Andere Bekannte glaubten wiederum, mein Mann sei gleich den anderen ins Konzentrationslager gekommen. So flüchtete ich mich zu einer Freundin, für deren innige Aufnahme und Herzlichkeit, Freundschaft und Liebe ich heißen Dank im Herzen trage. Sie durchlebte mit vielen anderen jüdischen Frauen das Leid, ihren Mann in Dachau zu haben. Ich versuchte, ihr Los und das der beiden Kinder zu erleichtern, wo es nur ging. Sie war eine sehr tapfere Frau. In ihrem Kummer bot sie in ihrem Heim einer ganzen Familie eine Zuflucht, vier Menschen, ihr fremd, die aus Ingolstadt gekommen waren, ohne Hab und Gut vertrieben. Obwohl sie die große Sorge hatte, ob ihr Mann den Strapazen in Dachau gewachsen sein werde, da er von Beruf Studienrat und von schwächlicher Statur war, lächelte sie immer, wenn sie sich im Kreise ihrer Kinder befand. Nur in den Nächten, wenn ich mit ihr das Schlafzimmer teilte, durchdachten und überlegten wir, was wir tun konnten, sollten und tun wollten.

In meinem Hause verpflegte unsere treue Anna alle, die um Unterschlupf, Essen und Trinken baten. Sie verköstigte sie alle wochenlang, 20 bis 30 Menschen täglich, teils Verwandte, teils Freunde, die von ihren Heimen vertrieben zu uns kamen. Unter diesen Verwandten war auch nach dreiwöchiger Inhaftierung mein 68jähriger Onkel, welcher als einer der ersten entlassen worden war. Der Bedauernswerte hatte schrecklich darunter gelitten, daß man ihn mit Hunderten anderer stehen, stehen und stehen ließ, stundenlang, ohne austreten zu dürfen. Er litt verständlicherweise in diesem Alter besonders entsetzlich. Der Onkel erzählte weinend, daß er manches Mal verzweifelt war. Es war ein Wunder, daß seine Natur ihn diese unmenschlichen Strapazen überwinden ließ.

Da uns Juden die Gelder gesperrt waren, streckte unsere Anna das Geld vor, um die Lebensmittel und den täglichen Bedarf bezahlen zu können. Dazu lieh sie noch den anderen Geld, die ja alle ohne einen Pfennig ankamen. Sie allein wußte, daß ich in der Stadt war, und sie hatte nur meinen Auftrag, darüber nicht zu sprechen.

Meine Freundin und ich unternahmen nun in dieser Zeit unter größtem Kostenaufwand alles, um unsere Auswanderung vorwärts zu treiben. Was bei amtlichen Stellen erledigt werden mußte, suchten wir zu tun, indem wir von früh bis spät treppauf und treppab rannten: meine Freundin, um ihren Mann aus Dachau zu befreien, und ich, um mit meiner Familie so rasch als es nur ging fortzukommen. Es war alles gleichgültig geworden unter diesen Umständen, es galt nur, seine Familie und sich zu retten. Telegramme an den Gönner unserer Kinder trieben die Auswanderung so weit voran, daß uns das Affidavit zugesagt wurde.

Ein Brief des Beschützers unserer Söhne traf aus Amerika ein. Er lautete ungefähr, daß er sich glücklich schätze, die Eltern der prächtigen Jungens kennenzulernen. Er sei der Ansicht, daß die Eltern mit ihren Kindern vereint sein müßten und die Familie nicht zerrissen sein dürfte. Es mache ihm besondere Freude, daß er das ermöglichen könne. Seine Bitte sei nur die, uns drei als »Geburtstagsgeschenk« für den zweiten Sohn am 12. Februar kommen zu lassen. Die Jungens dürften vorher nicht erfahren, wann wir kämen! Die Freudentränen liefen uns nur so über die Wangen. Ihnen, den Kindern, verdanken wir unser Leben. Sie, die so jung an Jahren waren, zeigten sich so reif und überlegen den fremden Menschen gegenüber, daß diese Rückschlüsse auf uns Eltern zogen. Ihnen gilt mein Stolz und meine Liebe, der Großherzigkeit des Gönners unser Dank!

Die Vorbereitungen für die Auswanderung wurden nun von mir fieberhaft und mit aller Energie betrieben. Meinen Mann wollte ich aus Sicherheitsgründen nicht kommen lassen. Es war mir in der Stadt zu gefährlich. Denjenigen, die ich nur wenig kannte, wich ich aus, wo es immer ging. Ich wollte keine Angaben über meinen Mann machen und konnte so ungestört meinen Plänen nachgehen. Erst viele Wochen später, als man daran ging, die Juden wieder in Freiheit zu setzen und aus dem Konzentrationslager entließ, holte ich meinen Mann heim. Und merkwürdig, wie Bekannte und Fremde ihm mitleidsvoll und stumm die Hand drückten in dem Glauben, daß man ihn jetzt auch aus dem Lager entlassen hatte und daß ihm das Leben wieder geschenkt worden war.

Um weiteren Erklärungen aus dem Weg zu gehen, nahm mein Mann stillschweigend die Bekundungen des Mitleids entgegen.

Die eingeleiteten Verkäufe unseres Geschäftshauses, die Abwicklung der Formalitäten auf den Finanzämtern und Notariaten nahmen unsere Zeit von morgens bis abends in Anspruch. Wohl hatte ich weitgehende Vollmachten, doch wir benötigten in manchen Dingen die Unterschriften und die Anwesenheit meines Mannes. Ich bekam dann Zeit, auch meine hauswirtschaftlichen Angelegenheiten zu regeln und kaufte ein, was ich in der kurzen Frist noch ergattern konnte.

Meinen Mann behandelte man auf den Ämtern teils schroff, teils anständig. Es verging aber kein Tag, an dem er nicht mit Widerwärtigkeiten zu kämpfen hatte. Mit der Faust in der Tasche wurden diese Dinge grimmig und verbittert von ihm erledigt. Bei all jenen staatlichen Behörden, welche noch von der alten Garde besetzt waren, bekam mein Mann rasch seine erforderlichen Papiere ausgehändigt. Jene Amtsträger aber, die das Dritte Reich nach oben gebracht hatte, waren von einer unglaublichen Rohheit und Unsachlichkeit. Neu war die spezielle Abteilung für auswandernde Juden der Devisen- und Zollfahndungsstelle. Mit 14 Ausweisen bewaffnet rückten wir zu diesen letzten Instanzen an. Da fielen wir zum Schluß leider in die Hände des berüchtigten Judenbeamten unserer Stadt. Er war unter den Juden bekannt als ein Sadist höchster Potenz. Für uns begann eine Leidenszeit. Dieser Beamte war ein ehemaliger Konfektionsverkäufer, der dank seiner alten Parteizugehörigkeit einen dieser leitenden Posten der Devisenstelle erlangt hatte. Das hohe Gehalt und vielleicht auch seine besondere Tüchtigkeit in der schlechten Behandlungsweise von Juden machten ihn so eingebildet, daß er sich aufplusterte wie ein Pfau. Dieser Genosse hatte zu entscheiden, was man mitnehmen durfte und was nicht. Die

Verhandlungen mit ihm waren reichlich unerfreulich. Meinem Mann war er ganz und gar nicht gut gesonnen und kränkte ihn mit sichtlichem Ergötzen. Er vergaß aber bei alledem, daß die Schikanen, die er uns gegenüber anwendete, für uns nichts mehr bedeuteten. Die Einbuße unseres Vermögens! Zu unseren Kindern zu kommen, mein Gedanke, den Vater den Kindern zu erhalten, war in uns so allbeherrschend, daß die Verluste materieller Dinge zweitrangig waren. Wir wußten nicht, was uns alles bevorstand, wir wußten nicht, wie wir uns ernähren würden, und wir wußten nicht, wie mein Mann mit seinen 55 Jahren noch einmal eine Existenz aufbauen könnte ohne jegliche Sprachkenntnisse. Eines wußten wir damals: Wir wollten leben, um unserer Kinder willen, bei weitem nicht für uns selbst!

Die Zeit drängte, wir erhielten unsere amerikanischen Visen nur, wenn wir alle Unterlagen bis zur letzten Instanz unterzeichnet mitbrachten. Zehn volle Tage war ich Gast der gleichen Devisenstelle, bis es unserem Freund gefiel, unsere Sache wieder einmal zu behandeln. In allerletzter Minute erreichten wir den Zug nach Stuttgart. Man wollte uns sogar noch einen Beamten mitschicken, wie bei Schwerverbrechern, damit wir wieder zurückkommen. Nur nachdem mein Mann seine sofortige Verhaftung akzeptierte, falls er nicht innerhalb von 48 Stunden die ausgehändigten Pässe zurückbrachte, ließ man uns reisen. Das war so die Art, die Juden auf die Folter zu spannen, mit sichtlichem Vergnügen und bis zur Neige ausgekostet. Schweißtriefend saßen wir nun im Zug, mein Mann, mein Töchterchen und ich, und hatten einen Gedanken: Auch diese Tortur ist überstanden!

Wir hetzten in Stuttgart sogleich zum Konsulat. Mit dem Stempel nach Amerika in der Tasche waren wir so selig, daß wir uns mitten auf der Hauptstraße von Stuttgart vor Glück abküßten und uns umarmten. Es war wie ein Taumel, in dem wir uns befanden! Wie drei Königskinder kamen wir uns vor. Wir faßten uns gegenseitig an den Händen, wohl auch als fühlbares Zeichen unserer Geschlossenheit. Und der Gedanke kam noch hinzu, daß wir unsere Jungens bald wiedersehen würden. Wir jagen zurück an die Bahn, um den nächsten Zug zu erreichen, der uns nach München zurückbringt. Über uns hängt das Schwert des Damokles. Die Pässe müssen ja in der angegebenen Frist wieder abgeliefert werden. Der kurze Moment des Glücksgefühls geht unter in der Jagd der Auswanderung.

Das Einpacken unserer Möbel geschah unter der Bewachung von Kontroll-Organen der SS. Der biedere Bayer, welcher uns zugeteilt war, zog es vor, sich in dieser Zeit geistig zu bilden. Er präsentierte sich den Speditionsleuten und uns als der Hüter des Volksgutes, und dann verschwand er zwei Tage lang hinter seiner Tageszeitung. Ich glaube bestimmt, der Gute hatte sie auswendig gelernt, mit solcher Intensivität las er Stunden um Stunden. Er war verpflichtet, acht Stunden lang da zu sein. Man soll nicht unterschätzen, was das Dritte Reich für die Bildung seiner Beamten tut. Allerdings ist mir auch die Steuerlast des Dritten Reiches klarer geworden. Hat doch allein unsere Auswanderung einen Stab von Beamten beschäftigt, der unheimlich zu nennen ist. Die Herren Beamten hatten noch überdies ein gegenseitiges Mißtrauen. Es war oft direkt lächerlich, weil keiner der Herren eine Verantwortung hat übernehmen wollen. Jeder, aber auch jeder suchte eine andere Rückendeckung. Wo steckt denn da das Mannestum?

Endlich hatten wir glücklich alles überstanden, und die Räume waren leer und wir vereinsamt und verwaist! Jetzt kam noch ein unsagbarer schwerer Tag, der Abschied von meiner Mutter! Die Frau mit 74 Jahren mutterseelenallein in einem Land zurücklassen zu müssen, das keine Sicherheit bot, das war fürchterlich, ja schrecklich! Die Mutter war materiell gesichert, doch wie lange noch? Und ich, ihr einziges Kind, muß sie verlassen. Ihre beiden anderen Kinder hatte sie ja durch den Tod verloren, der Sohn im Felde gefallen und die andere Tochter in jungen Jahren gestorben. Und nun muß ich sie verlassen. Das Schicksal schreit zum Himmel. Wir konnten sie nicht mitnehmen, weil sie eine viel zu hohe Nummer hatte. Auch war es eine zu große Verantwortung, sie in unsere unbestimmte Zukunft mitzunehmen. Dieser seelische Konflikt brachte mir graue Haare. Ohne Zeitangabe unserer Abreise, ohne eigentliche Verabschiedung zogen wir von dannen, im Herzen gebrochen.

Beim Scheiden aus der Heimat war allein unsere getreue Anna zugegen. Weinend umarmte sie mich und küßte mir meine Hände voll Dankbarkeit und Liebe. Als sich dann der Zug in Bewegung setzte, war eine Starre um mein Herz, die weh tat. Ich blieb unheimlich ruhig in diesen schweren Stunden. Mein Mann, bleich und erregt, saß in der Ecke, meine Kleine winkte ihrer guten Anna aus dem Fenster zu. Sie stand schlotternd und beinahe nicht mehr Herr ihrer selbst am Bahnsteig. Nach sechsstündiger Fahrt passierten wir die deutsche Grenze. Da, als der Zug über die Brücke von Kehl ist, fällt mein Mann mir schreiend und weinend um den Hals. Krampfhaft klammert er sich an mich, und wir weinen und weinen. Erst in Straßburg, als wir das erste Mal Station machten, besinnen wir uns, was mit uns eigentlich geschieht.

Siegfried Neumann

Die Ausplünderung vor der Ausreise

Da ich wußte, daß mein Beruf als Rechtsanwalt, der ja von den Gesetzen des Landes abhängt, für die Auswanderung denkbar ungeeignet ist, begann ich noch, in aller Eile umzulernen. Ich lernte, kunstgewerbliche Damengürtel anzufertigen, und die Herstellung flüssiger Seifen mit der dazugehörigen chemischen Theorie. Außerdem wurde fleißig englischer Unterricht genommen. Ich war jetzt schon soweit, eine englische Zeitung einigermaßen fließend lesen zu können, wobei mir allerdings die Kenntnis des Lateinischen sehr zustatten kam. Meine Frau, die für unsere Kleine schon immer selbst Kleidchen gefertigt hatte, ergänzte ihre Begabung durch Unterricht.

Da die Diebstähle in unserem Hause erst nach dem offiziellen Ende der »Aktion« stattgefunden hatten und Stehlen angeblich überhaupt nicht dazu gehörte, machte ich Schadensmeldung bei meiner Versicherung. Der Direktor meinte, es sei ja ein ganzes Warenlager. Ich erhielt zunächst den Bescheid, daß noch Verhandlungen im Wirtschaftsministerium über diese Fragen liefen. Dann lehnte die Versicherungsgesellschaft mit der Begründung ab, daß die Diebstähle mit der Aktion zusammenhingen. Inzwischen war es hohe Zeit, bei der Devisenstelle die Packerlaubnis zu erreichen. Dazu mußte ein Verzeichnis aller mitzunehmenden Sachen eingereicht werden, getrennt nach Anschaffungen vor und nach 1933. Jeder noch so geringfügige Gegenstand, jedes Taschentuch mußte genau angegeben werden. Ohne diese Packerlaubnis konnte man nicht einmal einen Koffer mitnehmen. Die Devisenstellen konnten bei dem damaligen Auswanderungsandrang ihre Arbeit gar nicht schaffen.

Um bei der zu erwartenden sogenannten Golddiskontabgabe nicht zu schlecht abzuschneiden, wies ich den Beamten bei der Devisenstelle darauf hin, was bei uns alles zerstört und gestohlen sei. Daß die Versicherung den Ersatz der Diebstähle mit Rücksicht auf die »Aktion« abgelehnt habe, wollte er kaum glauben. Als ich ihm wunschgemäß das Schreiben vorlegte, schüttelte er nur den Kopf. Damals bekam man seine Silbersachen noch mit. Von unserem Tafelsilber war ein erheblicher Teil übriggeblieben, weil er in der Anrichte durch die oberen Fächer nach unten durchgefallen war. Wir hatten nun unsere Aufstellung genau eingereicht. Schmucksachen – viel hatten wir nicht –, zu denen auch goldene Uhren gehörten, mußten von einem amtlich zugelassenen Schätzer taxiert und eingesiegelt werden.

Gerade als wir die Schätzung eingereicht hatten, die noch innerhalb der damaligen Freigrenze fiel, kamen neue Bestimmungen, wonach Juden alle Gegenstände aus Gold und Silber abzuliefern hatten. Wir hatten nun einmal Pech. Entsprechend dem Geschäftsgange gab die Devisenstelle die Sachaufstellung der Zollfahndungsstelle weiter, die durch einen Beamten die Sachen zu besichtigen und dann ihr Gutachten an die Devisenstelle zu erstatten hatte. Die Besichtigung erfolgte alsbald. Aber das Gutachten bei der Devisenstelle ging nicht ein. Es war schließlich kaum noch eine Woche, die uns von der Abreise trennte. Ich lief zur Devisenstelle, ich lief zur Zollfahndungsstelle. Endlich stellte sich heraus, der Beamte bei der Zollfahndungsstelle gebe das Gutachten nicht früher heraus, bevor nicht die Silber- und Wertsachen abgeliefert seien. Meine Frau mußte dann mit ihm zur Ablieferungsstelle gehen und alles, was uns noch von einigem Wert für die Auswanderung geblieben war, für ein nach Gewicht berechnetes Schandgeld abliefern, obwohl die Fristen noch gar nicht abgelaufen waren. Telephonisch – es war vier Tage vor unserer Abreise –

erfuhr ich endlich, daß wir 5000 Mark Golddiskontabgabe zu zahlen hatten. Mit 1000 Mark hatte ich gerechnet. Ich hatte gar keine Zeit mehr zu Reklamationen. Das war also das Entgegenkommen, das mir als Kriegsfreiwilligem und auf Grund der Zerstörungen und Diebstähle des 9. November von der Devisenstelle in Aussicht gestellt war.

Wir waren ja gezwungen gewesen, unsere Familie völlig neu einzukleiden. Nun mußte ich noch rasch die 5000 Mark aus Wertpapieren flüssig machen. Am Sonntag mußten wir Berlin verlassen, um unser Schiff in Genua zu erreichen. Am Freitag vorher erfuhr ich endlich auf der Devisenstelle, daß der genaue Betrag 5300 Mark sei. Schleunigst regelte ich noch die restlichen 300 Mark. Am Freitag früh holte der Spediteur unsere Sachen zur Zollabfertigung ab. Die Packerlaubnis hatte ich noch immer nicht. Der Spediteur sollte mich auf dem Packhof mit der Packerlaubnis erwarten. Erst am Nachmittag hatte ich sie endlich in Händen und brachte sie sofort hin. Die Zollbehörde machte aber schon Dienstschluß. Wenigstens konnten noch meine Sachen in den Abfertigungsraum hineingeschafft werden, so daß wir sicher waren, am Sonnabend, an dem nur vormittags Dienst war, noch abgefertigt zu werden. Sonnabend mittags waren wir dann endlich so weit, daß wir unser Gepäck auf der Bahn aufgeben konnten.

Einige Wochen vorher hatten sich noch andere Schwierigkeiten ergeben. Meine Frau hatte natürlich auf den beträchtlichen Betrag für die Schiffskarten Genua-Shanghai für vier Personen nur eine Anzahlung leisten können. Die Devisenstelle hatte sofort auf Grund der Vorlage der Schiffsrechnung die Zahlung der Summe bewilligt. Die Wertpapierstelle verlangte aber plötzlich noch vorher die Einreichung der steuerlichen Unbedenklichkeitsbescheinigung. Die für die Fahrkarten unseres Schiffes gesetzte Zahlungsfrist drohte abzulaufen, etwa sechs Wochen vor der Abfahrt. Dann hätten wir unsere Fahrkarten eingebüßt und bei der starken Belegung aller Schiffe Schwierigkeiten gehabt, vor dem Herbst neue Fahrkarten zu erhalten. Beantragt hatte ich die Unbedenklichkeitsbescheinigung schon im Januar und die mir gemachten Auflagen erfüllt, vor allem die gesamten vier Raten der Judenabgabe voll bezahlt. Als ich jetzt das Finanzamt meines Heimatortes telephonisch erinnerte, stellte sich heraus, daß ich noch vorher die Einkommensteuer- und Umsatzsteuererklärung 1938 und 1939 abgeben müsse. Meine Kassenbücher hatte ich in meinem Büro gar nicht mehr vorgefunden. Auf Anfrage bei der Polizei erhielt ich sie von dieser geschickt, bis auf eines, das gar nicht mehr aufzufinden war. Ich stellte die Steuerklärungen fertig, fuhr noch am Abend nach meinem Heimatort, um am nächsten Morgen gleich bei Dienstbeginn sie abzugeben. Die Beamten, die mich jahrelang kannten, waren entgegenkommend genug, meine Sache in aller Geschwindigkeit zu bearbeiten. Mittags hatte ich schon alle Steuerbescheide und die Unbedenklichkeitsbescheinigung in Händen, erhielt sogar mein Guthaben, das ich durch die gesetzlichen Vorauszahlungen hatte, gleich ausgezahlt. Ich erreichte noch den Mittagszug nach Berlin und eilte vom Bahnhof gleich zu meiner Bank, um ihr die Unbedenklichkeitsbescheinigung abzugeben. Die Bank mußte ja erst noch die Urkunde der Wertpapierstelle vorlegen und deren Genehmigung erhalten, bevor sie Wertpapiere veräußern und an den Lloyd Triestino zahlen konnte. Aber in letzter Minute wurde auch das noch geschafft. Am 26. März 1939, an einem Sonntagmorgen, fuhren wir von Berlin ab. Schlafwagen durften Juden nicht mehr benutzen.

Biographische Angaben zu den Autoren

»Aralk« (Pseudonym):

Die Verfasserin wird 1896 in München als Tochter eines Unternehmers geboren. Sie besucht private Mittel- und Oberschulen, heiratet einen Fabrikanten und wird Mutter von drei Söhnen. Nach 1933 gelingt es, die Kinder ins Ausland zu bringen. Nach der Reichspogromnacht wird die Familie aufgefordert, die Stadt München und Bayern innerhalb von 24 Stunden zu verlassen, da man »deren Sicherheit nicht gewährleisten könne«. Nach einer mehrwöchigen Flucht durch Süddeutschland kehrt die Familie heimlich nach München zurück. 1939 gelingt die Emigration in die USA. Die 74jährige Mutter muss zurückgelassen werden.

Baumann, Kurt:

Kurt Baumann wird 1907 in Berlin geboren, wo der Vater ein Installationsgeschäft betreibt. Er studiert Theaterwissenschaft und arbeitet 1928 bis 1933 als Regieassistent an der Volksbühne, der Staatsoper und der Städtischen Oper in Berlin. Im April 1933 initiiert er die Gründung eines Jüdischen Kulturbundes in Berlin, der im Sommer desselben Jahres unter der Leitung des Intendanten der Städtischen Oper, Dr. Kurt Singer, entsteht. Kurt Baumann arbeitet dort als Leiter der Opernabteilung. 1936 bis 1939 wirkt er zusätzlich als »Schutz-Zensor« des »Reichsverbandes jüdischer Kulturbünde in Deutschland«. Er emigriert 1939 in die USA, wo er 1946 bis 1972 als Bibliothekar an der Cornell Universität in Ithaca/New York arbeitet und eine kleine Oper gründet. Dort stirbt er 1983.

Dienemann, Mally:

Mally Dienemann wird 1883 in Gollub/Westpreußen als Tochter eines wohlhabenden Kaufmanns geboren. 1904 heiratet sie den Rabbiner Dr. Max Dienemann, eine führende Persönlichkeit des progressiven Judentums. Sie folgt ihrem Mann zunächst nach Ratibor/Oberschlesien und dann nach Offenbach am Main. 1939 emigriert die Familie nach Palästina, wo Max Dienemann kurz nach der Ankunft stirbt. Mally Dienemann wandert später in die USA aus. 1963 stirbt sie in Chicago.

FRIEDLÄNDER, KARL:

Karl Friedländer wird 1882 in Pless/Oberschlesien als Sohn eines Kaufmanns geboren. Nach dem Studium der Rechtswissenschaft wird er 1910 als Rechtsanwalt am Berliner Landgericht zugelassen, 1919 Justitiar eines Industriekonzerns und 1924 zum Notar ernannt. Obwohl kein Frontkämpfer, kann er als sog. Altanwalt, der bereits am 1. August 1914 seinen Beruf ausübte, nach 1933 weiter tätig sein, verliert aber sein Amt als Notar. Nachdem ihm die Berufsausübung zunehmend erschwert wird, die Zahl seiner Mandanten abnimmt und die meisten Aufsichtsratsmandate aufgegeben werden müssen, nimmt er das Angebot eines Klienten an, als Treuhänder eines größeren Unternehmens nach Wien zu gehen. Im Sommer 1937 verläßt er Deutschland.

GOLDBERG, FRITZ:

Fritz Goldberg wird 1898 in Stettin als Sohn des Regisseurs Jacques Goldberg geboren. Er verlebt die Jugendjahre in Colmar/Elsaß, studiert Theaterwissenschaft in Berlin und Köln, macht den Ersten Weltkrieg als Soldat mit und arbeitet in den ersten Nachkriegsjahren als Schauspieler, Journalist und Dozent an der Volkshochschule. Ab 1929 ist er als Dramaturg eines Berliner Theaterverlages tätig. Er wird zunächst zur Reichskulturkammer zugelassen, aber wieder ausgeschlossen, als die Sonderregelungen für Frontkämpfer beseitigt werden. Dieser Ausschluß bedeutet das Berufsverbot. Er arbeitet nach einer Umschulung als kaufmännischer Angestellter. Nach der Reichspogromnacht inhaftiert, kommt er nur wieder frei, weil er eine Einladung aus den USA vorweisen kann. Ende 1938 emigrieren Fritz Goldberg und seine Familie über England in die USA.

Grünebaum, Leo:

Leo Grünebaum wird 1888 in Wenings/Oberhessen geboren. Nach einer Lehrerausbildung am Lehrerseminar Alzey und Ergänzungsstudien an den Universitäten in Frankfurt und Köln unterrichtet er im öffentlichen Schuldienst der Stadt Köln und zuletzt an einer jüdischen Schule. Gleichzeitig ist er in führenden Positionen der Synagogengemeinde Köln, als Geschäftsführer des Kölner »Lehrerhauses« und als Vorstandsmitglied der »Religiös-liberalen Vereinigung Köln« und deren Reichsorganisation tätig. Im Dezember 1938 emigrieren er und seine Familie in die USA.

Grünspecht, David:

David Grünspecht wächst in dem kleinen Dorf Wüstensachsen/Rhön auf, in dem Juden und Christen seit 1640 harmonisch und in guter Nachbarschaft zusammenleben. Während des Ersten Weltkriegs werden aber auch hier erste Anzeichen eines Antisemitismus sichtbar. Nach 1933 bleibt zunächst das Verhältnis zwischen dem Metzger und Viehhändler David Grünspecht und den Bauern der Gegend noch gut. Der Kundenkreis wird aber stetig kleiner, und Schikanen durch die Behörden sind an der Tagesordnung. Als der Entzug der Gewerbebescheinigung das Ende der Berufstätigkeit bedeutet, strebt David Grünspecht die Auswanderung an. Im Sommer 1938 kann er in die USA emigrieren.

Gumpert, Martin:

Martin Gumpert wird 1897 in Berlin als Sohn eines Arztes geboren und wächst in einem der jüdischen Tradition vollkommen entfremdeten Elternhaus auf. Er studiert Medizin und wird Mitglied einer Sozialistischen Studentengruppe. Gleichzeitig gehört er verschiedenen Dichterzirkeln, dem »Rat der geistigen Arbeit« und dem »Reichsverband deutscher Schriftsteller« an. 1917 erscheint bei Kurt Wolff sein erstes literarisches Werk, der Gedichtband Verkettung. 1923 bis 1927 arbeitet er am Rudolf Virchow-Krankenhaus in Berlin, 1927 wird er Direktor des Städtischen Dermatologischen Krankenhauses Berlin. Als er 1933 entlassen wird, versucht er vergeblich, in Frankreich Arbeit zu finden, und kehrt nach

Berlin zurück. In den folgenden Jahren der Arbeitslosigkeit entstehen weitere literarische Werke. Als er 1935 Zeuge eines Judenpogroms wird, erkennt er die Ausweglosigkeit der Situation. Mit Hilfe eines ihm nur flüchtig bekannten Amerikaners kann er 1936 in die USA emigrieren. In New York schafft er sich als Arzt und Schriftsteller eine neue Existenz. Dort stirbt er 1955.

KOSTERLITZ, HANS:

Hans Kosterlitz wird 1906 in Breslau als Sohn eines Handlungsreisenden geboren. Die Familie zieht ein Jahr später nach Berlin. Nach dem Gymnasium absolviert er eine kaufmännische Lehre und bringt es zum Geschäftsführer eines Einheitspreisgeschäftes in Singen/Baden. Nachdem das Geschäft im Sommer 1938 verkauft werden muss und er seinen Arbeitsplatz verliert, entschließen sich Hans Kosterlitz und seine Frau, Deutschland zu verlassen. Es gelingt ihnen, nach Italien zu gelangen und sich in Neapel nach Schanghai einzuschiffen.

LANDAU, EDWIN:

Edwin Landau wird 1890 in Deutsch-Krone/Westpreußen als Sohn eines Eisenhändlers und Klempners geboren und ganz im Sinne »deutscher Tugenden« erzogen. Im Ersten Weltkrieg mehrfach ausgezeichnet, gründet er in seinem Heimatort eine Ortsgruppe des »Reichsbundes Jüdischer Frontsoldaten« und wird Vorsteher der dortigen jüdischen Gemeinde. Als ausgebildeter Klempner übernimmt er das väterliche Geschäft und baut es zu einem Unternehmen mit zwölf Angestellten aus. Der Boykott gegen jüdische Geschäfte im Frühjahr 1933 lässt seine bisherige Welt zusammenbrechen. Er wird Zionist und betreibt die Auswanderung nach Palästina, die im November 1934 gelingt. In Ramat Gan baut er ein neues Installationsgeschäft auf. Dort stirbt er 1975.

LEVY, JOSEPH B.:

Joseph B. Levy wird 1870 in Kiel geboren. Seine Familie ist schon seit Generationen in Schleswig-Holstein ansässig. Er wird zunächst Kantor in Hamburg und 1895 in Frankfurt/Main der

Synagoge des Rabbiners Marcus Horovitz. Gleichzeitig unterrichtet er am Philantropin, einer Schule der jüdischen Gemeinde. Er ist maßgeblich an der Umgestaltung des jüdischen Religionsunterrichts beteiligt. 1924 wird er Vorsitzender des »Allgemeinen Deutschen Kantorenverbandes«, ist Mitglied im »Centralverein Deutscher Staatsbürger Jüdischen Glaubens« (CV), übernimmt weitere Funktionen in der Gemeinde und ist als Autor tätig. 1939 emigriert er in die USA. 1950 stirbt er in New York.

LOEWENBERG, ERNST:

Ernst Loewenberg wird 1896 in Hamburg als Sohn des Schuldirektors und Schriftstellers Dr. Jakob Loewenberg geboren. Er wird Mitglied im »Deutsch-jüdischen Jugendbund« und studiert in seiner Heimatstadt Deutsch, Französisch und Spanisch. 1921 bis 1934 unterrichtet er an der progressiven Lichtwark-Schule in Hamburg und leitet 1929 bis 1931 zusätzlich die private Höhere Mädchenschule seines Vaters, die er 1931 auflöst. 1934 wird er zwangspensioniert, obwohl er Frontkämpfer ist. Er ist bereits seit 1930 Vorstandsmitglied des CV-Landesverbandes Nordwestdeutschland, übernimmt bis 1938 weitere Gemeindefunktionen, wird als Berater der jüdischen Hilfsorganisation tätig, unterrichtet an der Talmud-Thora-Oberrealschule in Hamburg und ist Mitglied des pädagogischen Ausschusses der »Reichsvertretung der Deutschen Juden«. 1938 emigriert er mit seiner Familie in die USA. Dort unterrichtet er wieder, zuletzt bis 1965 an der Brandeis Universität.

MIBBERLIN, RAFFAEL:

Raffael Mibberlin wird 1879 in einer Kleinstadt nahe der deutsch-französischen Grenze als Sohn eines Kaufmanns geboren. Seine Familie ist dort seit 1743 ständig ansässig. Nach dem Studium der Medizin meldet er sich freiwillig zum Wehrdienst und eröffnet 1906 in einer fränkischen Mittelstadt (Fürth?) eine Arztpraxis. Im Ersten Weltkrieg arbeitet er als Militärarzt. Als Frontkämpfer darf er nach 1933 Kassenpatienten weiterbehandeln, sieht sich aber zunehmend Erschwerungen seiner Tätigkeit und persönlichen Benachteiligungen ausgesetzt. Anfang 1939 emigrieren er und seine Familie nach Palästina.

MISCH, LUDWIG

Ludwig Misch wird 1887 in Berlin geboren. Nach siebenjähriger Tätigkeit als Kapellmeister in verschiedenen Städten wird er 1921 Mitarbeiter des Berliner Lokalanzeiger, wo er als Musikkritiker arbeitet. 1922 bis 1931 lehrt er außerdem am »Sternschen Konservatorium Berlin« und ab 1932 an jüdischen Schulen. 1933 wird er von seiner Zeitung entlassen und gründet den A-capella-Chor »Neue Madrigalvereinigung«, der als »Jüdische Madrigalvereinigung« bis 1936 besteht. Journalistisch betätigt er sich beim Berliner Jüdischen Gemeindeblatt und beim Jüdischen Nachrichtenblatt und ist außerdem als Musiklehrer tätig. 1941 wird er von der Jüdischen Gemeinde Berlin angestellt und 1943 zwangsweise zum Katalogisieren von durch die Nationalsozialisten konfiszierten Büchern eingesetzt. Mit einer Christin verheiratet, bleibt er von den Deportationen verschont und überlebt den Krieg in Berlin. Dort wird er 1946 Lehrer am Städtischen Konservatorium und geht 1948 nach New York, wo er 1967 stirbt.

MOSES, HUGO:

Hugo Moses wird 1895 in einer Kleinstadt im Rheinland geboren, wo er als geachteter Unternehmer lebt, bis in der Reichspogromnacht auch seine Wohnung demoliert und er selbst einige Wochen inhaftiert wird. Anschließend emigrieren er und seine Familie über Holland in die USA.

NECHELES-MAGNUS, HENRIETTE:

Henriette Necheles-Magnus wird 1898 geboren und lebt ab ihrem zehnten Lebensjahr in Wandsbek/Hamburg. Sie wird Ärztin und praktiziert in ihrer Heimatgemeinde. Ihr Mann ist ebenfalls Arzt. Wann die Familie in die USA emigriert, ist nicht bekannt.

NEUMANN, SIEGFRIED:

Siegfried Neumann wird 1895 in einer mittleren Provinzstadt in Ostdeutschland geboren. Er wird zu deutscher Gesinnung erzogen, bei der das Militärische eine besondere Rolle spielt, und meldet sich als Kriegsfreiwilliger. Nach dem Studium arbeitet er als Rechtsanwalt und Notar in einer Kleinstadt in der Provinz Brandenburg. Das Notariat wird ihm 1933 aberkannt, aber seinen Beruf als Rechtsanwalt kann er, wenn auch unter großen Schwierigkeiten, noch bis 1938 ausüben. In der Reichspogromnacht wird auch seine Wohnung total demoliert, er selbst schwer misshandelt und für einige Wochen in ein Konzentrationslager eingeliefert. Nach seiner Entlassung betreibt er die Auswanderung seiner Familie. Im Frühjahr 1939 emigrieren er und seine Familie über Genua nach Schanghai.

PFEFFER, GERTA:

Gerta Pfeffer wird 1912 als Tochter eines Chemnitzer Kaufmanns geboren. Nach einer Ausbildung zur Textilzeichnerin findet sie Anfang 1933 eine Anstellung in einer Weberei in einer süddeutschen Kleinstadt. 1938 entlassen, emigriert sie nach England.

POLKE, MAX MOSES:

Max Moses Polke wird 1896 geboren. Er studiert Rechtswissenschaft und läßt sich als Rechtsanwalt und Notar in Breslau nieder. Als Frontkämpfer darf er zwar weiter vor Gericht auftreten, da aber die Klienten immer mehr ausbleiben, muss die Kanzlei erheblich verkleinert werden. Das Schuhgeschäft der Ehefrau wird zur Hauptquelle für den Lebensunterhalt der Familie. 1935 verliert er die Zulassung als Notar. In der Reichspogromnacht wird das Geschäft der Ehefrau total zerstört. Max Moses Polke wird für einige Wochen im KZ Buchenwald inhaftiert und nur entlassen, weil er die sofortige Auswanderung der Familie zusagt. Ende 1938 emigriert die Familie nach Palästina. Die 75jährige Mutter muss allein zurückbleiben.

Sabatzky, Kurt:

Kurt Sabatzky wird 1892 in Köslin/Pommern geboren, studiert Rechtswissenschaft und nimmt als Frontsoldat am Ersten Weltkrieg teil. 1922 wird er Syndikus des »Centralvereins Deutscher Staatsbürger Jüdischen Glaubens« (CV) in Magdeburg und 1923 bis 1932 in Königsberg. Politisch schließt er sich zunächst der DDP an und wird 1930 nach deren Auflösung Mitglied der SPD. Er bekämpft die Nationalsozialisten aktiv, ein Mordanschlag auf ihn im Jahre 1932 scheitert. Er muss aus Königsberg fliehen und wird 1933 bis 1938 Syndikus des CV Landesverbandes Sachsen und Anhalt. Nach der Reichspogromnacht wird er vorübergehend im KZ Buchenwald inhaftiert. 1939 wird er Geschäftsführer der Synagogengemeinde Essen, emigriert aber im gleichen Jahr nach England. Dort ist er ab 1943 für verschiedene jüdische Organisationen tätig, arbeitet nach Kriegsende an der Wiener Library in London und gründet einen jüdischen Suchdienst. Er stirbt 1955 in London.

Samuel, Arthur:

Arthur Samuel wird 1886 in Bonn als Sohn eines Kaufmanns geboren. Seine Familie ist seit Mitte des 18. Jahrhunderts im Rheinland ansässig. Nach dem Ende des Ersten Weltkriegs läßt er sich als Arzt in seiner Heimatstadt nieder, wo er auch als Vorsteher der jüdischen Gemeinde amtiert. 1938 wird ihm die Approbation als Arzt entzogen, er darf aber als »Judenbehandler« in der Bonner Synagoge weiter praktizieren. Dort wird in der Reichspogromnacht seine gesamte ärztliche Einrichtung zerstört. Es folgen mehrere Verhaftungen, Hausdurchsuchungen und Verhöre durch die Gestapo. Er und seine Familie emigrieren in die USA, wo Arthur Samuel 1974 stirbt.

Schiller, Hettie:

Hettie Schiller wird 1906 in Berlin als Tochter eines leitenden Bankangestellten geboren. Sie studiert Biologie und Psychologie in Zürich und Berlin und arbeitet anschließend als Lektorin an der Humboldt-Universität in Berlin. Sie publiziert zahlreiche

Artikel über Ernährungsfragen und das Buch Ernährung und Diät. 1933 entlassen, eröffnet sie eine Schule für Diätküche, um jüdische Frauen auf die Auswanderung vorzubereiten. 1935 erweitert sie diese Ausbildung durch psychologische Kurse. Ihr Mann, ein Rechtsanwalt, verliert 1933 seine Zulassung und hält sich mit Gelegenheitsarbeiten über Wasser. Außerdem leitet er die Beratungsstelle für jüdische Richter und Anwälte. Im September 1938 kann die Familie in die USA emigrieren, wo Hettie Schiller ein Zusatzstudium absolviert und eine neue Praxis aufbaut.

STEIN, LUISE:

Luise Stein wird 1914 in Konstanz als Tochter eines Rechtsanwalts geboren. Sie wächst in einer vollkommen assimilierten, bürgerlichen Familie auf, ihr Freundeskreis besteht fast ausschließlich aus Nichtjuden. 1933 reist sie für einige Monate nach Italien und muß nach ihrer Rückkehr feststellen, daß sich viele ihrer früheren Freunde in Nationalsozialisten verwandelt haben. Sie schließt sich einer zionistischen Jugendgruppe an. 1935 gibt sie auf Bitten der jüdischen Gemeinde englischen Sprachunterricht als Vorbereitung auf die Auswanderung. Schließlich emigriert auch sie in die USA.

STERN, HEINEMANN:

Heinemann Stern wird 1878 in Nordeck/Hessen geboren, wo er die Jugendjahre verbringt. Nach der Ausbildung zum Lehrer ist er über 40 Jahre an jüdischen und nichtjüdischen Schulen tätig, zuletzt bis 1938 als Rektor der jüdischen Mittelschule in Berlin. Er ist Mitglied des Hauptvorstandes des »Centralvereins Deutscher Staatsbürger Jüdischen Glaubens« (CV) und Vorsitzender des »Reichsverbandes der jüdischen Lehrervereine«. Er arbeitet als Schulinspizient und pädagogischer Sachbearbeiter in der Schulverwaltung der Jüdischen Gemeinde Berlin und ist als wissenschaftlicher Berater des CV und in der CV-Abwehr-Abteilung tätig. 1940 emigriert er nach Brasilien. Er stirbt 1957 in Rio de Janeiro.

Szanto, Alexander:

Alexander Szanto wird 1899 in Budapest geboren und zieht mit seinen Eltern nach Berlin, wo die Familie die deutsche Staatsbürgerschaft erhält. Er wird Journalist, Mitglied der SPD und der Reformgemeinde Berlin. Ab 1930 ist er deren Delegierter in der Repräsentantenversammlung der Jüdischen Gemeinde Berlin und übernimmt 1933 die Leitung der Finanzabteilung der jüdischen »Wirtschaftshilfe«. 1939 wird er nach dem Entzug der deutschen Staatsangehörigkeit ausgewiesen und geht wieder nach Budapest, wo er zwar interniert wird, aber als Zwangsarbeiter überlebt. Er beteiligt sich am Volksaufstand von 1956 und flieht nach dessen Niederschlagung nach England, wo er in Anwaltsbüros und als Journalist arbeitet. Er stirbt 1972 in Manchester.

Weil, Friedrich:

Friedrich Weil wird 1877 in Schmieheim/Baden als Sohn eines Weinhändlers geboren und nach entsprechender Ausbildung ebenfalls Weinkommissionär. 1900 gründet er in Frankfurt ein eigenes Weinexportgeschäft. 1934 wird er verhaftet und wegen angeblicher Zollvergehen zu elf Monaten Gefängnis verurteilt. Nach der Entlassung versucht er, den Weinhandel weiterzuführen, wird aber im Sommer 1938 als »vorbestrafter Jude« erneut verhaftet und für einige Wochen im KZ Buchenwald inhaftiert. Im Herbst 1938 emigriert er nach Frankreich und wandert von dort in die USA aus. Er stirbt 1953 in New York.

Winterfeldt, Hans:

Hans Winterfeldt wird 1926 in Lippehne/Mark Brandenburg als Sohn eines Textil- und Eisenwarenkaufmanns geboren. Da das Geschäft immer schlechter geht, zieht die Familie 1937 nach Berlin. Hans Winterfeldt wird 1940 Kochlehrling im Jüdischen Altersheim und 1941 Zwangsarbeiter in einem Malereibetrieb. 1943 taucht die ganze Familie in die Illegalität unter. Hans Winterfeldt wird 1944 von jüdischen Gestapospitzeln verhaftet und verrät nach Misshandlungen den Aufenthaltsort der Eltern. Diese werden verhaftet, in das KZ Auschwitz deportiert, können aber überleben. Hans Winterfeldt, ebenfalls nach Auschwitz gebracht, muss den Todesmarsch der Häftlinge nach Mauthausen mitmachen, wird von den Alliierten befreit und findet seine Eltern in Berlin wieder. Er wandert 1948 in die USA aus, arbeitet als Armeekoch in Korea, holt Schulausbildung und Studium nach und arbeitet als Professor für Deutsch und Spanisch in New York.

WYSBAR, EVA:

Eva Wysbar wird 1900 in Berlin geboren, wächst in einem begüterten Elternhaus auf und studiert Musik und Theaterwissenschaft in Berlin, Freiburg und Zürich. Zu ihrem Freundes- und Bekanntenkreis gehören bekannte Schauspieler, Regisseure, Musiker und Intellektuelle. Der Versuch, eine eigene Musikzeitschrift zu gründen, schlägt fehl. Sie arbeitet in der Schallplattenproduktion und der Presseabteilung des deutsch-holländischen Küchenmeister-Konzerns, danach in der Musikdramaturgie der Tobis-Filmgesellschaft und wird schließlich alleinverantwortliche Dramaturgin einer unabhängigen Berliner Filmproduktion. Sie heiratet den bekannten nichtjüdischen Filmregisseur Frank Wysbar. Nach 1933 kann die Mischehe zunächst fortgeführt werden, aber aufgrund der zunehmend beruflichen Schwierigkeiten des Mannes verabreden die Eheleute eine Scheinscheidung. Im Herbst 1938 emigriert Eva Wysbar mit den Kindern in die USA. Frank Wysbar nutzt zwei Monate später einen genehmigten Auslandsurlaub, um nachzukommen. Über Eva Wysbar liegen keine weiteren Angaben vor. Frank Wysbar schlägt sich zunächst mit Aushilfsjobs durch, arbeitet dann mit zunehmendem Erfolg fürs Fernsehen, ehe er 1956 in die Bundesrepublik zurückkehrt. Hier dreht er mehrere Kinofilme, u. a. Hunde, wollt ihr ewig leben. Gestorben ist er 1967.